Das Buch

Die DDR war, als sie 1990 überrollt und angeschlossen wurde, angeblich nicht nur marode und pleite, sondern auch eine Wissenschaftswüste. Mit einer Unverfrorenheit sondergleichen wurde die Arbeit der DDR-Fachleute – von der Medizin bis zur Rechtswissenschaft – diskreditiert und herabgesetzt. Zu den Abertausenden, die nun in die Wüste, d. h. in die Arbeitslosigkeit, geschickt wurden, gehörten auch die Historiker. Offenkundig, so fragt Pätzold ironisch, waren sie bis dato von ihren Fachkollegen im Ausland – von den USA bis Indien – nur als Exoten wahrgenommen und geschätzt worden.

Pätzold berichtet in seinen Erinnerungen über Reisen, die Teilnahme an Konferenzen und den Part, den DDR-Historiker auf der internationalen Bühne spielten. Seine höchst informativen, unterhaltsamen Mitteilungen sind auch und vor allem eine polemische Auseinandersetzung mit dem aktuellen Geschichtsrevisionismus. Man sehe sich beispielsweise nur Bibliografien in geschichtswissenschaftlichen Publikationen an: Die wissenschaftliche Literatur aus DDR-Zeit wird nahezu vollständig ausgeblendet.

Der Autor

Kurt Pätzold, Jahrgang 1930, geboren und aufgewachsen in Breslau, studierte Geschichte, Philosophie und politische Ökonomie an der Universität Jena. 1962 Promotion zum Thema »Der Zeiss-Konzern in der Weltwirtschaftskrise«, 1973 Habilitation mit der Arbeit »Antisemitismus und Judenverfolgung«. In den 70er und 80er Jahren Inhaber des Lehrstuhls für deutsche Geschichte an der Humboldt-Universität zu Berlin. Im Zuge der »Erneuerung« (Säuberung) 1992 entlassen.

Zu seinen Forschungsschwerpunkten gehören die Geschichte des Faschismus, Entwicklungen im Bereich des Geschichtsrevisionismus sowie die Geschichte des Antisemitismus und der Judenverfolgung.

In der Eulenspiegel Verlagsgruppe erschienen 2008 seine Memoiren »Die Geschichte kennt kein Pardon« (edition ost), 2010 »Die Mär vom Antisemitismus« und 2011 »Das Volk versteht das meiste falsch« (beide spotless). Als Mitautor war er am Bild-Text-Band zum 70. Jahrestag des Überfalls auf die Sowjetunion beteiligt (»Der Fall Barbarossa«, 2011, Das Neue Berlin).

W0181110

Kurt Pätzold

Streitfall Geschichte

edition ost

Inhalt

Eine zu lange Vorrede 7

1. Der Kardinal ist abwesend. *Wroclaw 1964* 13

2. Sitzen wir eigentlich im richtigen Zug?
   Poznan, Lublin, Warszawa 1968 26

3. Tag für Tag. *Moskau 1970* 50

4. Auf der Kartause. *Koblenz* 63

5. Wie deutsch ist die Saar?
   Völklingen, Saarbrücken, St. Wendel 71

6. Wer wem wo was wann gesagt hat. *Strasbourg 1975* 80

7. Erst fährst du und dann redest du.
   Wien, Innsbruck, Klagenfurt, Bregenz 89

8. Zwiespältige Eindrücke. *Bukarest 1980* 111

9. Wie gut ist eigentlich dein Englisch?
   Neu Delhi, Kalkutta 1981 121

10. The missing link. *Stuttgart 1984* 140

11. Mit einem Film Konrad Wolfs. *Brüssel* 159

12. »L'anschluss«. *Rouen 1988* 166

13. Wüstensöhne in der Neuen Welt.
    New York und Princeton 1989 176

14. Mamita mia. *Madrid 1990* 194

15. An den Stätten der Mörder.
     Theresienstadt und Lidice 1991 207

16. Mit Fliege. *Rom 1991* 217

17. Was denken Sie über Haider?
     Milano, Torino, Venezia, Bologna, Pisa 225

Schluss. *Reisen bildet. Wirklich?* 235

Auswahlbibliografie im Text erwähnter Publikationen 240
Personenregister 243
Geografisches Register 247

Eine zu lange Vorrede

Irgendwann in DDR-Zeit wurde der Begriff »Reisekader« erdacht und damit eine Bezeichnung für jene Bürger, die aus Gründen ihrer Arbeit in Staaten reisen durften, die der übergroßen Mehrheit der ostdeutschen Bevölkerung ganz oder lange verschlossen blieben. Politische, wirtschaftliche, wissenschaftliche und andere Staatsinteressen konnten die Aufnahme in diese Kategorie bewirken. Sie hatte zur Folge, dass alle weiteren Anträge auf Dienstreisen in das nichtsozialistische Ausland (im Jargon: NSW) meist unverzögert genehmigt oder abgelehnt wurden.

Von diesen »Reisekadern«, die nach eingehender politischer Röntgenuntersuchung in irgendeinem Gremium »bestätigt« worden waren, wurde angenommen, dass sie den eigenen Staat im Ausland mindestens korrekt vertreten, jedenfalls alles unterlassen würden, was auf ihn ein schlechtes Licht werfen oder eine seiner Interessen beschädigen könnte. Das schloss ein, dass die nicht eben reichlich bemessene, immer rare sogenannte harte oder Westwährung auftragsgemäß verwendet und nicht etwa, um einen Lieblingsausdruck meines Jenaer Lehrers in Politischer Ökonomie, Bruno Warnke, zu zitieren, »versonstwast« wurde.

Überflüssig mitzuteilen, dass von den Ausgesandten Rückkehr in die DDR erwartet wurde. Dort angekommen, hatten sie – nicht anders als das in anderen Staaten üblich war und ist – ihren Dienstherren, die auf den Sammelbegriff »Leiter« hörten, über das, was sie für das Ergebnis ihrer Reise hielten und über ihre sonstigen Eindrücke und Erfahrungen schriftlich lückenlos zu berichten.

Diese papierne Hinterlassenschaft dürfte Meter um Meter von Regalen gefüllt haben, in einstigen Archiven von Betrieben, Hochschulen, künstlerischen Einrichtungen, Ministerien, insbesondere dem des viel geschmähten Ministeriums für Staatssicherheit. Diese Masse, sofern nicht vernichtet, könnte sich noch als eine hervorragende und in dieser und jener Hinsicht überraschende Quelle für das Innen- und Außenleben der DDR erweisen.

Bisher haben Forscher davon wenig Gebrauch gemacht. Das mag daran liegen, dass sie zumeist vom Arbeitsalltag von Bürgern des ostdeutschen Staates außerhalb von dessen Grenzen zeugen und für die modische sensationsorientierte antisozialistische Dichtung wenig hergeben.

Der Autor dieses Buches gehörte von einem ihm nicht mehr erinnerlichen Zeitpunkt an zu diesem besonderen Kader. Meine Aufnahme in ihn war ohne mein Vorwissen vorgenommen und offenbar bewirkt worden, weil in Amtszimmern bemerkt wurde, dass die Reiseanträge, die ich aufgrund von Einladungen und Aufträgen stellte, sich häuften. Gab es keine finanziellen Gründe, die eine Ablehnung bewirkten, war nicht Schlamperei im Spiele, ließ sich eine ausländische Botschaft nicht übermäßig Zeit, erforderliche Stempel und Unterschriften zu leisten, erhielt ich meine Papiere – zu ihnen gehörte die selbst geschriebene, von der Obrigkeit akzeptierte, mit stereotyp formulierten politisch-moralischen Bekenntnissen gespickte Reisedirektive – mit allen notwendigen Vermerken rechtzeitig in die Hände. Dann konnte ich meine sieben Sachen packen.

Die Ausflüge, in vielen Fällen waren sie das im Wortsinne, stellten ein Privileg dar. Von ihm war nach 1990 viel die Rede. Wer es genossen hatte, zählte meist zu jenen, die, mit dem ausgeklügelt unbestimmten Verdikt »staatsnah« versehen, – und das sollte assoziieren »dem Unrechtsstaat« nah –, nun als Erste ihre Arbeitsplätze verloren.

Der größte Teil dieses Reisekaders gehörte zur sozialistischen Intelligenz. Mit dem Hinweis auf deren Bevorzugung, die manchen Neid erzeugte, ließ sich nun zwischen der Mehrheit der Bevölkerung und dieser Minderheit zusätzlich Distanz schaffen. Die wurde von den neuen Machthabern gewollt. Eindringlinge kümmerten sich noch stets besonders um die Intelligenz, die sie im Neuland vorfanden. Zudem war dieser Teil der bundesrepublikanischen Neubürger in besonderem Grade des Verdachts verdächtig, sich nicht flugs geistig zu wenden und in jener Menge zu verlieren, welche die geschichtliche Wende der Jahre 1989/90 zukunftsfroh und ahnungsarm feierte und bejubelte.

Auf den Seiten dieses Buches wird von Reisen die Rede sein, die hauptsächlich in Geschäften unternommen worden sind, die der Geschichtswissenschaft galten. Sie wurden meist in mehr oder weniger großen Gruppen, Delegationen, unternommen und mehrten sich, als im Ausland das Interesse an in der DDR betriebenen Forschungen und deren Resultaten wuchs.

Sie führten, dies waren die weitesten räumlichen Entfernungen, bis nach Kalkutta/Kolkata in Indien und nach Princeton in den USA. Um es bei offenem Visier zu sagen: Beabsichtigt ist aus einer besonderen Perspektive einen Blick auf die Geschichtswissenschaft in der DDR zu eröffnen und Urteile über die Arbeit der in ihr wirkenden Historiker besser zu fundieren. Freilich nur über die kleine Gruppe von Spezialisten, zu der ich gehörte. Knapp hieß sie die der Faschismusforscher. Damit ist angekündigt, dass sich die folgenden Seiten nicht durchweg unterhaltsam lesen lassen. Das bedingt der Gegenstand, zu dem die Geschichte beispielloser Verbrechen gehört, begangen vor allem an Millionen Juden und sowjetischen Kriegsgefangenen.

Zugleich werden in diesem Buch Reiseeindrücke erzählt. Viele davon sind naturgemäß durch die Brille des Historikers gewonnen. Doch bin ich durch Straßen und über Plätze nicht anders gegangen, habe Regionen und Landschaften nicht anders kennen gelernt, wie das jahraus und jahrein viele Deutsche tun, von denen häufig geschrieben wird – untermauert durch vergleichende Statistiken – sie seien die Weltmeister im Reisen. Die Bürger der neuen Bundesländer machen davon, sind ihre Mittel auch in den meisten Fällen bescheidener als diejenigen vieler Altstaatsbürger, keine Ausnahme. Vielleicht regt manche auf den folgenden Seiten berichtete Beobachtung an, künftig jenseits der durchlässig gewordenen Grenzen genauer hinzusehen, aufmerksamer hinzuhören und eigene Anschauungen über Gott und die Welt, wenn nötig, zu berichtigen.

Keine Angst: Dafür folgt hier keine methodische Belehrung. Erst am Ende dieses Textes wird es nicht ohne ein paar Worte über den Gesamtertrag meiner Archiv- und Kongressreisen abgehen und eine Antwort auf die Frage vorgeschlagen werden: Bildet Reisen wirklich?

Gleich genug der Vorrede, wenn noch ein paar Worte über den Titel gesagt sind, der für dieses Buch ausgedacht, dann aber verworfen wurde. Er sollte lauten *Wüstensöhne unterwegs* und erfüllte den Tatbestand der Irreführung, jedoch nicht aus Reklamegründen. Der Leser sollte weder in die Gobi noch in die Sahara und auch nicht in die Kalahari entführt werden. Er hatte sich nicht auch nur gedanklich auf den schwankenden Rücken von Kamelen oder Dromedaren zu schwingen. Er musste nicht fürchten, dass ihm Bilder von Sandöden, dem Verdursten nahe Menschen und Tieren oder räuberischen Banden auftauchen würden, die in einer Oase auf die müde Heranziehenden lauern. Nichts von alledem war zu fürchten.

Doch wird auch unter dem nun gewählten Titel aus einer Wüstenei berichtet werden und zwar einer jüngst erst entdeckten. Das geschah zu vieler Überraschung im Jahre 1990 und inmitten des als geografisch gut erforscht geltenden Europas. Da wurde ein Gelände beschrieben, das jene, die dahin zum ersten Mal kamen oder es auch nur durch ihr Fernglas betrachteten, Wissenschafts-wüste nannten. Abgesteckt wurde sie zwischen den Flüssen Elbe und Oder und ihre Entstehung auf einen etwa vierzig Jahre zurückliegenden Zeitpunkt festgesetzt.

Diese Entdecker waren keine Abenteuer suchenden Reisenden vom Typ jener Männer, die einst den europäischen Kolonial-mächten in Afrika den Weg bahnten, wiewohl auch ihnen der Gedanke an Kolonialisierung nicht fremd gewesen sein mochte. Die Meldung, sie seien auf eine Wüste gestoßen, machten Politi-ker, von denen weiter die Rede nicht sein soll. Vielmehr davon, dass eine erhebliche Anzahl von Menschen sich so zu Wüstenbe-wohnern erklärt fand. Der Autor gehörte dazu. Denen wurde nun versprochen, sie würden alsbald in blühenden Landschaften leben. Das erleichterte ihnen ihre momentane Situation kaum und zum wenigsten jenen, die von derlei Gegenden sich als »Reisekader« eine gewisse Vorstellung schon hatten verschaffen können. Also: Vom Leben dieser Wüstenbewohner wird hier berichtet werden und nur von einem vergleichsweise kleinen Stamm, dem der Historiker und nur von jenen kurzen Phasen, da einige seiner Angehörigen ihre Zelte und weitere Utensilien packten, Sand, Sonne und Stürme für einige Zeit hinter sich ließen, sich jenseits ihrer gewohnten und geliebten Plätze umschauten und, wo sie hinkamen, gar von sich reden machten.

Soviel Erklärendes zum verworfenen Titel des Bandes, der mit dem Bezug allein auf die Söhne einer Wüste doch einen erhebli-chen Mangel besaß. Denn was wäre eine Wüste, in der nur Söhne und keine Töchter lebten? Auch der letzte Nomade hätte sie längst verlassen. Dass die lieblichen Bewohnerinnen unerwähnt bleiben sollten, rührte von einer im Stamme der Historiker üblichen unverordneten Arbeitsteilung her. Bestimmte Arbeiten wurden dort lange Zeit nahezu ausnahmslos von Männern verrichtet. Die forschende Beschäftigung mit Faschismus, Kriegen und anderen Scheußlichkeiten konnten Historikerinnen meiden. Das taten sie meist auch. Jedoch nicht alle und so würden Leser, wappneten sie sich mit etwas Geduld, auch auf Wüstentöchter getroffen sein.

Indessen: Es war nicht das im Titelvorschlag fehlende Geschlecht, das ihn gleichsam sterben ließ. Befürchtet wurde, ein so deklariertes Buch könnte in Buchhandlungen allenfalls in der »Abteilung Karl May« landen und sich dort gar verlieren. Hätten Sie, verehrter Leser, es dort gefunden?

Und nun endlich zur Sache. Nicht ohne ein Wort des Dankes an meine Weggenossen, die dieses Unternehmen dadurch förderten, dass sie mir mit ihren Kenntnissen und Erinnerungen und mit Dokumenten aus ihrem Privatbesitz aus Verlegenheiten halfen oder sich der Mühe unterzogen, Textentwürfe zu lesen, zu kritisieren und zu bereichern. Es richtet sich an Friedrich-Martin Balzer (Marburg), Erika Schwarz (Rehfelde), Walter Schmidt, Wolfgang Küttler und Karl Drechsler (alle Berlin), Manfred Weißbecker (Jena) und Hartmut Drewes (Bremen), Traudl und Patric Bies (Völklingen) und im fernen New York an Renate Bridenthal.

Kurt Pätzold,
Sommer 2011

*Es gab an der Universität keine zu vertreibende
profilierte marxistische Geschichtswissenschaft, […]
die eine echte Herausforderung für die Geschichtswissenschaft
der Bundesrepublik dargestellt hätte.*

Prof. em. Wolfgang Hardtwig,
1991 an die Humboldt-Universität zu Berlin berufen,
im Jahr 2010 zum 200. Geburtstag der Alma mater

1. Der Kardinal ist abwesend.
Wroclaw 1964

Es war purer Zufall, dass mich meine erste Auslandsreise, die ich in Sachen Geschichtswissenschaft antrat, in ein Archiv in der Stadt führte, die ich 19 Jahre zuvor unter dramatischen Umständen hatte verlassen müssen, nach Wroclaw, das einstige Breslau. Ich arbeitete damals im Berliner Akademie-Institut für Geschichte und überlegte, wie ich meinem Alltag, der vorwiegend mit wissenschaftlich-organisatorischen Arbeiten angefüllt war, durch Hinwendung zu einem Forschungsthema wenigstens partiell entrinnen könnte. Ohne einer Forschungsgruppe anzugehören, besaß ich dafür freie Wahl. Sie fiel auf die Geschichte der katholischen Kirche in Deutschland in den Jahren zwischen den Weltkriegen.

Diese Entscheidung war zum einen davon beeinflusst, dass ich wie vorher in Jena, wo ich mich mit der Geschichte des Zeiss-Konzerns in der Weltwirtschaftskrise der Jahre von 1929 bis 1932 befasst hatte, wieder nach einem Thema suchte, bei dem sich die Forschenden nicht drängten. Das war in der DDR auf diesem Felde allein schon deshalb nicht zu fürchten, weil der Katholizismus in jenen Ländern, die sich nun innerhalb der ostdeutschen Staatsgrenzen befanden, seit Jahrhunderten nur eine geringe Rolle gespielt hatte. Das bedeutete freilich auch, dass mit einer bedeutenden archivarischen Hinterlassenschaft katholischer Instanzen intra muros nicht zu rechnen war.

Doch wurde mein Vorsatz davon beeinflusst, dass sich in der Bundesrepublik für das Thema ein zunehmend starkes und über die Geschichtswissenschaft hinaus in die Öffentlichkeit reichendes Interesse entwickelt hatte. Da lagen die Verhältnisse anders. Während im vorwiegend evangelischen Osten, in dem geschlossene Gruppen der katholischen Minderheit wohl nur im Eichsfeld und in der von Sorben bewohnten Gegend um Bautzen lebten, dem geschichtlichen Thema mithin kaum aktuelle Bedeutung zukam, bildete die durchorganisierte vom Papst geführte Kirche im Weststaat in Bayern und Baden, in den Rheinlanden und in Westfalen eine Macht, die sich auch politisch geltend machte. Das Ende von Adenauers Kanzlerschaft lag eben erst ein Jahr zurück.

Diese Kirche suchte sich seit Kriegsende als antinazistische Kraft darzustellen und auf diese Weise sich historisch besonders zu legitimieren. Sie berief sich auf Märtyrer, die aus den Reihen der Geistlichen wie der Laien hervorgegangen waren. Sie bauschte Konflikte, die sie mit den faschistischen Kirchengegnern, den so genannten Gottgläubigen mit dem Hakenkreuz, permanent auszutragen hatte, zu einer grundlegenden, die Beziehungen beherrschenden Gegnerschaft hoch. Den Auftakt dazu hatte einer der verfolgten Priester, Johannes Neuhäusler, zum Erzbistum München gehörend, der von 1941 bis 1945 Häftling in den Konzentrationslagern Sachsenhausen und Buchenwald gewesen war, mit seinem schon 1946 veröffentlichten Buch *Kreuz und Hakenkreuz* gegeben. Diese Geschichtsversion missachtete Tatsachen derart grob, dass Widerspruch schlechthin nicht ausbleiben konnte. Am wirksamsten äußerte er sich 1963, als Erwin Piscator in Berlin-West im Theater am Kurfürstendamm Rolf Hochhuths Drama »Der Stellvertreter« inszenierte. Was der Uraufführung folgte war ein Erdbeben in Gestalt von Artikeln in der Presse, von Protesten und selbst von Strafanzeigen. Es wirkte noch über die Grenzen der Bundesrepublik hinaus. Erbittert bekriegten sich einige Zeit Verteidiger und Gegner des Stückes und der Kirchenpolitik, die es zum Gegenstand hatte. Das Drama ist verfilmt worden und die Aufführung von 1963 als Hörbuch auf dem Markt.

In der ersten Hälfte der sechziger Jahre wurde das Thema Katholische Kirche im Nazistaat zudem vermehrt zum Gegenstand geschichtswissenschaftlicher Forschungen. Auch da gebar es Streit, der in ihr zunftgerecht u. a. durch die Konfrontation von Dokumenten ausgetragen wurde. Auch er war von persönlichen Anfeindungen begleitet. Denen sah sich insbesondere der Schriftsteller Karl Heinz Deschner ausgesetzt, ein exkommunizierter Katholik, der 1965 das Buch *Mit Gott und den Faschisten. Der Vatikan im Bunde mit Mussolini, Franco, Hitler und Pavelić* publiziert hatte.

Soviel zur deutschen politisch-historischen Landschaft zurzeit, da ich nach Wroclaw reiste. Es waren die eben erst angebahnten Beziehungen zwischen dem Akademie-Institut und dem Westinstitut in Poznan, die mir die Möglichkeit zu einem mehrwöchigen Studienaufenthalt in Polen boten. Nach einer Aufwartung bei den Kollegen dort, brachte mich die Bahn in die Stadt an der Oder.

Keine Frage, dass das keine gewöhnliche Ankunft wurde. Als der Zug die Stadtgrenze von Wroclaw erreichte, belebten sich mir beim Blick aus dem Fenster vergessene, einst vertraute Bilder. Obwohl ich mich darauf vorbereitet glaubte, nicht die Stadt zu sehen, die mir Heimat gewesen war, traf mich beim Verlassen des Hauptbahnhofes eine herbe Überraschung. Die Gebäude, die mir einst groß und manche mächtig erschienen waren, kamen mir niedrig und kleinstädtisch vor. Auch die zweite momentane Wahrnehmung verblüffte. Wiewohl die nahe dem Bahnhofsgebäude vorbeiführenden Straße, die einst Gartenstraße hieß, ohne von einer einzigen Anlage dieser Art gesäumt zu sein, während der Kämpfe 1945 glimpflich davon gekommen war, mutete sie mich ebenso bekannt wie fremd an. Eindrücke während der folgenden Tage halfen mir zu ergründen, was die Fremdheit bewirkte. Bilder von Städten entstehen nicht nur durch ihre Architektur, sondern nicht minder durch die Menschen, die sich in deren öffentlichen Räumen bewegen, durch ihre Art und Weise sich zu kleiden, ihre Geschäfte zu erledigen, einander zu begegnen, zu sprechen und zu gestikulieren. Und das allein, bedürfte es zur historisch-politischen noch einer zusätzlichen Begründung, würde vollkommen rechtfertigen, dass die Stadt, die einmal Breslau war, heute polnisch Wroclaw zu nennen ist.

Der denkbare Einwand, dass Warschau von den Deutschen so und nicht wie von den Polen Warszawa, Prag von ihnen Prag und nicht wie von den Tschechen Praha genannt wird, verfängt dagegen nicht. Wroclaw ist auch eine polnische Stadt, weil es Polen waren, die aus einem der größten Trümmerhaufen Mitteleuropas eine bewohnbare Stadt erst wieder gemacht haben, in der Menschen nicht nur hausen, sondern die sie als ihr zu Hause annehmen und in der sie sich auch wohl fühlen konnten.

Was das Leben in dieser Stadt bald nach Kriegsende bedeutete, als sie Breslau schon nicht mehr und Wroclaw noch nicht war, ließ sich zwei Jahrzehnte später nur schwer noch vorstellen. Tage später gab mir davon eine Geschichte eine Vorstellung, die mir die Leiterin des staatlichen Archivs, meiner Anlaufstelle, erzählte, als wir einander ein wenig bekannt geworden waren. Sie gehörte, ein Schulkind noch, zu den aus Polens Osten Eingesiedelten. Damals, im ersten Nachkriegswinter, berichtete sie, hätte sie ihre Mutter zur Schule gebracht und von da abgeholt, damit ihr in den Trümmern nicht Banditen den wärmenden Mantel auszogen, den einzigen, den sie besaß.

Zum Abstand, den ich bei meinem »Einzug« in Wroclaw zu allen früheren Eindrücken sofort gewann, trug meine Einquartierung bei. Ich wohnte die ersten Tage – die Adresse hätte ich mir schwerlich gewählt – im Hotel »Monopol«. Das war einst das erste Haus am Platze gewesen, gelegen in der Nachbarschaft von Opernhaus und Schloss. Das Innere der Oper hatte ich nie betreten, das des Schlosses kannte ich von einem Besuch mit der Schulklasse her, der ich angehörte. Da waren wir vor die Vitrinen geführt worden, in denen – Original oder Kopie – die Urkunden lagen, die Preußens König Friedrich Wilhelm III. im März 1813 hier ausgefertigt hatte. Die eine bezeugte die Stiftung des Ordens »Eisernes Kreuz«, jenes an Männerbrüsten zu tragenden Schmucks, verliehen zumeist für nur vermeintliche Dienste für das Vaterland. Das metallene Zeichen wurde von Krieg zu Krieg erneuert und war bis gegen Ende des Zweiten Weltkrieges als Durchhalteantrieb auch an Kindersoldaten verliehen worden. Das andere, eine Woche darauf angefertigte, präsentierte Dokument enthielt den «Aufruf an mein Volk«, an das Majestät nun appellierte, damit es gegen den Franzosenkaiser Napoleon zu den Waffen griff. Ich vermochte mich weder zu erinnern, ob der obligatorische Schlossbesuch vor oder in den Kriegsjahren stattfand, noch ob mir das Metallstück besonderen Eindruck gemacht hatte.

Wichtiger als diese räumliche Nähe war, dass ich mich im »Monopol« in eben jenem Etablissement befand, in dem einst die Naziprominenz abstieg, wenn sie die Stadt besuchte. Das tat auch der »Führer«, als er im Jahre 1938 aus Anlass des Turnfestes nach Breslau kam, ein Ereignis, das ich – es war das Jahr der Münchener Konferenz und der Inbesitznahme des Sudetenlandes – wohl wegen der so merkwürdig aussehenden »Angeschlossenen«, die in ihren Trachten im Stadtbild auftauchten, im Gedächtnis behalten hatte.

Damals konnten meine Eltern den Vorschlag eines Onkels nicht ablehnen, mich mit seinem Sohn, meinem Cousin, an die

Wegstrecke mit zu nehmen, die das Auto mit Hitler passierte. Ich entsinne mich, am Kaufhaus Wertheim, das bald darauf während der »Arisierung« auch seinen Namen wechselte, in eine Menschenmenge geraten zu sein, die das »Empfangsspalier« bildete. Die Spätgekommenen, die nicht groß genug gewachsen waren, um über die vorderen Reihen hinwegsehen zu können, oder andere, denen das Warten zu lang und zu beschwerlich wurde, konnten sich kleine hölzerne Klappstühle billig kaufen und, was meine äußerste Verwunderung erregte, an einem hölzernen Stiel befestigte kleine Spiegel erwerben. Die hielten sie in die Höhe und trainierten schon vor dem Eintreffen der Wagenkolonne, wie sie verfahren mussten, um auf diese Weise das erwartete Geschehen auf der Straße, Hitlers Fahrt zum »Monopol«, verfolgen zu können. Nein, in diesem Hause wäre ich bei freier Wahl nicht abgestiegen.

Das Hotelinnere war inzwischen etwas heruntergekommen und sein Zustand wäre mit der Bezeichnung »alte Pracht« beschönigt. Ging ich abends in das Restaurant, um noch ein Bier zu trinken, traf ich dort auf zwei offenkundig diensthabende Damen, die sich gelegentlich in Gesellschaft von Polizeioffizieren befanden, von denen ich nicht ausmachen konnte, ob sie sich da aus Gründen der Kontrolle oder als Kunden aufhielten. Ich war erleichtert und Karol Blahut, einem polnischen Kollegen und Wirtschaftshistoriker, den ich von dessen Studienaufenthalt in Berlin her kannte, dankbar, als er mir nach wenigen Tagen den Umzug in das am Plac Grundwaldzki, dem einstigen Scheitniger Stern, gelegene, für Studenten der Technischen Hochschule bestimmte Wohnheim ermöglichte. Dort ging es die ersten Tage meiner Quartiernahme etwas laut zu. Wie sich herausstellte, feierten Studenten in den im Untergeschoss befindlichen Räumen ein traditionelles mehrtägiges Fest und mein Bett befand sich sozusagen über der Pauke. Doch dann war das vorüber und die Veranstalter mussten zu ihren Studien zurückkehren.

Meine Arbeiten begann ich im Wojewodschaftsarchiv, das sich an der Oder in einem ehemaligen Nazibau befand, der auch von der polnischen Arbeiterpartei für Bürozwecke genutzt wurde. Die schon erwähnte Leiterin des Archivs empfing mich freundlich und tat alles, was meine Arbeit voranbrachte. Vor allem öffnete sie mir die Tür des Erzbischöflichen Archivs auf der Dominsel, das eigentliche Ziel meiner Reise.

Frau Paslawska, so habe ich ihren Namen in Erinnerung, war nicht nur eine fromme Katholikin, sondern auch mit dem für die Archivgüter zuständigen Bischof, einem Suffragan, persönlich bekannt: Der stammte aus der gleichen ostpolnischen Gegend wie sie. Noch bevor ich ihm selbst begegnete, charakterisierte sie ihn mir durch eine Geschichte als leutseligen Mann. Eines Tages habe sie ihn in der Stadt zu ihrer Überraschung in einer Straßenbahn getroffen, die sie ihm mit der Frage ausdrückte, warum er nicht ein Auto benutze. Darauf habe sie zu hören bekommen, dass sie sich vielmehr wundern solle, ihn hier fahrend zu sehen, da »unser Herr Jesus Christus« seine Wege doch zu Fuß gegangen sei.

Problemlos gelangte ich mit dieser Hilfe und Einstimmung in das mittelalterliche Gebäude in der Nähe des Domes, der auch der Insel, gebildet durch die vorbei fließende Alte Oder und ihre Flussarme, den Namen gab. Die Gegend mit ihren berühmten vom 13. bis 15. Jahrhundert errichteten Kirchen, dem nach Johannes dem Täufer benannten Dom, der Kirche auf dem Sand und der zweigeschossigen vom Heiligen Kreuz, kannte ich von Spaziergängen an Sonntagen, die ich mit meinem Vater unternommen hatte. Der war, wie sich das für einen sozialdemokratischen Arbeiter gehörte, aus der Kirche zwar ausgetreten, aber in Glaubensfragen ein toleranter Mann.

Da die von den Nazis inszenierte Jugendweihe in der Familie außer jeder Diskussion stand, wurde ich zwölfjährig in den Konfirmandenunterricht der St. Salvator-Gemeinde geschickt und zwei Jahre später auch konfirmiert. Vaters Weg hierher war dem Reiz dieses malerischen Teils der Stadt geschuldet. Von deren Sakralbauten schien mir die Kirche auf dem Sand den Dom an Schönheit noch zu übertreffen. Deren Inneres kam mir 1964, von vielen späteren Einbauten befreit, eindrucksvoller noch vor als bei den Besuchen in Kindheitstagen.

Das alte schmucklose Gemäuer indessen, das zum Komplex der Bauten nahe dem Dom gehörte und in dem sich das bischöfliche Archiv befand, hatte meine Aufmerksamkeit damals nicht erregt. Dort erhielt ich nach kurzer Vorstellung in einem Seminarraum einen Arbeitsplatz zugewiesen. An der Stirnseite des Raumes befand sich, etwas erhöht, ein Katheder, wie ich es von Schulzimmern her kannte, in denen es mir als der Lehrerthron erschienen war. Hier bildete es den Arbeitsplatz des Bischofs.

Den hatte er sich offenbar nur zeitweilig gewählt, denn so entkam er der Kälte seines ihm zu anderer Zeit dienenden eigenen Raumes. Aber auch hier, dabei befanden wir uns noch im Frühwinter, war es empfindlich kühl. Darauf war ich vorbereitet, wenn auch anders gerüstet als der Kirchenmann, den eine Soutane aus dichtem Lodenstoff schützte, die meiner Verpackung offenkundig überlegen war. Zudem brachte ihm eine zu den dienstbaren Geistern des Hauses gehörende Schwester gelegentlich ein Glas wärmenden Tee. In diese Betriebsversorgung wurde ich, meist der einzige zweite Benutzer des Raumes, jedoch nicht einbezogen.

Doch sagt das nichts über das Klima, das ich dort vorfand. Das Wichtigste war, dass ich mit Archivalien prompt versorgt wurde und so reichlich zu tun bekam. Gegen Abend war mein erster Weg in eine nahe gelegene Bar, die möglicherweise wegen ihrer Odernähe den Namen »Fregatta« erhalten hatte. Tag für Tag, wenn ich sie gegen 7 Uhr abends betrat, denn auch die Öffnungszeit des erzbischöflichen Archivs war ausgesprochen benutzerfreundlich, war sie von sich dicht drängenden Männern gefüllt. Doch lernte ich rasch, mich über deren Köpfe hinweg mit dem Ruf »Herbata« bemerkbar zu machen, und alsbald schaukelte ich mein Glas Tee an einen Stehtisch, wo ich mir einen Platz eroberte. Rasch war ich als Deutscher ausgemacht. Ein unfreundliches Wort habe ich in dieser Gesellschaft nie gehört.

Nur eines Tages musterte ich von der »Fregatta« etwas ramponiert ab. Fröhlicher Zecher, sprachliche Verständigungsschwierigkeiten so überbrückend, hatten mir mit Schlägen ihrer Arbeiterhände auf meine Schultern wieder und wieder versichert, dass die Feindschaft zwischen Polen und Deutschen der Vergangenheit angehöre. Die Versöhnung hatte etwas früher begonnen, als heute behauptet wird. Ihre politische Grundlage bildete das 1950 zwischen der DDR und Polen geschlossene Grenzabkommen von Görlitz, von dem heute kaum noch die Rede ist. Stattdessen werden Geschichten von der »Aussöhnung« der Westdeutschen mit dem östlichen Nachbarn erzählt, versehen mit Verklärungen, die nicht auf die Häute einer argentinischen Rinderherde gehen.

Die Arbeit in den Akten des erzbischöflichen Archivs, die aus den Jahren zwischen den Weltkriegen stammten, war dadurch erschwert, dass das Überlieferte in Findbüchern noch nicht erfasst worden war. So musste ich meine Wünsche beschreiben und war davon abhängig, dass die Mitarbeiter in den Ablagen fündig wurden.

Die Dokumente sah ich so, wie sie ursprünglich abgelegt worden waren, unkassiert, unpaginiert und ungeheftet. Viele hatte seit ihrer Entstehung und Verwahrung offenkundig niemand wieder in die Hand genommen und gelesen. Das ist für den Historiker so etwas wie für einen Ornithologen die Wiederentdeckung eines seltenen Vogels, der schon für ausgestorben gehalten wurde. Ohne mich in Einzelheiten zu verlieren, davon dies: Aus diesen Papieren der zwanziger und dreißiger Jahre des 20. Jahrhunderts, von dem kaum mehr als zwei Drittel verflossen waren, ließ sich ein Eindruck von der Arbeitsweise des Adolf Kardinal Bertram gewinnen, eines viel beschäftigten Kirchenführers, der Oberhirte einer der geografisch ausgedehntesten Erzdiözesen Deutschlands war, die sich von Schlesien bis nach Ostpreußen erstreckte. Er war auch Vorsitzender der Fuldaer Bischofskonferenz, des Kollegiums deutscher Bischöfe, die sich zu ihren Tagungen am Grabe des Heiligen Bonifatius in der Krypta des Hohen Doms der osthessischen Stadt versammelten. Dieses Amt erlegte ihm in politisch bewegten Zeiten bei der Steuerung der katholischen Kirche, namentlich bei der Bestimmung ihres Verhältnisses zum Staat und dessen Regierungen, besondere Kompetenz und Verantwortung auf.

Er war, wie aus den Akten hervorging, auch der Adressat, dem die katholischen Granden seines Bistums ihre Anliegen vortrugen, die keineswegs nur Religion und Kirche betrafen. Sie erwarteten, dass der Kardinal mit seinem Einfluss und seinen Mitteln ihre Interessen als große Grundbesitzer vertrat, wie sie sich für die der Kirche verwandten. Die überlieferten Briefe bezeugten politische Initiativen der adligen schlesischen Großagrarier, die u. a. versucht hatten, durch die Mobilisierung der Autorität der Kirchenobrigkeit Entscheidungen der katholischen Zentrumsparteiführer zu beeinflussen.

Das betraf beispielsweise die umstrittene Frage, ob die Partei im Lande Preußen weiterhin mit der Sozialdemokratie kooperieren oder ihre Koalitionspolitik hin zu den rechten Kräften um die Deutschnationalen neu ausrichten solle. Ob der Kardinal diesen Ansinnen aus Überzeugung widerstand, sie wurden vor allem um 1925 im Zusammenhang mit der ersten Wahl Paul von Hindenburgs zum Staatsoberhaupt forciert, oder ob aus taktischem Kalkül, ließ sich anhand des Überlieferten nicht leicht entscheiden. Einige aus dem Kreis dieser Granden wollten (das erfüllte, wie der Kardinal sah, den Charakter einer Intrige) eine aus Anlass des Heiligen Jahres unternommene Reise nach Rom nutzen, um den Papst in ihrem Sinne zur Einflussnahme auf die deutschen Oberhirten zu veranlassen.

Nein, es ging in dieser Korrespondenz nicht nur um fromme oder heilige Angelegenheiten, sondern auch um sehr profane. Und es bedurfte keiner Tiefenanalyse der Dokumente, um zu erkennen, dass diese Kreise der katholischen Kirche zum Wenigsten Stützen der 1919 geschaffenen Republik gewesen waren.

Das Spektrum der Sorgen des Kardinals war breit. Zu ihnen gehörte, dass die Pflege der katholischen Kirchenbauten in den Gutsdörfern und die Tätigkeit der Pastoren erheblich von Spenden eben dieser großen Gutsbesitzer abhingen. Und zwischen Sponsoren und Gesponserten entstehen, wie oft das auch bestritten wird, Abhängigkeitsverhältnisse. Das bildete Hintergrund einer Klage, die Adolf Bertram wegen der aufwändigen Feste erhob, die der Adel auf seinen Sitzen veranstaltete und deren Anlass die Rückkehr des 1918 geflohenen Kronprinzen Wilhelm aus den Niederlanden nach Deutschland und auf das schlesische Schloss Öls war. Über Tage wurden, wenn der Kaisersohn sich eingeladen hatte, kostspielige Jagdgesellschaften veranstaltet. Das Missfallen des Klerus ob dieses kostspieligen Treibens war einschlägigen Papieren ablesbar, ohne dass sich in ihnen auch Kritik am allen biblischen Geboten hohnsprechenden luxuriösen Leben der Adligen ausgedrückt hätte und dessen schreienden Widerspruchs zum ärmlichen Dasein der Landarbeiter.

Vergnüglich hingegen was das Lesen von Randnotizen des Kardinals, die von seiner Taktik zeugten, Äußerungen zu vermeiden, Entscheidungen aufzuschieben oder ganz zu umgehen. Dann schrieb Adolf Bertram seinem Sekretär für das von diesem auszufertigende Schriftstück, er solle dem Bittsteller oder Fragenden mitteilen, dass der Kardinal derzeit sich nicht in Breslau befände und daher momentan nicht antworten könne. Damit war jedenfalls Zeit gewonnen, und es war auch glaubwürdig. Denn er hielt sich öfters im Schloss Johannesberg bei Jauernig auf, dem Sommersitz der Breslauer Bischöfe. Dort verstarb der Erzbischof auch wenige Wochen nach dem Ende des Zweiten Weltkriegs. Kleinere Lügen schienen dem Kirchenmann also erlaubt, und zudem blieb ihm der Beichtstuhl. Mehr hier nicht über meine Wochen auf der Dominsel, die rasch vergingen.

Ich hatte, in Wroclaw angekommen, sogleich mit den Archivarbeiten begonnen und vorgedachte Spaziergänge, zumal es zeitiger zu dunkeln begonnen hatte, bis zum ersten Wochenende aufgeschoben. Sie sollten mich in jene Gegenden der Stadt führen, mit denen sich mehr und stärkere Erinnerungen verbanden als mit denen rechts der Oder, wo ich mich einquartiert hatte und arbeitete. Dort, in Sichtweite der eindrucksvollen Brücke, die einmal Kaiserbrücke hieß, war gegen Ende der »Festungszeit«, als der am Stadtrand gelegene Gandauer Flugplatz nicht mehr benutzt werden konnte, ein dicht bebautes Gebiet niedergerissen worden, um ein Ersatzflugfeld zu gewinnen. Es hatte seinem Zweck kaum mehr gedient. Vermutet wird, dass sich der letzte Gauleiter Niederschlesiens Karl Hanke, den Hitler noch zum Nachfolger des verstoßenen Himmlers erklärt hatte, vor der Kapitulation der Stadt von da mit einem Flugzeug davon gemacht habe. Nun waren die Flächen neu bebaut. Wenig erinnerte an Gewesenes.

Sonntags also nahm ich den Weg stadtauswärts, die Oder entlang, wohl wissend, dass ich nicht finden konnte, was ich wider alles Vorwissen doch suchen würde. Mein erstes Ziel war ein Ausflugslokal, das von Familien, meist von Arbeitern und sonst »kleinen Leuten«, besucht wurde und bis zu dem sich, wem der Anmarsch auf dem Oderdamm zu beschwerlich war, mit der Straßenbahn oder einem Flussdampfer gelangen ließ. Auch als wir davon weitab wohnten, zog es meine Eltern dorthin. Hier hatten sie nach ihrer Verheiratung ihre erste Wohnung gehabt, die sie als Folge der Arbeitslosigkeit aufgeben mussten, weil sie deren Miete nicht mehr aufbringen konnten. Hierhin war ich von meiner Mutter, wie sie erzählte, im Kinderwagen gekarrt geworden,

Eigene Erinnerungen besaß ich erst von späteren Ausflügen zu jenem Gartenlokal im Ortsteil Bischofswalde. Dort angekommen, traf ich auf herumstehende morsche Tische, auf und zwischen denen Hühnervolk spazierte. Ich stand vor einem kleinen landwirtschaftlichen Betrieb. Wroclaws Einwohner pflegten andere Sitten der Entspannung und Erholung. Das hätte ich mir auch denken können.

Dass die Brunnenstrasse, eine kurze Häuserzeile ohne Baum und Strauch, in der ich bis in die ersten Februartage 1945 gewohnt hatte, nicht mehr existierte, wusste ich. Von Süden her hatte sich die Frontlinie stadteinwärts bewegt, dort Häuserblock für Häuserblock in einen Trümmerhaufen verwandelnd. Die Schuttberge waren längst entfernt. Wo sie sich einst befanden, existierten noch große Freiflächen. Ich konnte mich an Kopfsteinpflaster und Straßenbahnschienen orientieren und mehr noch an den erhalten gebliebenen hässlich-dunkelroten Backsteingebäuden, im 19. Jahrhundert errichteten Volksschulen. Mehrere von ihnen – so die in der einstigen Neudorf-, der Lohe-, der Lehmgruben- und der Sadowastraße – waren einmal »meine Schule« gewesen.

Den Weg weiter nach Süden und Südwesten habe ich erst bei einem späteren Besuch der Stadt angetreten. Vorbei am alten jüdischen Friedhof, wo auch Ferdinand Lassalle begraben wurde, gelangte ich zu der ausgedehnten Friedhofsanlage der St. Salvator-Gemeinde, auf der wir meine Großeltern, die 1938 und 1939 verstorbenen Eltern meiner Mutter, begraben hatten. Dort war auch der von den Faschisten zu den »Halbjuden« gerechnete Rechtsanwalt Heinrich Dreyer beigesetzt worden, bei dem meine Mutter sich als Hausangestellte verdingt hatte. Während der Hitze der Sommer war ich hierher oft mit dem Fahrrad gefahren, die Bepflanzung der Gräber zu gießen. Nun bot sich mir ein bis dahin nie gesehenes Bild. Nahezu der gesamte Friedhof war mit Efeu überzogen. Die Pflanzen, angebracht zur Befestigung der kastenförmigen Grabhügel, hatten sich ungehindert ausgebreitet und waren bis in die Baumwipfel geklettert. Das Terrain schien hergerichtet, als solle es die Kulisse für einen Märchenfilm abgeben. Jetzt war das wahrlich ein Ort der Stille. Entlang von Wegen ließ sich noch immer eine Orientierung finden. Die im hinteren Teil des Friedhofs gelegenen Gräber der Großeltern hatten einer Trasse für eine Straßenbahn weichen müssen. Die Grabstelle des Rechtsanwalts konnte ich noch entdecken. Er war verstorben, bevor die Judenverfolgungen mit der »Reichskristallnacht« und der Verschleppung tausender jüdischer Männer in die Konzentrationslager ihren ersten barbarischen Höhepunkt erreichten.

Meine Mutter, die damals in Jena lebte, hatte, seit eine Reise ins Schlesische nicht mehr außerhalb aller Möglichkeiten lag, gelegentlich erwogen, noch einmal in die Stadt zu fahren, in der auch sie geboren wurde und 45 Jahre ihres Lebens verbrachte. Kam die Rede darauf, wurde stets unterstellt, dass ich sie begleiten werde.

Nun war meine Dienstreise zugleich so etwas wie eine Erkundungsfahrt geworden. Mutter verstand, dass ich ihr riet, von dem vagen Plan Abstand zu nehmen. Unerwartet starb sie ein Jahr darauf. Auf späteren Reisen mit meiner Familie, so zu einem Urlaub in den Beskiden im Geburtsort von Karol Blahut, war Wroclaw eine Station. Die flüchtigen Aufenthalte richteten sich mehr auf die Entdeckung von Neuem, wenn sich auch der Gedanke an das Alte und Unwiederbringliche nie ganz verdrängen ließ.

Die Idee, meine Forschungen zur Geschichte der katholischen Kirche in Deutschland während der Zwischenkriegszeit zu einer Habilitationsschrift zu führen, habe ich nach dieser Reise aufgegeben. Was sich im erzbischöflichen Archiv an Quellen benutzen ließ, ergab dafür allein keine hinreichende Quellenbasis. Und es war unwahrscheinlich, vielwöchige Forschungsaufenthalte in Archiven westdeutscher Diözesen finanziert zu bekommen. So unterließ ich auch den Versuch, Genehmigungen für die Benutzung von bischöflichen Archiven in der Bundesrepublik einzuholen, zumal mir deren Erteilung fragwürdig erscheinen musste. Zum Thema schrieb ich, bevor ich es verließ, einen wissenschaftlichen Aufsatz, der sich mit der Haltung katholischer Oberer und Ideologen zum an die Macht strebenden Faschismus befasste. Dabei beließ ich es.

Der Gewinn meiner Reise im Jahre 1964 bestand darin, dass ich einen allein aus Büchern so nicht zu gewinnenden Blick auf die Rolle einer Gruppe der deutschen Elite – zu ihr gehörten die Spitzen des katholischen Klerus – getan und mir ein Bild von dessen Handeln in einer folgenschweren Phase geschichtlicher Entwicklung verschafft hatte. Beides konfrontierte mich mit einer Frage, die mich mein weiteres Forscherleben begleiten sollte. Sie richtet sich auf die Ursachen für die Entstehung und Dauer der Millionengefolgschaft, auf die sich die Nazidiktatur zu stützen vermochte.

Dass die sich 1933 so rasch formieren konnte und das Regime in einem so hohen Tempo Stabilität gewann, daran besaßen die Oberhirten der katholischen Kirche und der Vatikan einen eigenen Anteil. Im März 1933 hatten sie die ihren Laien gegebenen, bis dahin geltenden Abmahnungen wider die Nazis aufgehoben. In Wroclaw las ich den Telegrammwechsel, der dieser Entscheidung vorausgegangen war. Und im darauf folgenden Juli war das schon deutlich von Verbrechen gezeichnete Regime, die ersten Konzentrationslager waren errichtet, die Judenverfolgungen hatten begonnen, vom Apostolischen Stuhl für so verlässlich befunden worden, dass er mit ihm ein die Beziehungen regelndes Reichskonkordat abschloss.

Die Hitlergegner im katholischen Kirchenvolk wurden zwar nicht exkommuniziert, aber sie waren von da an auf sich allein gestellt.

2. Sitzen wir eigentlich im richtigen Zug? *Poznan, Lublin, Warszawa 1968*

1968, ich arbeitete seit drei Jahren an der Humboldt-Universität, wurden zwei Kollegen gesucht, die in Polen geschichtswissenschaftliche Vorträge halten sollten. Die Wahl, wer immer sie getroffen haben mochte, war auf Günter Rose und mich gefallen.

Günter hatte sich auf Fragen der Geschichtstheorie und -ideologie spezialisiert und war mit einem Thema befasst, das damals im Zentrum wissenschaftlicher und politischer Debatten stand, der Konvergenztheorie. Er war ein begabter und viel belesener Mann und jeder Laberei abhold. Dabei trug er eine seinen Jahren ganz unangemessene Behäbigkeit zur Schau und neigte, wie alle wussten, zur Bequemlichkeit.

Freimütig erzählte er mir einmal, da hatten wir einander schon auf vielen Gebieten unseres Metiers als Gleichgesinnte entdeckt, dass er seine Tagesarbeit im Bett begänne, wozu er sich eine kleine beräderte Schreibgelegenheit, seinen »Rolli«, heranziehe, auf dem er Bücher oder Aufzeichnungen ausbreite und bei einem starken Kaffee dann loslege. Da war das morgendliche Familiengeschehen offenbar an ihm ungerührt vorbeigezogen. Ein weniger Begabter wäre bei diesem Naturell nie bis zur Promotion gelangt. Günter hingegen brachte es, da hatte er unsere Sektion schon verlassen, bis zum Professor. Er bestritt im später viel geschmähten marxistisch-leninistischen Grundstudium philosophische Lehrveranstaltungen, wenn ich mich recht entsinne, an der Medizinischen Fakultät und die waren zweifelsfrei von der besseren Sorte. Keine Frage, wir konnten für das Unternehmen im Nachbarlande ein Gespann abgeben.

Vorgesehen war kein Blitzbesuch, aber eine sehr zügig geplante Tour, auf die wir nicht eben gut eingestellt waren. Weder wussten wir etwas von der Herkunft der Einladungen, noch besaßen wir davon Kenntnis, was die Gastgeber von uns im Speziellen erwarteten. Möglicherweise war die Reise durch Verbindungen, womöglich durch auf »höherer« Ebene getroffene Abmachungen, zustande gekommen. Jedenfalls machte uns das Vorhaben den Eindruck von etwas Provisorischem und Zufälligem. Wir bestiegen den Zug, der uns ostwärts bringen sollte, und machten uns unbeschwert, aber erwartungsvoll auf den Weg. Unser erstes Ziel war Poznan und dort das *Instytut Zachodni w Posnaniu*, das Westinstitut. Sein Name verriet seine Funktion. Gegründet, um die Integration der Gebiete in das ganze Land zu fördern, die, dem Potsdamer Abkommen entsprechend, Teil des polnischen Staates geworden waren, hatte es seine Forschungen vor allem historisch ausgerichtet.

Zum ersten Mal reiste ich nun in das »Innere« Polens, und das verschaffte andere Eindrücke als mein vier Jahre zurückliegender Aufenthalt in Wroclaw, der Stadt mit der neu angesiedelten polnischen Bevölkerung. Denn nun ging es in Gebiete, in denen die deutschen Eroberer untilgbare blutige Spuren hinterlassen hatten. Poznan, als es zuletzt Posen hieß, war zwischen 1939 und bis in die ersten Tage des Jahres 1945 die Hauptstadt des Reichsgaus Wartheland gewesen. Es sollte nach den Plänen der Eroberer eine deutsche Stadt werden. Hier herrschte Arthur Greiser, ein fanatischer und skrupelloser Nazi, der dem Faschismus in Danzig den Weg geebnet hatte. Als Reichsstatthalter und Gauleiter der NSDAP folgte er dem Auftrag, die Stadt und das ganze Territorium in deren Umfeld, das sofort nach der Okkupation zum Reich geschlagen worden war, zu »germanisieren«. Die polnischen und jüdischen Bewohner wurden ostwärts in das zum »Generalgouvernement« erklärte Gebiet verjagt, andere in Vernichtungsstätten deportiert und umgebracht.

Jahre später, vor der heranrückenden Sowjetarmee und der Einschließung der Stadt geflohen, war Greiser von US-amerikanischen Truppen gefangen genommen und an Polen ausgeliefert worden. Das geschah in Übereinstimmung mit dem vereinbarten Grundsatz, Naziverbrecher, sofern sich ihre Untaten auf einen Staat lokalisieren ließen, auch an dessen Justiz zu überstellen. Bei einem Spaziergang kamen Günter und ich dann zu jenem Ort, dem Schloss, das ihm als Regierungssitz gedient hatte. Dort war Greiser nach dem Urteilsspruch eines polnischen Gerichtshofes gehängt worden. Das sei früh an einem Julimorgen 1946 geschehen. Als die Kinder noch schliefen, hätten sich die Stadtbewohner an der Hinrichtungsstätte versammelt, schweigend, ohne Gefühle des Triumphes und der Rache auszudrücken. So beschrieb uns ein Begleiter die Szene.

Meine Missgefühle bei den Gedanken an die Vergangenheit der Stadt wären größer noch gewesen, hätte ich damals schon um die Biographie eines Professors gewusst, den ich, wenn auch nicht persönlich, aus meiner Jenaer Zeit kannte. Der Anatom Hermann Voß war in der annektierten Stadt Gründungsdekan der Medizinischen Fakultät der »Reichsuniversität« gewesen, die im nazistischen Programm der Germanisierung eröffnet wurde. Er hatte während dieser Zeit ein Tagebuch geführt, in dem sich abscheuliche Äußerungen über die Polen fanden. Im Keller seines Instituts waren in einem Verbrennungsofen auch Leichen ermordeter Polen beseitigt worden. Das erzählte mir Jahre später in einer Arbeitspause im Koblenzer Archiv der Westberliner Historiker Götz Aly, der sich mit den einschlägigen Dokumenten befasste.

In Poznan war ich mit einem Vortrag vor Mitarbeitern des West-Instituts an der Reihe. Sein Thema hatte ich im Anschluss an meine Beschäftigung mit der Frühgeschichte der Nazidiktatur gewählt, die sich damals auf einen Beitrag zum Lehrbuch Deutsche Geschichte von 1933 bis 1939 richtete.

Ich erörterte das Zustandekommen der deutsch-polnischen Nichtangriffs-Erklärung vom 26. Januar 1934 und das mit dem Schwerpunkt der dabei deutscherseits verfolgten Interessen. Dieses Unternehmen war ich, wie sich bald herausstellte, etwas naiv angegangen. Ich glaubte, dass es über dieses diplomatische Papier zweierlei Meinungen im Grundsatz kaum geben könne. Das Fazit, schien mir, würde mit dem Blick auf das Folgende aus deutscher wie aus polnischer Perspektive einschränkungslos kritisch sein. In der Erklärung hatten beide Seiten ihre Friedfertigkeit beteuert.

Das Papier war für das Naziregime, das gerade ein Jahr existierte und seine außenpolitische Isoliertheit zu überwinden trachtete, vor allem propagandistisch verwertbar. In seinen Text sollte Unbedarftheit so etwas wie einen Widerruf Hitlers lesen, der doch in »Mein Kampf« die Politik der »Germanisation des polnischen Elements« ablehnte und statt dessen die Politik verlangte, die den Boden »nutzbringend germanisiert«. Hitler hatte darin den Osten

Europas als Ziel künftiger deutscher Eroberungs- und Kolonialpolitik bezeichnet, wobei schon jeder flüchtige Blick auf die Landkarte ergab, dass der Weg in die Weiten Russlands und der Ukraine durch und über Polen führte.

Das Abkommen passte in die Vorstellung aller, die sich mit dem Gedanken beruhigten, Hitler sei gewandelt und vor der Macht ein anderer gewesen als nun, da er ein Staatsmann geworden sei. Die polnische Regierung ließ sich auf dieses Abkommen ein, obwohl die deutsche Seite der polnischen das ausstehende Bekenntnis zum Grenzverlauf, der 1919 in Versailles per Diktat bestimmt worden war, wie bisher schon verweigerte. Damit war gegenüber der Außenpolitik der Weimarer Republik nichts geändert und die wurde durch das in den Locarno-Verträgen von 1925 gegebene einseitige Ja gekennzeichnet, das sich nur zur Unabänderlichkeit der Grenzen im Westen, also gegenüber Frankreich und Belgien bekannte. Obendrein attestierte die Abmachung mit Warschau der Hitler-Regierung wie im Jahre zuvor bereits der Vertrag mit dem Vatikan, das Reichskonkordat, was sie zum wenigsten verdiente, Glaubwürdigkeit. Nur fünf Jahre verflossen, da kündigte die Reichsregierung, die von ihr provozierte Vorkriegskrise verschärfend, das Abkommen von 1934. Danach vergingen keine fünf Monate und die Wehrmacht fiel in Polen ein. Dass das Land auf seinem außenpolitischen Kurs nichts gewonnen hatte, lag zutage.

Die Debatte über die Erklärung von 1934 führt notwendig in die gesamte deutsche und polnische Außenpolitik jener Vorkriegsjahre und zur Frage an die Diplomatie Warschaus nach denkbaren, aber ungenutzten Alternativen. Sie schließt Polens Haltung zu den Großmächten im Westen des Kontinents ebenso ein wie zu seinem östlichen Nachbarn, der Sowjetunion, die in Europa ein System kollektiver Sicherheit zu schaffen suchte. Dahin kamen wir auch nach meinem Vortrag im West-Institut. Lebendig wurde das Gespräch jedoch nicht coram publico, sondern erst in kleinerem Kreise beim Tee, als polnische Kollegen ihre Einwände vortrugen. Das Dilemma Polens hätte darin bestanden, dass es zwischen dem faschistischen Deutschland und der UdSSR gleichsam eingeklemmt gewesen wäre.

Ohne dass unsere Standpunkte scharf konfrontiert wurden, trat ihre Unvereinbarkeit im methodischen wie im historisch-poli-

tischen Ansatz zutage. Sah und urteilte man von der Interessen-
warte der polnischen Bourgeoisie und des Adels, dann war die
Lage tatsächlich ausweglos. Ihr Staat hatte seine Ostgrenze nach
dem Krieg gegen das revolutionäre Russland gefunden und seinem Territorium Gebiete mit vorwiegend ukrainischer und
weißrussischer Bevölkerung einverleibt. Das belastete trotz aller
Gesten friedfertiger Nachbarschaft die Beziehungen zwischen
Warschau und Moskau. Doch konnten die osteuropäischen Kleinstaaten, vor allem Polen und Rumänien, durch ihr Beharren auf
einer strikt antisowjetischen Haltung nichts gewinnen.

Hingegen ergab die Bildung einer gemeinsamen Abwehrfront
mit Einbeziehung Frankreichs eine Möglichkeit, die sich 1935
abzeichnete und Aussicht bot, die Souveränität zu behaupten. Ein
solcher Zusammenschluss würde abschreckend gewirkt haben und
hätte nicht Unterwerfung unter die Sowjetunion bedeuten müssen.

Das strategielose Taktieren aber machte Polen zum frühen
Opfer Nazideutschlands und Rumänien gar zu dessen Verbündeten im Krieg gegen die UdSSR. Die Vorkriegsposition der Mittel-
und Kleinstaaten Ost- und Südosteuropas wurde nicht nur für sie
selbst folgenreich. Sie trug dazu bei, den Widerstand britischer
und französischer Gegner einer Verständigung mit der Sowjetunion zu stärken.

Aus meiner Sicht gab es folglich Gründe genug, mit der
Deutschlandpolitik Polens kritisch ins Gericht zu gehen. Sie war
von politischen Fehlurteilen und obendrein von der Überschät-
zung der eigenen militärischen Kräfte geprägt und hatte in eine
Sackgasse geführt.

Doch war das nicht der Befund meiner Gesprächspartner.
Dabei besaß ich unter polnischen Zeitgenossen der dreißiger Jahre
Verbündete. Sie hatten die Staatsbesuche Hermann Görings, der
als Jagdgast begrüßt wurde, und des deutschen Propagandaminis-
ters kritisch und mit Missfallen kommentiert. Einer von ihnen
schrieb, als Joseph Goebbels nach Polen kam und mit Ehrungen
empfangen wurde, die Vegetarier hätten ein Bankett für einen
Menschenfresser gegeben. Das drückte eine Vorahnung aus.

Schon im Verlauf dieses Gesprächs ließ sich spüren, was sich
auch bei späteren Begegnungen ähnlicher Art erfahren ließ. Die
jüngere Generation polnischer Historiker war nach der Befreiung

des Landes von bürgerlichen Lehrern ausgebildet worden, Menschen, die als Angehörige der polnischen Intelligenz den Vernichtungsorgien der deutschen Faschisten entgangen waren.

Lehrende wie Studierende mochten, anders als die nach sozialer Herkunft und Ausbildung vergleichbare Gruppe in Deutschland, weder Grund noch Antrieb sehen, sich mit der Vergangenheit des eigenen Landes rückhaltlos kritisch auseinander zu setzen. Uns in der DDR, wiewohl unsere Hochschullehrer weder Marxisten waren noch mit dem historischen Materialismus sympathisierten und in den Lehrveranstaltungen der ersten Nachkriegsjahre kein Wort über die Geschichte der faschistischen Herrschaft fiel, galt kritische Auseinandersetzung mit der Nationalgeschichte als unausweichlich und selbstverständlich.

Auch viele unserer Alters- und Zunftgenossen im deutschen Weststaat, mochten sie geschichtliche Entwicklungen anders erklären und Verantwortung und Schuld sozial und individuell anders adressieren, als Marxisten das taten, nahmen diese Haltung ein. Wir forschten, der Begriff war damals noch nicht in Mode, im »Land der Täter«, unsere polnischen Kollegen in einem Land mit einer unsäglichen Zahl von Opfern deutscher Eroberung. Und als ein Jahr später die bundesrepublikanische Regierung Willy Brandt die neue Ostpolitik zu betreiben begann, die sie an die Stelle eines politischen und propagandistischen Würgegriffs setzte, veränderte das zunehmend auch das Klima in den Beziehungen zum deutschen Oststaat.

Hinzu kam früh schon ein weiterer politischer Faktor: Unser Verhältnis zur Sowjetunion war nicht das der meisten Polen. In unserem Nachbarstaat saß der Antisowjetismus tief.

Die geschichtlichen Rechnungen, die beide Seiten miteinander zu begleichen hatten, wurden bis in die Zeiten des Michail Gorbatschow nie beglichen und auch dann nur halbherzig. Wir hingegen galten im Ostblock als die treueste Gefolgschaft der UdSSR und verdienten diese Bewertung bis in die Mitte der achtziger Jahre auch. Dass die DDR wie ein Block vor den Begehrlichkeiten westdeutscher Revanchisten lag und früh – 1950 – den Görlitzer Grenzvertrag abgeschlossen hatte, der die Grenzziehung der Alliierten von 1945 für unabänderlich erklärte, trug ihr dauerhafte Sympathie in Polen nicht ein. Dieses Grundverhältnis schloss nicht aus, dass sich mit polnischen Fachkollegen und mit

Antifaschisten und Internationalisten, insbesondere Teilnehmern am Widerstandskampf, während meiner Aufenthalte in Polen, bei deren Besuchen in Berlin oder Treffen an drittem Ort freundliche und herzliche Begegnungen ergaben.

Zu Poznan 1968 jedoch gehört meine erste Wahrnehmung von Vorbehalten, die sich gegenüber einer geschichtswissenschaftlichen Fragestellung antreffen ließen, die der Analyse Klassen, deren Interessen und Ideologien zugrunde legte, statt einen Maßstab zu bevorzugen, der aus dem Rückgriff auf eine undifferenzierte nationale Volksgemeinschaft herrührte.

Die zweite Station unserer Reise war das südostpolnische Lublin. Möglicherweise hatte ich den Namen der Stadt zuerst in einem Wehrmachtsbericht gehört. Fest und furchtbar eingeprägt hatte er sich mir mit Sicherheit erst als Schüler in Wickersdorf. In einem der Bücher, die ein Mitschüler besaß, vermutlich war es der 1945 vom Aufbau-Verlag herausgegebene Band, der eine Auswahl seiner Dichtungen aus der Zeit der Verbannung 1933 bis 1945 enthielt, stieß ich auf Johannes R. Bechers *Kinderschuhe aus Lublin*. Darin die Verse: Wenn Tote einst als Rächer schreiten / und über Deutschland hallt ihr Schritt / und weithin sich die Schatten breiten – / dann ziehen auch die Schuhchen mit.

Als ich das las, lebten wir in der Zeit dieses Wenn. In Nürnberg fand der Prozess gegen die Hauptkriegsverbrecher statt. Später mehrte sich mein Wissen über das Kriegsgefangenen-, Konzentrations- und zeitweilige Vernichtungslager im Weichbild Lublins, das in der Geschichtsliteratur nach Majdanek benannt wird, dem Vorort der Stadt, in dem es 1941 errichtet worden war. Ende Juli 1944 befreiten es sowjetische Truppen während ihrer Offensive im Mittelabschnitt, die sie bis an die Weichsel vordringen ließ.

Das KZ Lublin, wie es bei den Nazis hieß, war das erste dieser Lager, in das Soldaten der alliierten Armeen gelangten. Die Nachricht von dem, was sie dort vorfanden, ging um die Welt.

Das US-amerikanische Magazin *Life* berichtete am 28. August 1944 darüber unter der Überschrift: *Begräbnis in Lublin. Russen ehren Juden, die von Nazis massenweise vergast und verbrannt wurden*. Sie gedachten ebenso der Soldaten der eigenen Armee, die 1941 in die Hände der Eindringlinge gefallen und unter den im Lager Lublin herrschenden vernichtenden Zuständen umgekommen waren.

Unser Zug traf spät am Abend in Lublin ein. Dort, wiewohl noch Vorwinter, war es schon empfindlich kalt. Uns begrüßte ein Vertreter der Gesellschaft für die polnischen Westgebiete, ein Mann, der nach Lebensjahren unser Vater hätte sein können. Er brachte uns in ein im Stadtzentrum gelegenes Hotel, in dem es aber zu dieser Stunde keinen Gaststättenbetrieb mehr gab. Wir waren von der Hitze im Zuge ausgedörrt und durstig. Unser Betreuer ging mit uns zu einer nur einige Schritte entfernt gelegenen Tür, die in eine »Bar« führte. Die davor versammelten Einlass begehrenden jungen Leute, denen Zutritt wegen Überfüllung verwehrt wurde, machten bereitwillig Platz. Energisches Klopfen führte zu vorsichtiger Öffnung. Wir durften eintreten. Ein Tisch wurde herbeigeschafft und hatte eben noch zwischen anderen Platz. Wir machten uns miteinander bekannt. Unser Gegenüber, mit Namen Janiuk, war, bis er diese Tätigkeit aus Altersgründen aufgab, Oberbürgermeister der Stadt. Seine Kenntnis der deutschen Sprache stammte wohl nicht nur, aber jedenfalls zu einem Teil aus dem KZ Sachsenhausen, wohin er als Häftling verschleppt worden war.

Was in dieser störenden Umgebung reden? Günter fragte nach dem Naheliegenden, unserem Programm und begann wörtlich, so etwas konnte er, wenn er übermüdet war: «Lublin ist uns gar kein Begriff.« Gemeint sei, erklärte ich, dass wir über unsere Aufgabe hier schlecht unterrichtet wären. Darauf erfuhren wir eine gedrängte Abfolge von Treffen und Terminen, wozu ein Besuch und ein Vortrag in der Universität gehörten. Den hatte diesmal Günter zu bestreiten. Zudem sollten wir die Stadt zu Fuß und bei einer Rundfahrt besichtigen und der Leitung der einladenden Gesellschaft einen Besuch machen. An diesem Programm brachten wir eine Korrektur an. Am Morgen würden wir nach Majdanek fahren. Blieb noch zu erkunden, wo wir, was bei der Jahreszeit unter Umständen nicht einfach sein konnte, ein Blumengebinde erwerben konnten.

Anderntags, nach dem Frühstück in einem Raum des Hotels, der – das mochte täuschen – seit den Zeiten, da die Stadt zur K.u.K.-Monarchie gehört hatte, keine Modernisierung erfahren zu haben schien, machten wir uns auf den Weg. Ein Taxi brachte uns zum Eingangsgebäude des einstigen Lagers. In ihm waren nach neuesten Schätzungen, die frühere Zahlen korrigierten,

78.000 Menschen umgebracht wurden. Von ihnen waren 59.000 Juden, Bewohner der Stadt, die einst ein Judenviertel besessen hatte. Mit ihnen wurden Menschen aus der Umgebung und den Ghettos von Warschau und Bialystok Opfer der Mörder. Der rasche Vorstoß der sowjetische Truppen während ihrer Sommeroffensive 1944 hatte den fliehenden Besatzern und den Herren dieses Lagers nur Zeit gelassen, einen Teil der Spuren ihrer Verbrechen zu tilgen. Sie konnten weder die drei Gaskammern sprengen, noch alle Häftlingsbaracken niederbrennen.

Hierhin war Konstantin Simonow bald nach der Befreiung der wenigen dort zurückgelassenen Lagerinsassen gekommen. Danach auch Korrespondenten vieler Länder. Simonow schrieb in der Armeezeitung: »Das Schrecklichste: Zehntausend Paar Kinderschuhe, Sandalen, Pantoffeln, Schnürschuhe von Zehnjährigen, von Einjährigen.« Der Verlag der sowjetischen Militäradministration in Deutschland hatte seinen Bericht übersetzt schon 1945 herausgebracht.

Seitdem war nahezu ein Vierteljahrhundert vergangen. Ich hatte schon viele Gedenkstätten an Orten einstiger Konzentrationslager gesehen. Andere sah ich nach diesem Dezembertag 1968. Ob ich mir Eindrücke von Buchenwald, Sachsenhausen, Ravensbrück, Dachau, Dora-Mittelbau, Lidice, Theresienstadt, Mauthausen, Chelmno und selbst die von jenem heißen Sommertag in Auschwitz und Auschwitz-Birkenau vor das geistige Auge stelle, sie alle übertrifft, was ich, an diesem Morgen waren Günter und ich die einzigen Besucher, während des Gangs über das Terrain wahrnahm, das einmal das KZ Majdanek war.

Der Blick auf die Hinterlassenschaft der Ermordeten, der Weg in die Ruine des Krematoriums vor die Verbrennungsöfen, die Wahrnehmung der Nähe der am Lagertor vorbeiführenden Straße und die Sicht auf die unferne Stadt, all das bezeugte, wie wenig die Mörder auf Geheimhaltung bedacht waren, wie zielbewusst sie ihre aus Wahn und Kalkül herrührenden Untaten zur Abschreckung bekannt werden ließen.

Der Ort wirkte damals nicht wie andere museal hergerichtet. Er vermittelte noch unheimliche Nähe zum Gestern. Wer hier war, musste sich, wenn er sich wendete, fragen, was zu tun sei, damit auf dieses Gestern nie mehr ein ähnliches Morgen folgen könne.

Gegenüber dieser Erinnerung sind nahezu alle meine anderen an Lublin verblasst, wiewohl es der Stadt nicht an eindrucksvollen Gebäuden fehlte, von denen das Schloss das mächtigste ist. Die Rundfahrt durch die Stadt unternahmen wir mit Janiuk, der als Stadtoberhaupt über Jahre seine Arbeitskraft darauf verwendet hatte, die Kriegs- und Besatzungsfolgen zu beseitigen. Als wir ein an ihrem Rande gelegenes ausgedehntes Neubaugebiet passierten, sagte er in einem Ton, der Zufriedenheit und Bescheidenheit bezeugte: »Das sind meine Denkmäler.«

Wie viele Janiuks besaßen in von Deutschen verwüsteten europäischen Ländern ähnlichen Anteil am Neuaufbau von Städten und Dörfern, an der Regenerierung geschundener Landschaften? Wie viele starben noch inmitten der Trümmer, ohne sich solche Denkmäler setzen zu können? Und wie viel Wissen und Tatkraft, wie viel Entschlossenheit zur Weltveränderung war mit den Ermordeten geendet?

Bevor wir uns nach Warschau, der letzten Station unserer Reise, aufmachten, wurden wir in das Büro der Gesellschaft eingeladen, die sich hier nahe der Ostgrenze des Landes mit der Förderung der Westgebiete befasste. Eine kleine Tafel war hergerichtet, an der sich kaum mehr ein als halbes Dutzend Personen einfand. Ohne ein paar Worte, nicht eigentlich Trinksprüche, ging es nicht ab.

Nachdem ich den Part vordem schon andernorts übernommen hatte, war diesmal Günter dran. Der holte zu einer Rede aus, in die ihm Erinnerungen an Kindheits- und Jugendtage flossen, aus Nazijahren, Erlebnissen im ostpreußisch-litauischen Grenzland, wo er aufgewachsen war. Seine Familiengeschichte unterschied sich von der meinen sozial und politisch. Was er äußerte, sagte er unter dem Eindruck des eben hier Gesehenen. Mir missfiel, dass er sich in ein unterschiedsloses Schuldbekenntnis für alle Deutschen hineinredete, und das schien mir beim Gedanken an meine antifaschistischen Lehrer auch ungerecht.

Doch war das nicht der Moment, Einwände zu erheben. Erst später fragte ich mich, wie unser Besuch in Majdanek und dieses Gespräch in Lublin verlaufen wären, hätten Günter und ich um die Flucht vieler überlebender jüdischer Einwohner aus Polen in eben jenem Herbst 1968 gewusst, verursacht durch fortwirkenden alten und neuen Antisemitismus. Viele hatten in skandinavischen Staaten Zuflucht gefunden. Eine der Geflohenen begegnete mir 1980 während einer Vortragsreise im schwedischen Lund. Wir trafen einander anlässlich einer Veranstaltung, die der Erinnerung an die Befreiung 1945 galt.

Dann wurden wir am Lubliner Bahnhof verabschiedet. Wir dankten Janiuk, der uns in den Waggon eines Zuges wies. Kaum war das Gepäck verstaut, machte ich meinem Unmut über Günters Rede Luft. Wenn er in Sachen seiner Biographie und Familie etwas bekennen und loswerden wolle, solle er das tun, überfiel ich ihn, sich aber nicht zum Sprecher der angeblich ausnahmslos schuldbeladenen Deutschen machen und mich aus dem Spiele lassen, der keinen Fürsprech brauche.

Das ließ er nicht auf sich sitzen. Alsbald waren wir in einer Sachlichkeit gewinnenden Debatte, die vom Anlass wegführte und den Umgang mit der Vergangenheit bei uns zu Hause und hier in Polen betraf. Den Streit hätten wir so nicht austragen können, wenn sich der Eisenbahnwagen inzwischen gefüllt haben würde. Das hatte er mitnichten. So fragte ich schließlich: »Sag mal, sitzen wir eigentlich im richtigen Zug?«

Keineswegs, wie wir bald ermittelten. Der, den wir hätten benutzen müssen, war abgefahren und wir standen auf einem Abstellgleis. Glücklicherweise konnten wir unser Hotelzimmer für ein paar Nachtstunden noch einmal beziehen. Dann mussten wir früh heraus, um rechtzeitig in Warschau und dort zu einem historisch-politischen Vortrag zu sein, der im Zentralgebäude des Jugendverbandes stattfand. Das schafften wir auch.

Die Debatte nach Günter Roses Rede rankte sich dort um den Charakter und die Motive der in ihren Anfängen sich abzeichnenden »neuen Ostpolitik«, für die in persona Willy Brandt stand, seit 1966 Außenminister in der Regierung Kurt Georg Kiesingers, eines ehemaligen Nazis.

So ging unsere »Blitztour« zu Ende. Dass ich von der polnischen Hauptstadt so viel wie nichts gesehen hatte, bedauerte ich besonders. Doch das sollte sich ändern.

Es war in den folgenden Jahren vor allem meine Beschäftigung mit der Geschichte des Massenmords an den europäischen Juden, die mich wiederholt zu längeren Studienaufenthalten in die polnische Hauptstadt führte. Sie wurden durch Abkommen über den Austausch von Wissenschaftlern zwischen der Warschauer und der

Berliner Humboldt-Universität inzwischen sehr erleichtert. Mit der Universität, einer Gründung aus der Zarenzeit, in deren wechselvoller Geschichte sich die des Landes gleichsam spiegelt, und den dortigen Kollegen bekam ich dabei wenig zu tun. Die Verwaltung regelte das Finanzielle und sorgte für meine Unterbringung.

Das erste Mal wohnte ich bei einer polnischen Familie, die ihren begrenzten Etat dadurch verbesserte, dass sie ihr einziges Wohnzimmer an Gäste vermietete und während dieser Zeit sich in eine kleine Küche zurückzog, die ihr dann auch als Schlafstätte diente. Das brachte mich in eine mir unwillkommene, aber alternativlose Situation.

Bei einem späteren Aufenthalt lebte ich dagegen luxuriös in einem Einfamilienhaus inmitten der Stadt, deren Bewohnerin, eine Lehrerin, sich zu einer Kur begeben hatte.

Mein Arbeitsplatz befand sich am Sitz der Polnischen Hauptkommission zur Verfolgung von Naziverbrechen, deren Räumlichkeiten sich unweit des Stadtzentrums im Gebäudekomplex des Justizministeriums befanden, dem sie angegliedert war. Die im Lande wie international bekannte und geachtete Einrichtung befasste sich mit der Ermittlung der auf dem Territorium Polens während der deutschen Besatzung verübten Verbrechen, suchte sie Tätern zuzuordnen und deren Verbleib festzustellen. Ihr Chef, Prof. Czeslaw Pilichowski, gehörte zu den Widerstandskämpfern Polens und in die Reihe jener Wenigen, die an herausgehobenen Platz zäh bei ihrer einmal gewählten Arbeit blieben, wie das bis zu seinem frühen Tod Hessens Generalstaatsanwalt Fritz Bauer in Frankfurt a. M. tat und Simon Wiesenthal in Wien bis ins hohe Alter.

Das Archiv der Kommission, bestehend aus Beute- und auch aus Prozessakten, war umfänglich, und seine Bestände wurden durch neue Funde noch immer vermehrt. In den siebziger Jahren ließen sich in den Benutzerräumen nahezu täglich ältere Besucher antreffen, damit beschäftigt, gestützt auf eigene Beobachtungen und Erfahrungen, Personen auf Fotos zu identifizieren und Dokumente archivarisch zu ordnen. Dort, die Öffnungszeiten waren großzügig, gelegentlich auch in der Bibliothek und dem Archiv des nahen Jüdischen Instituts, ließ sich konzentriert arbeiten. Verließ ich das Archivgebäude, brauchte ich nur über die Straße zu gehen, wo ich mich in einer der so genannten Milchbars einfach, aber hinreichend verpflegen konnte.

An Wochenenden lernte ich die Stadt kennen. Was sich in ihr immer an Schönheiten entdecken und wahrnehmen ließ, nahezu jeder Gang durch ihre Straßen verband sich mit bedrückenden Erinnerungen an die deutsche Okkupationsherrschaft. So der Weg zum Ghetto-Denkmal, so die Tafeln, gewidmet den Opfern mörderischer Exekutionen bei Razzien der Besatzer. Selbst die ausgedehnten Neubauviertel – aus deren Aufbauzeit war zu uns der Begriff vom Warschauer Tempo und der »Warschauer Maurerkolonne« gekommen, die wir in einem Lied von Armin Müller, geschrieben für die Weltfestspiele der Jugend in Berlin 1951, besungen hatten – schienen davon zu sprechen, dass hier einst Menschen in einer anderen, nun in Trümmer gelegten Stadt lebten. Das taten auch die sorgsam und mit Liebe und vielem Aufwand aufgebauten Gebäudereihen der Altstadt, denen – nicht anders als den Bauten am Rynek, dem einstigen Ring, in Wroclaw – etwas Museales anhaftete.

Die denkwürdigste Reise nach Polen unternahm ich im Jahre 1983. Eingeladen wurde nach Warschau zu einer wissenschaftlichen Tagung mit dem Generalthema Der Nazivölkermord in Polen und Europa 1939–1945. Sie fand aus Anlass des 40. Jahrestages des Ghetto-Aufstandes statt, der am 19. April 1943 begonnen hatte.

Mit meiner Kollegin Erika Schwarz fuhr ich in die polnische Hauptstadt. Das tat auch der Jurist Günter Wieland. Von da an datiert unsere freundschaftliche Verbindung, die erst mit seinem zu frühen Tod im Jahre 2004 endete. Günter war in der Generalstaatsanwaltschaft der DDR seit Jahrzehnten mit der strafrechtlichen Verfolgung von NS-Verbrechen befasst. Das tat er, je länger je mehr, mit bewundernswerter Aufopferung.

Jeder Arzt hätte den Mann, dessen Körper sich unter der Deformation seiner Wirbelsäule mehr und mehr krümmte, ohne Zögern zu einem Frühinvaliden erklärt. Günters Arbeitsradius reichte nach West und Ost über die Staatsgrenze hinaus. Besonders eng war sein Kontakt zu polnischen Kollegen, in deren Lande sich die großen Vernichtungslager und Ghettos befunden hatten und in dem an der Bevölkerung, sie dezimierend, von den deutschen Eroberern massenhaft Kriegs- und Menschheitsverbrechen begangen worden waren. Soweit sein Tätigkeitsfeld, so weit sein hohes Ansehen, erworben auf eine Weise, von der er schrieb:

»Wessen ernstliche Profession die Aufklärung von Naziverbrechen ist, wer deren oft qualvoll geprüften Opfern im Verhandlungssaal oder Vernehmungszimmer begegnet, bleibt davon lebenslang geprägt.«

In Warschau angekommen, wurden wir im Zentrum der Stadt im Hochhaushotel »Forum« einquartiert. Nie zuvor war ich bei einer Reise nach Polen so exklusiv untergebracht. Und niemals vorher und nachher wurde ich während eines Aufenthalts im Nachbarland oder anderswo so bewacht und behütet wie hier und jetzt und das ohne jede Geheimhaltung. Beim Betreten des Hotels wurde unser Gepäck mit Hilfe eines Minensuchgeräts auf verborgene Waffen und Sprengmittel geprüft. Der Grund war bald festgestellt. Zu den Konferenzteilnehmern und Hotelgästen gehörte eine Gruppe aus Israel. Da es kurz vorher, wenn auch nicht in Polen, zu einem Anschlag gegen einen Palästinenser gekommen war, wurde offenbar nicht ausgeschlossen, es könne zu einem Racheakt an israelischen Konferenzteilnehmern kommen. Dieses Szenario blieb während der folgenden Tage erhalten.

An deren störungsfreiem Verlauf besaßen die Gastgeber ein umso größeres Interesse, weil sie ein Bild von Polen zu korrigieren trachteten, das von der antisemitischen Politik des Jahres 1968 herrührte. Und beschädigt war das Ansehen des Landes zudem durch die unvergessenen Ereignisse im Dezember 1981, als in Polen das Kriegsrecht verhängt wurde. Damals hatten Militärs unter General Wojciech Jaruzelski die Macht übernommen – die Nachricht erreichte mich, worüber noch berichtet werden soll, eines Morgens aus einem handlichen Weltempfänger während einer Indienreise in Kalkutta. Zum herben Ansehensverlust Polens war hinzugekommen, dass dessen politische Krise alle mobilisiert hatte, die von Basen in kapitalistischen Staaten an der Unruhestiftung in den Staaten des Warschauer Vertrages arbeiteten. Sie hatten Polen als den Staat im Ostblock entdeckt, dem gegenüber die Politik der Destabilisierung ihnen am aussichtsreichsten erschien. Da irrten sie sich nicht.

Das Gedenken an die Geschehnisse des Jahres 1943, wofür der »runde« Jahrestag Anlass bot, schien geeignet, etwas für die Wiederherstellung der Reputation des Landes zu tun. Denn die Einladungen, was immer sich an Erwartungen bei Gastgebern und Gästen mit ihnen verband, konnten kaum verweigert werden. Vor der Frage Kommen oder Fernbleiben hatten auch das Auswärtige Amt in Bonn und die Botschaft der BRD in Warschau gestanden, sich dann aber zur Entsendung einer Delegation von Fachleuten entschlossen. Das war, wie Akteneinträge bezeugen, aus dem Rückblick als »richtig« angesehen worden.

Ein Indiz für die innere Lage Polens bot die Tatsache, dass es nicht gelungen war, das Warschauer Jüdische Institut (*Zydowski Instiytut Historyczny*) als Mitveranstalter zu gewinnen. Das hatte zuvor eine eigene, diesem Gedenken gewidmete Tagung ausgerichtet. Die Konten des Jahres 1968 wurden politisch wie historiographisch als unerledigt angesehen und das waren sie auch.

Der Weg vom Hotel zum Konferenzort war bequem zu Fuß zurückzulegen. Er führte über den Platz, in dessen Mitte sich der Kulturpalast erhob. Das nach Plänen eines sowjetischen Architekten im Stil der Stalinbauten, die Moskaus Silhouette dominierten, errichtete, himmelwärts ragende Hochhaus barg Theater, Kinos, Museen und weitere kulturelle Einrichtungen, sowie Konferenzräume. Es erinnerte nolens volens an Stalin und – time was marching on – war doch 1956 fertiggestellt worden, dem Jahr, da Nikita Chruschtschow mit seiner berühmten Parteitagsrede den Genius von seinen Sockeln holte.

Der steinerne Gruß aus Moskau hatte die Beziehungen der Polen zu ihrem östlichen Nachbarn freilich neu nicht fundamentieren können. Dazu wäre eine rückhaltlos kritische Durcharbeitung russisch-polnischer und sowjetisch-polnischer Beziehungen nötig gewesen. Die daraus herrührende Themenliste war lang. Auf ihr standen die Jahre der Zarenherrschaft nach Polens Teilungen, als auch Warschau dem Reich der Romanows einverleibt worden war. Darauf figurierte der Krieg des Jahres 1920, in dessen Ergebnis Polens Grenzen weiter nach Osten ausgedehnt wurden, als es eine wohl erwogene internationale Vereinbarung vorgeschlagen hatte. Da die Gebiete mehrheitlich von Weißrussen und Ukrainern bewohnt waren, folgte darauf die Geschichte der Benachteiligung dieser Minderheiten in Pilsudski-Polen.

Die Liste setzte sich fort mit der, wieder nach einem Krieg, nun von sowjetischer Seite vorgenommenen Korrektur der Grenze. Das geschah im Jahr 1939, als Polen unter den Schlägen der deutschen Wehrmacht zusammenbrach. Und da standen in blutigen Lettern die Ermordung der Führer der Kommunistischen Partei Polens, die sich im sowjetischen Exil befunden hatten, und Stalins Katyn mit dem massenhaften Mord an Kriegsgefangenen und Zivilisten. Schließlich war da noch die Deportation von Polen aus den Gebieten, die 1939 der Sowjetunion eingegliedert worden waren, nach Sibirien verzeichnet.

Die Geschichte des Verhältnisses dieser Nachbarn zueinander konnte sich mit jener der Erbfeindschaft zwischen Deutschland und Frankreich durchaus messen, jedoch mit dem Unterschied, dass sie – wir schrieben 1983 – ungeachtet von Bündnisbeteuerungen gründlich und versöhnend nicht durchgearbeitet worden war. Die sowjetische Politik und Geschichtsschreibung hatten sich damals noch nicht einmal zu jenem Zusatzabkommen zum deutsch-sowjetischen Nichtangriffsvertrag vom August 1939 bekannt, von dem später eingehender die Rede sein wird, weil es auf internationalen Konferenzen immer wieder eine Rolle spielte.

Selbst dessen bloße Existenz, die seit den Zeiten des Nürnberger Prozesses 1945/46 bekannt war, wurde in Moskau in Zweifel gezogen. Solche Verweigerung der Wahrheit hat ihren Preis. Der Palast inmitten Warschaus, zu dem Erikas und mein täglicher Weg führte, war mehr als ein Bauwerk, er war ein Stein des Gedankenanstoßes.

Während die offenen Fragen der polnisch-sowjetischen Beziehungen jenseits der Erörterungen in und am Rande der Konferenz blieben, galt das für die polnisch-westdeutschen nicht. Susanne Miller, Teilnehmerin aus der Bundesrepublik und als Sozialdemokratin die Bestrebungen der Neuen Ostpolitik unterstützend, erinnerte sich in ihrem Reisebericht an Klagen »über die mangelnde Verfolgung von Naziverbrechern, ihre Freisprechung oder geringe Bestrafung in Prozessen, über die zahlreichen Bestrebungen zur Leugnung oder Bagatellisierung dieser Verbrechen und die Zunahme neonazistischer Aktivitäten«.

Und auch daran, dass in zahlreichen Reden auf Äußerungen des Bundesinnenministers Friedrich Zimmermann Bezug genommen wurde, die Oder-Neiße-Grenze betreffend. Der Politiker der bayerischen Christlich-Sozialen Union hatte Anfang 1983 vor so genannten Vertriebenenfunktionären erklärt: »Tendenzen, die deutsche Frage auf die Bundesrepublik Deutschland und die DDR zu beschränken und die ostdeutschen Gebiete jenseits von Oder und Neiße nicht einzubeziehen, wird es bei der neuen Bundesregierung nicht geben.« Das war die im Jahr zuvor unter Helmut Kohl gebildete.

Staaten und Menschen, Historiker von Beruf eingeschlossen, haben Schwierigkeiten mit ihrer Geschichte gerade dann und dort, wann und wo sie ganz oder vorwiegend schändlich verlaufen ist, also gerade auf jenen Feldern, auf denen sie tief graben sollten, unabgeschreckt durch das Vorwissen, dass sie da auf Leichen stoßen werden. Das Thema der Warschauer Konferenz 1983 bot dafür eine besondere Herausforderung. Ihr hatten sich nicht nur die Teilnehmer aus den beiden deutschen Staaten zu stellen. Sie betraf auch Gäste aus Ländern, die einst Kollaborateure der deutschen Eroberer waren. Angenommen wurde sie indessen nicht durchweg.

An einem Tisch des Hotelrestaurants, an dem Erika und ich frühstückten, fand sich eines Morgens ein Historiker in rumänischer Offiziersuniform mit seiner Gattin ein. Ich hatte die Wahl, mir den Appetit schweigend zu verderben oder das Gespräch ohne Umschweife auf das zu bringen, was der Mann tags zuvor über sein Land und die Judenverfolgungen gesagt hatte. Er hatte eine Schönrede gehalten. Denn es waren die rumänischen Verbündeten, die, mit der Wehrmacht im Sommer 1941 in die Sowjetunion einfallend, aufs kräftigste halfen, Juden, die sie dort vorfanden, durch eigene Hand zu töten oder sie den deutschen Mörderschwadronen zuzutreiben. Was außerhalb der 1940 gezogenen Grenzen Rumäniens auf diesem Eroberungszuge geschehen war, schien der Mann indessen nicht zur Geschichte seines Landes zu rechnen. So kam es mir vor, dass ihm etwas Nachhilfe gut täte.

1983 stand in den meisten europäischen Staaten, Ost und West machten da wenig Unterschied, die Erforschung und Darstellung der Geschichte der Kollaboration mit Nazideutschland im Ganzen wie bei den Judenverfolgungen erst noch bevor. Gewiss hatte es in allen Staaten, in denen es dafür Grund gab, Historiker gegeben, die sich der eigenen Geschichte vorbehaltlos stellten. Doch in die Öffentlichkeit drangen sie kaum durch. Ein Vierteljahrhundert später und in einem neuen Jahrhundert angekommen, haben sich die Verhältnisse da – und überwiegend – zum Besseren, dort aber auch zum Schlechteren gewandelt. Wo deutsche Politiker oder Publizisten darauf zu reden oder zu schreiben kommen, sollten sie freilich nie vergessen, dass es Deutsche waren, die den kroatischen und litauischen, den niederländischen wie den französischen und eben auch den rumänischen Antisemiten erst ihre Handlungsräume schufen und – mehr noch – sie zur Mithilfe bei der Verwirklichung ihres Mordplans vorantrieben. Das enthebt niemanden eigener Verantwortung und Schuld. Doch die geschichtliche Wahrheit erfordert die Feststellung: Von welchen an den Juden seit Kriegsbeginn begangenen Untaten auch immer berichtet wird, ihr letzter Ursprung führt in die deutsche Geschichte.

An die Konferenz schlossen unsere Gastgeber das Angebot, Gedenkstätten zu besuchen, die an Orten der Massenvernichtung polnischer und nichtpolnischer Juden errichtet worden waren. Erika und ich entschieden uns für die Fahrt nach Lodz und Chelmno. Die wegen ihrer Textilindustrie weithin bekannte Stadt war nach ihrer Eroberung 1939 in *Litzmannstadt* umbenannt worden und, an dessen östlichem Rand liegend, dem Reichsgau Wartheland zugeschlagen worden.

In ihr errichteten die Besatzer 1939/40 ein Ghetto, das in seinen Ausmaßen nur vom Warschauer übertroffen wurde. Seine Insassen, zeitweilig mehr als 150.000 Menschen, wurden, soweit arbeitsfähig, in Wirtschaftsbetrieben ausgebeutet. Dazu brauchten sie den Ghettobezirk nicht zu verlassen. Die Fabriken und Werkstätten befanden sich auf dessen von der Außenwelt abgeriegeltem Territorium. Beliefert wurden vorzugsweise Wehrmachtsdienststellen, aber auch eine Berliner Firma für modische Bekleidung im Reich. Anfang 1942 war begonnen worden, zunächst arbeitsunfähige und kranke Juden in das 55 km entfernte Dorf Chelmno zu schaffen, wo sie ein dort etabliertes Spezialkommando tötete. Später erfolgte die massenweise Deportation der Ghettoinsassen zu den Mördern nach Auschwitz-Birkenau. Als die sowjetische Armee im Januar 1945 die Stadt befreite, lebte in ihr nur noch ein Rest. Er bestand aus den Angehörigen eines Aufräumungskommandos, etwa 850 Juden.

Von dem Lodzer Ghetto ließ sich 1983 kaum noch eine Vorstellung gewinnen. Die uns sachkundig führten, verwiesen auf die Funktion einzelner Gebäude, die die Jahre überdauert hatten. Dann fuhren wir zum jüdischen Friedhof am Rande der Stadt, einem der größten in Europa. Dort waren auch Zehntausende begraben worden, die im Elend des Ghettos infolge von Hunger, unbehandelten Krankheiten, Auszehrung und Schikanen starben. Wie an ähnlichen verwaisten Orten anderswo waren hier bei Kriegsende Gedenksteine entfernt und manche als Baumaterial verwendet worden. Vor den teils erhaltenen und gepflegten, teils verwahrlosten Gräberfeldern ließ sich der Umfang der ausgelöschten jüdischen Gemeinde erahnen und ein Bild ihrer sozialen Differenziertheit gewinnen.

Einfache Steine dominierten. Die wurden überragt von wenigen anderen, deren Stifter den herausragenden Platz, den die Toten in der Gesellschaft einst einnahmen, zur Geltung bringen wollten. Die mächtigste Anlage war das Mausoleum des Textilfabrikanten Israel Poznanski, der das Gelände für den Friedhof der jüdischen Gemeinde erwarb und dessen erhaltener Palast zu den auffälligsten und prächtigsten Gebäuden der Stadt gehört. Unverkennbar war hier auch, dass und wie der christliche Beerdigungs- und Bestattungsritus den jüdischen modifiziert hatte.

Dann ging die Fahrt nach Chelmno, das die Eroberer in Kulmhof umbenannt hatten. Zunächst sahen wir, was vom so genannten Schloss, einem einstigen Gutshaus, sich erhalten hatte. Hierher war am 8. Dezember 1941 der erste Transport von Juden gebracht worden. Es war ihre letzte Lebensstation. Getäuscht und misshandelt, wurden die Herbeigeschleppten in die Aufbauten eines für diesen Zweck präparierten Lastwagens gepfercht, in die dessen Motorabgase geleitet wurden. Die Opfer erstickten qualvoll.

Im erhaltenen Haus des Kommandanten der Mordstätte, das der Kirche gegenüber lag, wohnte jetzt der Pfarrer des Ortes. Ich fragte mich, wie er darin leben konnte.

Das fragte ich mich Jahre später wieder, als ich mit einer Studentengruppe in dem Hause zwei Nächte zubrachte, in dem der Kommandant des Ghettos Theresienstadt gewohnt hatte. Es wurde inzwischen als Herberge für junge Leute genutzt, die als Besucher nach Terezin kamen.

Vom Dorf, in dem es eine Ausstellung, die an das Geschehen erinnert hätte, damals noch nicht gab, fuhr unser Bus zum nahen Wald. Dort waren die Leichen der Getöteten von einem Arbeitskommando, gebildet aus zu späterer Ermordung bestimmter Juden, ausgeladen, verbrannt oder vergraben worden. Die Fahrt auf jener Straße, auf der einst diese Gaswagen »verkehrten«, hatten wir schweigend hinter uns gebracht. Uns empfingen Vertreter einer lokalen Behörde. Hier öffnete sich die sonst waldgesäumte Strecke auf einer Seite zu einer Lichtung. Die Blicke zog ein massives Denkmal an, bestehend aus gleichsam auf Stelzen stehenden mächtigen Betonquadern. Die bildeten in der vom Besucher freilich nicht wahrzunehmenden Aufsicht einen Davidstern. An der Seite, die der Straße zugewandt war, befand sich damals ein in goldener Farbe prangendes Christenkreuz.

Wir wurden dorthin geleitet, wo die Ermordeten vergraben oder in Gruben verbrannt worden waren. Nichts erinnerte mehr an das grausige Geschehen. Hier wuchs Gras und was die Natur sonst zufällig wachsen ließ. Kaum zu übersehen war, dass das Gelände vor unserem Kommen in jenen Zustand versetzt worden war, in dem wir es vorfanden. Gehwegplatten, von Gras überwachsen, hatte man freigelegt und auch in anderer Weise ließ das Ganze Spuren eben beendeter Gärtner- und anderer Pflegearbeiten erkennen.

Zur Straße zurückgekehrt, konnten wir uns in ein Gedenkbuch eintragen, das dort auf einem eigens für diesen Besuch aufgestelltem Tisch auslag. Während sich unsere Gesellschaft sammelte, begann ein belgischer Kollege bis zur Unbeherrschtheit laut sich über das Christenkreuz an der Stirnwand des Denkmals zu empören. Er erblicke darin eine Verfälschung des Geschehens und die Beleidigung und Schändung des Andenkens derer, die da hingemordet worden waren. Denn die Getöteten waren ganz überwiegend Juden gewesen, dazu aus dem österreichischen Burgenland herantransportierte Sinti und Roma sowie sowjetische Kriegsgefangene.

Unsere Gruppe, in der auch auf dem Weg durch das Gelände kaum ein Wort gewechselt worden war und in der jeder seinen Gedanken nachhing, schwieg darauf. Bis Elisabeth Freundlich, Österreicherin, Wienerin und Tochter eines sozialdemokratischen Rechtsanwalts, der auch Präsident der Arbeiterbank gewesen war, die mit ihrer Familie die Nazijahre im Exil überlebt hatte, eine kleine zierliche Frau, leise einwandte: Sie befinden sich in einem katholischen Land. Wollen sie nicht, dass die hier Lebenden an diesen Ort kommen und des Geschehenen auf ihre Weise gedenken? In der Sache mochte der belgische Historiker Recht haben. Doch wie großmütig und weise war, was ihm entgegnet wurde.

Drei Jahre später, im September 1986, folgte ich noch einmal einer Einladung, die aus der polnischen Hauptstadt ergangen war. Ausgesprochen hatte sie wiederum die Hauptkommission zur Untersuchung der Naziverbrechen in Polen – Institut des nationalen Gedenkens.

Diesmal gab der 40. Jahrestag des Endes jenes Gerichtsverfahrens dazu Anlass, das 1945/46 in Nürnberg gegen die Gruppe der so genannter Hauptkriegsverbrecher vor einem alliierten Militärtribunal stattgefunden hatte. Aus dessen Arbeit rührten die Nürnberger Prinzipien des Völkerrechts her, deren allgemeine Verbindlichkeit von der Generalversammlung der Vereinten Nationen beschlossen worden war. Damals wurden drei Straftatbestände fixiert: Verbrechen gegen den Frieden, Kriegsverbrechen und Verbrechen gegen die Menschlichkeit.

Das große Thema versammelte Historiker und Juristen im Konferenzraum des Warschauer Hotels »Forum«. Viele Teilnehmer kamen aus dem gastgebenden Lande, dessen Spezialisten den Hauptteil der Vorträge bestritten, sowie aus Ländern, deren Juristen das Nürnberger Tribunal gebildet hatten, also den USA, der UdSSR und Frankreich, nur Großbritannien fehlte. Die Konferenzteilnehmer vervollständigten Fachleute aus der Tschechoslowakei, Israel, Finnland, der Bundesrepublik und Westberlin und aus der DDR.

Ich hatte den Leiter der Hauptkommission gebeten, er möge auch eine Mitarbeiterin unserer Sektion mit einer Einladung bedenken. Der Vorschlag wurde angenommen und bildete einen schwachen Versuch, einem sich stets aufs Neue zeigenden Missstand abzuhelfen. Wissenschaftliche Veranstaltungen im Ausland wurden zumeist von »gestandenen« Experten besucht, älteren Kolleginnen und Kollegen also. Selten kamen am Anfang ihres Weges in die Wissenschaft Stehende dazu, sich auf internationalem Parkett zu bewegen oder gar zu präsentieren.

Kurzum: ich konnte mit Daniela Fuchs nach Warschau fliegen. Sie hatte, das ergab eine Generationenbrücke zwischen unseren Biografien, in Wroclaw Geschichte studiert und dort eine Beziehung zu Land und Leuten weiter entwickelt, die schon aus ihren Kindheitstagen herrührte.

In der polnischen Hauptstadt trafen wir auf Günter Wieland von der Generalstaatsanwaltschaft der DDR, dessen Kompetenz für das Konferenz-Thema jedem Vergleich standhalten konnte. Die Bundesrepublik hatte in ihrer Delegation auch den Innenminister des Landes Nordrhein-Westfalen, Herbert Schnoor, entsandt, einen Juristen und Sozialdemokraten. Er hatte in Düsseldorf verschiedene Beamten- und Ministerposten bekleidet, war aber nie für die Justiz zuständig gewesen. So konnte ihm auch für den in Düsseldorf, der Landeshauptstadt, durchgeführten Majdanek-Prozess, der von 1975 bis 1981 dauerte und wegen seiner Länge und seiner Urteile – Ernst Bloch sprach mit diesem Bezug von Streichelstrafen für Nazimörder – schärfste Kritik nach sich gezogen hatte, keine direkte Zuständigkeit angelastet werden.

Der kompetenteste Teilnehmer in der westdeutschen Gruppe war Alfred Streim, der seit zwei Jahren die Zentrale Stelle der Landesjustizverwaltungen zur Aufklärung nationalsozialistischer Verbrechen leitete. Die 1958 im baden-württembergischen Ludwigsburg gegen Widerstände geschaffene Einrichtung sollte die Ermittlungen gegen NS-Täter und ihre Strafverfolgung voranbringen. Jedoch war sie nicht mit dem Recht einer Anklagebehörde ausgestattet worden, was den Erfolg ihrer Tätigkeit auch vom Willen der jeweils für zuständig befundenen Staatsanwaltschaft abhängig werden ließ. Die konnte die ihnen übergebenen Ermittlungsakten zur Grundlage einer Anklageerhebung nehmen oder auch dilatorisch behandeln.

Bei Forschungen war ich in die Stadt mit der berühmten barocken Schlossanlage und, dort in jenes einstige Gefängnisgebäude gekommen, in dem sich die Zentralstelle befand. Ich hatte bei Streim, Willi Dreßen, der dem Frühverstorbenen als Direktor nachfolgte, und der Staatanwältin Ursula Solf eine freundlich-unterstützende Aufnahme gefunden. Sie ließ etwas von dem verbindenden Interesse spüren, die Geschichte des deutschen Faschismus historisch und juristisch durchzuarbeiten.

In Warschau traf ich auch Heiner Lichtenstein, den streitbaren in Köln lebenden Publizisten. Er hatte kurz zuvor seine persönliche Bilanz der NS-Prozesse publiziert, deren Haupttitel *Im Namen des Volkes?* lautete, und sich vordem schon durch seine Reportage über den Majdanek-Prozess publizistisch hervorgetan hatte. (Während diese Zeilen geschrieben wurden, erreichte mich die Nachricht vom Tode des verdienstvollen Journalisten und Publizisten.)

Stärker noch als bei der Veranstaltung drei Jahre zuvor unterstrich Polens Regierung Interesse und Teilnahme an der Konferenz. Zeitweilig nahmen an ihren Sitzungen der Justizminister und auch der frühere Premier teil. Für Józef Cyrankiewicz verknüpfte sich die Strafverfolgung der Täter mit seiner Biografie, war er doch von 1941 bis 1945 Häftling in Auschwitz und Mauthausen. Der Bogen der Themen, zu denen sich vorwiegend polnische Historiker äußerten, war weit gespannt.

Czeslaw Madajczyks, eine der besten Kenner der Okkupationspolitik in Polen, verglich die Nürnberger mit den Tokioter Prozessen, die zwischen 1946 und 1948 stattfanden. Erinnert wurde an die Erörterung des Raubs von Kunstgegenständen während des Gerichtsverfahrens in Nürnberg.

Zu den Zeitzeugen, die zu Worte kamen, gehörte die Zahnärztin und Schriftstellerin Danuta Brzosko-Medryk, die in Majdanek, Ravensbrück und Buchenwald inhaftiert gewesen war und im Düsseldorfer Majdanek-Prozess als Zeugin ausgesagt hatte. Ein seinerzeit nach Nürnberg gereister polnischer Prozessbeobachter berichtete Eindrücke aus dem Gerichtssaal, insbesondere von Vernehmungen und Zeugenaussagen, die in Polen begangene Verbrechen betrafen.

Die Konferenz schloss, wie schon jene drei Jahre zuvor, mit einer Erklärung, diesmal in Form eines Schreibens an den UNO-Generalsekretär. Bei der Verständigung über dessen Text kam es zu einer Debatte über die Tauglichkeit des Begriffs »Holocaust«, der ungeachtet falscher Assoziationen, die er wecken konnte und der folglich gegen ihn erhobenen begründeten Einwände, seinen Siegeszug in Forschung, Publizistik und Politik anzutreten begann. Im Brief nach New York wurde ein Hervortreten der Organisation gegen alle Versuche gefordert, die Wahrheit über Faschismus und Krieg, über die Tragödie von Millionen Menschen, die dem Völkermord zum Opfer gefallen waren, zu entstellen oder zu verschweigen.

Die sich darin ausdrückende Haltung und Stimmung hatte die beiden Tage in Warschau geprägt. Nürnberg und dessen Grundsätze waren als unerledigtes Versprechen charakterisiert worden.

Immer wieder war die Sprache darauf gekommen, ob und wie viel Respekt in der politischen und juristischen Praxis dem Erbe gezollt werde, das der internationale Gerichtshof angehäuft hatte.

Die Bilanzen der beiden deutschen Staaten fielen dabei unterschiedlich aus.

Die für die DDR hatte Günter Wieland vorgetragen. Im ostdeutschen Staat waren die Nürnberger Prinzipien unter dem Einfluss von Politikern, die Jahre ihres Lebens in Gefängnissen, Zuchthäusern und Konzentrationslagern oder als Vertriebene im Exil verbracht hatten, Teil des Staats- und Strafrechts und der Gerichtspraxis geworden.

Im deutschen Weststaat hatten Gesetzgebung und Justiz andere Wege eingeschlagen. Offene Konten bei der Verfolgung und Ahndung von Naziverbrechen lösten dort mehrfach Skandale und internationale Kritik aus. Auch in Warschau, wo weder Aggressivität noch vornehme Zurückhaltung das Konferenzklima bestimmten, wurde um Themen wie die aktuellen Debatten über die Freilassung von Rudolf Hess, des letzten Häftlings in Spandau, die Nichtverjährung von Nazi- und Kriegsverbrechen, die traurige Erfahrung des Majdanek-Prozesses und die ungeschoren gebliebenen Richter des Volksgerichtshofes kein Bogen geschlagen.

Minister Schnoor versuchte das Unterlassene als bedauerliche Folge des Kalten Krieges darzustellen. Der hätte auch auf diesem Felde Spuren hinterlassen. Doch mehr als er und bevor er noch vollends ausbrach, hatte die Restauration des sozialen Grundes, auf dem sich auch die faschistische Diktatur erhob, bewirkt: die schleppende Ahndung von Verbrechen und die »Nachsicht« gegenüber Personen, die, wenn nicht auf Anklagebänke, so gewiss nicht auf einflussreiche Posten in Gesellschaft und Staat gehört hätten.

3. Tag für Tag. *Moskau 1970*

Was das menschliche Gehirn vom Erlebten festhält und was nicht, welche Veränderungen das Gespeicherte während seiner Einlagerung erfährt, beschäftigt Hirnforscher vielerorts. Ob ihre Erkenntnisse zu einer brauchbaren Handlungsanweisung gedeihen werden, die uns entscheiden und bewirken lässt, was wir aufbewahren wollen und was nicht, steht dahin. Und ob der Gewinn solcher Fähigkeit wünschenswert ist, erscheint obendrein sehr fraglich. Vorerst: Bedauern und Klagen über die Gedächtnislücken, auf die Erinnerungswille stößt, mehren sich mit der Menge des Erlebten und also mit dem Alter.

Darauf komme ich, wenn ich an eine Reise nach Moskau zurückdenke, die ich im Jahre 1970 antrat. Das war, von heute an gerechnet, exakt in meiner Lebensmitte. Der 40. Geburtstag lag gerade hinter mir.

Die sowjetische Hauptstadt hatte ich zwölf Jahre zuvor schon einmal besucht. Ich gehörte damals einer Delegation an, in der ich das Greenhorn war. Angeführt wurde die etwa zehn Personen starke Gruppe vom Leiter der Abteilung Wissenschaften beim Zentralkomitee der SED, Hannes Hörnig. Zu ihr gehörten der stellvertretende Hochschulminister Alfred Lemnitz, der noch im gleichen Jahr Minister für Volksbildung wurde, und weitere Mitarbeiter dieses Ministeriums, »mein« Jenaer Universitätsrektor Otto Schwarz, vom Fach Botaniker, dazu ein Chemie-Professor von der Technischen Hochschule Leuna-Merseburg. Wir sollten uns mit aktuellen Veränderungen in der sowjetischen Wissenschafts- und Hochschulpolitik bekannt machen.

Gerade hatte der Oberste Sowjet ein Gesetz verabschiedet, dessen Gegenstand die effektivere Verbindung der Wissenschaft mit der Praxis und der Schule mit dem Leben bildete. Ein Dauerthema in allen Gesellschaften.

Die schon 1951 ausgegebene Generaldevise für den gesellschaftlichen Aufbau in der DDR lautete »Von der Sowjetunion lernen, heißt siegen lernen«. Unsere Reise führte von Moskau nach

Leningrad und von dort ins ukrainische Charkow. Wir sprachen mit dem zuständigen ZK-Sekretär Nuritdin Muchitdinow, einem Usbeken, mit dem Hochschulminister, einem stellvertretenden Minister für Volksbildung, und an Universitäten und Hochschulen mit Rektoren, Dekanen, Institutsdirektoren und Parteisekretären. Stets kreisten die Gespräche um die Steigerung des gesellschaftlichen Nutzens wissenschaftlicher Arbeit. Mit »Menschen auf der Straße« kamen wir nicht in Kontakt.

An der Universität in Leningrad hielt ich einen Vortrag über das politische Leben in der Studentenschaft an der Jenaer Friedrich-Schiller-Universität, über Interessen, Debatten und Stimmungen. Besonders prägte sich mir der Besuch in Charkow ein, der Stadt, die im Kriege zwischen 1941 und 1943 mehrmals den Besitzer wechselte, bis die deutschen Eindringlinge endgültig aus ihr vertrieben wurden. Noch immer war sie von den Folgen des Krieges schwer gezeichnet. Dort besuchten wir die Bergbau-Hochschule. Staunend ging ich die Montagebänder im berühmten Traktorenwerk entlang.

Nun, 1970, ging es in Sachen Geschichtswissenschaft und als Angehöriger einer starken Delegation in die sowjetische Hauptstadt. Dort tagte der Internationalen Historikerkongress, eine Veranstaltung, die im Abstand von fünf Jahren stattfindet.

Offen gesagt: Ich verfüge über den Verlauf der einwöchigen Tagung mit ihren Referaten, Koreferaten, Kommentaren und phasenweise streitbaren Debatten keine verlässliche Erinnerung. Keine Situation, keine Szene, die sich mir präzise eingeprägt hätte.

Dabei besitzt dieser Kongress in der Geschichte der Historiographie des ostdeutschen Staates eine gewisse Denkwürdigkeit.

Die Fachorganisation der DDR war erst an dessen Vorabend vom *Comité International des Sciences Historiques* (CISH) als Mitglied aufgenommen worden. An den vorausgegangenen Tagungen – 1955 in Rom, 1960 in Stockholm, 1965 in Wien – hatten Geschichtswissenschaftler aus Berlin, Leipzig, Jena, Greifswald und Rostock teilnehmen können, aber mit einem Sonderstatus. Und der westdeutsche Historiker-Verband, der Mitglied der internationalen Organisation schon war, hatte, die Linie des Alleinvertretungsanspruchs der Bonner Regierung befolgend, nichts getan, der Ungleichbehandlung ein Ende zu setzen. Nun war diese von der gewählten Spitze der Organisation doch als anachronistisch angesehen worden. Niemand hatte noch gegen die Aufnahme des Nationalkomitees der DDR-Historiker gestimmt, dessen Repräsentant Ernst Engelberg, Direktor des Geschichtsinstituts der Akademie der Wissenschaften, war.

Unsere westdeutschen Zunftkollegen hatten sich, als die Entscheidung getroffen wurde, übrigens der Stimme enthalten. Das entsprach der Haltung, die auch von der seit dem Oktober 1969 von dem Sozialdemokraten Willy Brandt geführten Bundesregierung eingenommen wurde. Demnach gehörte die DDR wo auch immer an den Katzentisch.

Kurzum: In den Beziehungen zwischen den Historikern in den beiden deutschen Staaten herrschte, von Ausnahmen abgesehen, nach wie vor das Kalte Kriegsklima. Man ging sich aus dem Wege, nahm jedoch die publizistische Produktion zur Kenntnis, wir die der Westdeutschen mehr als sie die unsrige. In Fachzeitschriften, meist im Teil Rezensionen, wurden Kontroversen ausgetragen, auf einer internationalen Konferenz wie dieser aber vermieden.

Nur kurz kam es in einer Sektion, deren Thema in das umstrittene 20. Jahrhundert und in die deutsche Geschichte führte, zu einem Wortwechsel. Wolfgang Ruge, der auf eine Darstellung eines westdeutschen Redners reagierte, sagte nach wenigen Sätzen, die Polemik eröffnend: »Damit Sie mich besser verstehen, werde ich von nun an russisch reden.«

Er hatte die Sprache als Emigrant gelernt und als Insasse des Gulag gesprochen. Die Anekdote mag das Klima illustrieren.

Die Teilnehmerzahl des Moskauer Kongresses übertraf die aller vorherigen und manche Berichterstatter schrieben nicht ganz zu Unrecht von der Megalomanie dieser Art Veranstaltung. Angemeldet hatten sich etwa 3.500 Interessenten, darunter viele des gastgebenden Landes.

Die Eröffnungsveranstaltung fand im Großen Kongress-Palast des Kreml statt, der zehn Jahre vorher erbaut worden war und unter anderem Ort der Parteitage der Kommunistischen Partei war. Nach dem demonstrativen Start ging es in den Gebäudekomplex der Lomonossow-Universität auf den Lenin-Bergen. Dort gab es, wiederum in Riesensälen, die Debatten zu den so genannten Großen Themen, wozu u. a. die Geschichte der Kontinente bestimmt worden war, sowie Diskussionen in vielen Spezialkommissionen. Ihre Themen reichten von der Kirchen- bis zur

Universitätsgeschichte. Von Gegenstand zu Gegenstand unterschied sich auch die Atmosphäre, die sich vom Mit- bis zum Gegeneinander bewegen konnte.

Wo über Theorie und Methode der Geschichtswissenschaften gesprochen wurde, prallten Gegensätze scharf aufeinander und ebenso während der Vorträge und Kommentare zu Fragen der Geschichte des 20. Jahrhunderts. Die Zeitschrift der DDR-Historiker berichtete in der Sprache der Zeit, der Kongress sei, was als sein Vorzug angesehen wurde, »wie kein anderer vorher Schauplatz des ideologischen Klassenkampfes zwischen Sozialismus und Imperialismus« gewesen. Dennoch habe die »bisher sachlichste Atmosphäre« geherrscht – ein Urteil, das schon deswegen in Zweifel zu ziehen war, weil die Schreiber aus eigener Erfahrung schwerlich Vergleiche anzustellen vermochten, die eine so weitgehende Aussage hätten stützen können.

Nun lässt sich, wenn und wo sich Historiker aus aller Welt treffen, nie vermeiden, dass deren weltanschauliche, methodologische und ideologische Standpunkte ausgedrückt und einander konfrontiert werden. Doch muss das nicht bedeuten, dass der Streit der Ideologien überwiegt und so andere Fragen verdrängt werden, die sich mit Nutzen für alle erörtern lassen und sei es nur mit dem Resultat, dass jeder die Standpunkte seines Widerparts und deren Begründungen besser kennt. Verpönt war die Nutzung des Kongresses als Podium für politische Demonstrationen. Das bemerkte der Stuttgarter Historiker Eberhard Jäckel, Inhaber des Lehrstuhls für Neuere Geschichte an der dortigen Universität und ein engagierter Sozialdemokrat, als er mit einem Statement auftrat, das die Situation tschechischer Historiker nach dem gewaltsamen Ende des »Prager Frühlings« zum Gegenstand hatte. Jahre später hat sich zwischen uns, es wird davon die Rede noch sein, eine sehr kollegiale Beziehung hergestellt.

Jedenfalls standen die Organisatoren der Kongresse in Zukunft erkennbar vor dem Problem, wie ein Kongress mit einem Angebot, das in seiner Vielfalt dem eines Warenhauses ähnelte, sich ertragreich planen und gestalten ließe. Hinzu kam, und das war unabwendbar, dass sich auf solcher Veranstaltung immer auch Selbstdarsteller einfinden, die in der Sache wenig zu sagen haben. Sodann und wichtiger noch gab es im Niveau der wissenschaftlichen Arbeit von Land zu Land teils erhebliche Unterschiede, die den Gang der Debatten und die Summe ihrer Resultate beeinträchtigen konnten. Doch jeder Kongress, das betrifft übrigens nicht nur die der Historiker, warf somit die Frage nach dem Nutzen derartiger Großveranstaltungen wieder auf, und jeder schloss mit der Bestimmung des nächsten Veranstaltungsortes und dem Vorsatz, Aufwand und Effekt in ein günstiges Verhältnis zu bringen.

Zwei Details seien dem allgemeinen Eindruck angefügt: In Moskau wurde im großen Rahmen der Erörterung methodologischer Fragen über den Einzug der elektronischen Datenverarbeitung in die geschichtswissenschaftliche Forschung gesprochen und dessen Folgen abgewogen, besser wohl: abgeschätzt. Sodann bezeugte der Kongress, dass die Historiker in vielen Ländern dabei waren, ihre Forschungen zur Geschichte des Zweiten Weltkriegs zu intensivieren. Das Interesse an der ausgesprochenen Militärgeschichte, hier wiederum der Operationsgeschichte, relativierte sich und das Leben und die Rolle der Volksmassen unter den Bedingungen des Krieges erhielten zunehmend ihren Platz. Von der tradierten Militär- und Kriegsgeschichte wurde der Schritt zur Geschichte des Lebens der Menschen in Kriegen, an den Fronten und im Hinterland, in Kriegsgefangenen- und Zwangsarbeiterlagern, an Arbeitsplätzen und in Luftschutzkellern getan. Erinnerungswürdig erscheint mir ein Beitrag von Klaus Drobisch und Dietrich Eichholtz, der sich mit der Zwangsarbeit ausländischer Arbeiter in Deutschland befasste.

Erst Jahrzehnte später kam es nach langwieriger Auseinandersetzung zu einer symbolischen finanziellen Geste für jene, die vielfach unter menschenwidrigen Bedingungen in der Industrie und der Landwirtschaft ausgebeutet worden waren. Als sich die Bundesregierung in den neunziger Jahren des vergangenen Jahrhunderts dazu entschloss, lebte von den Ausgebeuteten ohnehin nur noch eine Minderheit.

Lebendiger als die Debatten und Szenen auf dem Universitätsberg blieb mir eine »Veranstaltung« vor Augen, die nicht zum offiziellen Programm gehörte. Dazu mag beigetragen haben, dass sie auch nach ihren äußeren Umständen ein Unikat darstellte. Getagt wurde im Hotel »Rossija«, dem Nobelsten an Unterkünften, was das Gewerbe in Moskau seinerzeit bot. Jedoch nicht in einem Konferenzraum, sondern im Zimmer einer Gästeetage.

Geladen hatte dahin George W. Hallgarten, der berühmte US-amerikanische Historiker, der, in München geboren und 1933 zu den politisch und »rassisch« Verfolgten gehörend, Deutschland hatte verlassen müssen. Sein Name verbindet sich mit der grundlegenden zweibändigen Monografie Imperialismus vor 1914 *Die soziologischen Grundlagen der Außenpolitik europäischer Großmächte vor dem Ersten Weltkrieg*, seinem Hauptwerk. Dazu hatte er sich eingehend mit der Kriegsschuldfrage im Blick auf den Ersten Weltkrieg befasst.

Unter den Historikern der westlichen Welt war Hallgarten in mehrfacher Hinsicht eine Ausnahmeerscheinung. Er verfocht strikt den Standpunkt, dass Geschichte ohne Kenntnis wirtschaftlicher Entwicklungen und deren Einfluss auf die Politik nicht betrieben werden könne. In dieser Überzeugung hatte er sich auch Studien zur Geschichte des Weges der deutschen Faschisten an die Staatsmacht gewidmet. Deren Extrakt war sein Buch *Hitler, Reichswehr und Industrie. Zur Geschichte der Jahre 1918-1933.* Dessen Befund lag quer zu allen damals in der Bundesrepublik vorherrschenden Versuchen, die Nazizeit auf Hitler, seine Clique und deren demagogische Künste zu reduzieren und den Sieg der Hakenkreuzler als Ausfluss von Zufällen und Irrtümern darzustellen. Lange bevor die Generation jüngerer Geschichtswissenschaftler in der Bundesrepublik dahinter kam, dass sich Marx mit Nutzen lesen lässt, hatte das Hallgarten schon getan. Da war er ein junger Mann und lebte noch im Deutschland der Weimarer Republik.

Hallgarten-Lektüre gehörte für einen auf die Fähigkeit zu historisch-materialistischer Geschichtsbetrachtung zielenden Studenten zur Pflichtlektüre, jedenfalls zu der Zeit, da ich Ende der vierziger und am Beginn der fünfziger Jahre in Jena studierte.

Nun, wie ich in das Zimmer des »Rossija« kam, traf ich einen alten Herrn, Hallgarten war damals in seinem siebzigsten Jahr, in einem Sessel sitzend an einer braunfarbenen Stange kauend, die mich an Lakritze erinnerte. Derlei hatte es in einem Laden gegenüber meiner Breslauer Schule für ein paar Pfennige zu kaufen gegeben, mir aber bei einer Kostprobe nur Widerwillen erzeugt.

Ich fragte neugierig, ob dies seine Abendmahlzeit sei und erfuhr in einem Kurzvortrag dies: Was er verspeise sei ein Konzentrat, hervorgegangen aus der auf die Verpflegung von Astronauten gerichteten Ernährungsforschung. Binnen kurzem würde man damit die erforderliche Menge von Kalorien bekömmlich aufnehmen können. Deshalb habe er sich vor seiner Reise damit hinreichend versorgt. Denn den Betrieb im hiesigen Hotelrestaurant mit seinen Wartezeiten könne man nur als Diebstahl ansehen.

Zeit war in seinen Koordinaten vor allem Denk- und Arbeitszeit. Davon zeugte auch die Anordnung im Raum. Er hatte Bücher, Schriftstücke und Schreibmaschine mitgebracht, um seine Arbeit auch hier fortsetzen zu können. Vorträge, so sein Kommentar, besuche er nur sehr auswahlweise. Dann lobte er die Höflichkeit der Moskauer, die ihm zu sparsamen Umgang mit seiner Zeit verholfen hatten. An einer Taxi-Haltestelle wäre er auf eine langen Schlange Wartender gestoßen, man hätte ihm sehr bestimmt an deren Spitze komplimentiert, nachdem er als Ausländer erkannt worden sei.

Währenddessen hatte sich das Zimmer zunehmend gefüllt. Es kamen Fritz Klein, Spezialist der Forschungen zur Vorgeschichte und Geschichte des Ersten Weltkriegs, dessen Neugier nicht anders als die Hallgartens ebenfalls Hitlers Weg zum 30. Januar 1933 galt, Kurt Gossweiler, der sich in den lückenhaften Überlieferungen der Potsdamer Archivbestände hartnäckig auf die verwischte Spur der Beziehungen zwischen großem Kapital und NSDAP begeben hatte, Wolfgang Schumann, von dem eine Studie über Nazidiktatur und Industrie am Beispiel des Jenaer Zeiss-Konzerns stammte, Dietrich Eichholtz, dessen Feld die Wirtschaftsgeschichte des »Dritten Reiches« war.

Zur Runde gehörten auch zwei Schüler Hallgartens, japanische Professoren, die es übernommen hatten, den Extrakt der Zusammenkunft zu notieren. Was irgend als Sitzgelegenheit dienen konnte, das Doppelbett inbegriffen, war inzwischen in Beschlag genommen.

Dann rief der Gastgeber, dessen Gattin sich mit gehöriger Begleitung in ein Moskauer Theater verfügt hatte, zur Sache und die betraf wiederum die unmittelbare Vorgeschichte jenes folgenschweren und verhängnisvollen 30. Januar. Entlang der Fragen Hallgartens wurde an Dokumentenkenntnis und Faktenwissen verknappt so ziemlich alles zusammengetragen, was in archivarischen Forschungen erworben, aber auch, was vergeblich gesucht worden war. Dabei war Hallgartens Ausgangsüberlegung, womöglich hatte er sie auch nur in provokatorischer Absicht entwickelt, mit Zweifeln zu versehen. Er vermutete, dass es in den Monaten vom November 1932 bis zum Januarende 1933 zwischen den Großen von Industrie und Banken und weiteren Kräften, die Hitler schließlich in die Wilhelmstraße gebracht hatten, noch mehr als die bisher bekannten Absprachen und Vereinbarungen gegeben habe. Er schloss nicht aus, dass noch ein nicht aufgefundenes Schlüsseldokument existiere, das sich in das bisher entwickelte Geschichtsbild gleichsam als ein Schlussstein einfügen ließe.

Doch es blieb bei der Inspektion des Bekannten, worunter die so genannte Industriellen-Eingabe, mit der Hindenburg im November 1932 aufgefordert worden war, »den Führer der größten Partei« zum Reichskanzler zu ernennen, das Schwergewicht bildete.

In Rede kamen die Rollen Hjalmar Schachts, Wilhelm Kepplers, Heinrich Himmlers und weiterer Personen, die an jener Intrige beteiligt waren, mit der die Weimarer Republik zur Strecke gebracht wurde. Gedanklich durchmustert wurde noch einmal, was das Deutsche Zentralarchiv an Beständen zum Thema bot. Grundstürzend Neues war am Ende nicht zu Tage gefördert. Doch wurde mir der Abend zur Demonstration dessen, was bilanzierend erreicht werden kann, wenn Spezialisten miteinander so etwas wie ein Werkstattgespräch führen. Anders als auf jeder beliebigen Tribüne vor Fach- oder Laienpublikum, produziert sich da niemand »zum Fenster hinaus«. Zudem sind in solchem Kreis allgemeinverständliche Erläuterungen überflüssig und äußerte Konzentration möglich. Solcher Gewinn besitzt jedoch eine unabdingbare Voraussetzung: die Abwesenheit jedes Gedankens, man rede mit der Konkurrenz.

Das Unternehmen hatte gedauert und die Gaumen waren trocken geworden. Wein wurde bestellt. Eine Bedienstete brachte einige Flaschen und wollte sich entfernen. Wie die geöffnet werden sollten, fragte Fritz und bekam die Antwort: *Mit Messer*, worauf ihr ein gerade griffbereites in die Hand gedrückt wurde. Die so Bediente verschwand und fand eine Lösung.

Nicht immer ging es in Moskau derart zuvorkommend zu wie an jener Taxi-Haltestelle.

Wir verließen das »Rossija« und machten uns auf in das »Ukraina«, einen jener Hochhausbauten, die damals die Silhouette der Stadt umzuprägen begannen, in dem wir einquartiert waren.

Anderntags ging es wieder auf die Lenin-Berge. Ich verließ sie bald in Richtung Tretjakow-Galerie. Und dieser Besuch wurde zum zweiten Ereignis, das sich mir aus jenen Moskauer Tagen einprägte. Die Darstellungen von Menschen und Landschaften lud ein, das eine wie das andere näher kennen zu lernen. Das ist Wunsch geblieben und der drängt nach verflossenen Lebensjahren und in veränderten Zeiten auch nicht mehr. Merkwürdig genug aber: Von den vielen Gemälden und Zeichnungen der Galerie blieb mir eines, das gewiss nicht zu den berühmten der Sammlung gehörte, besonders in Erinnerung. Das mag mit meinem Verhältnis zu Kindern zusammenhängen, Menschen, an denen sich von Begegnung zu Begegnung noch immer wieder Neues entdecken lässt. Fjodor Reschetnikow hatte sein Bild mit dem Titel »Die Enttäuschung« 1952 im Stil der Stalinzeit-Kunst gemalt. Heimgekehrt in die elterliche Wohnung ist ein Junge. Er kommt aus der Schule und hat wieder ein so schlechtes Zeugnis erhalten. Da steht er, hilfesuchend, den Blick gesenkt und zum Betrachter gewandt. Die Mutter macht ein sorgenvolles Gesicht und seine offenbar besser benotete ältere Schwester schaut missbilligend. Aus dieser Gruppe fällt ein munteres Hündchen heraus, das sich über die Rückkehr seines Spielgefährten freut. Welcher pädagogische Zeigefinger aus dieser Leinwand herausdrohen sollte, war sicher nicht auszumachen. Trost spendete das unverständige Tier.

Die Abschlussveranstaltung des Kongresses fand auf dem Arbat in einer Großgaststätte statt. Ich machte mich dahin mit unserem Osteuropa-Historiker Günter Rosenfeld auf. Der, ein Spezialist der deutsch-sowjetischen Beziehungen zwischen den Weltkriegen, später wurde er Ehrendoktor der Lomonossow-Universität, war unter seinen sowjetischen Kollegen schon bekannt wie der sprichwörtliche bunte Hund. Diese hatten, im Regelwerk solcher Empfänge erfahren, wegen des auf diese Weise gesicherten Zugriffs zu den ess- und trinkbaren Köstlichkeiten gruppenweise jeweils einen der mit diesen beladenen Tische gleichsam okkupiert. Wir wurden von den Russen zu den Ukrainern und von diesen erneut weitergereicht. Den erfrischenden Abschluss bildete in der Wärme der Spätsommernacht ein Spaziergang durch den alten Arbat. Ich folgte einer Führerin, Maria Daim, damals Doktorandin im Bereich UdSSR/Osteuropa der Humboldt-Universität. Sie war dort aufgewachsen.

Dann führte mich der Rückweg nicht direkt von Moskau ins heimische Berlin. Günter Rose und ich nahmen 1970 das Angebot eines Reisebüros an, der Konferenz einen Ausflug nach Leningrad anzuschließen. Diesmal, anders als bei meiner ersten Bekanntschaft mit der Stadt, bestimmten wir das Programm der drei Tage selbst. Wir unternahmen weite Fußmärsche, wieder und mit mehr Muße besuchte ich die Eremitage, Kathedralen und Kirchen, das Lenin-Denkmal am Finnischen Bahnhof. Eine Entdeckung war ein Stadtgeschichtsmuseum nahe dem Ufer der Newa, in dem wenige Ausstellungsstücke eine grausige, wenngleich noch schonende Vorstellung von den Tagen gaben, da die deutschen Eroberer Leningrad blockierten.

Beim Gang auf dem Newski Prospekt weckte eine Menschentraube unsere Neugier. Vor einer Buchhandlung drängten sich vor allem Männer um einen Verkäufer, der ihnen aus einem Paket Bücher zur Ansicht reichte. Nach einigem Blättern wurden ihm die verlangten Rubelscheine gereicht. Die Bücher gingen weg wie die sprichwörtlichen »warmen Semmeln«. Wir ließen uns auch einen Band geben. Es waren druckfrische Memoiren eines Generals der Sowjetarmee aus den Jahren des Zweiten Weltkriegs.

Zweimal noch haben mich wissenschaftliche Tagungen in die Sowjetunion geführt.

1980 reiste ich mit einer Delegation zu einer Konferenz der Historikerkommission Sowjetunion-DDR in das ukrainische Kiew. Und dann, der DDR-Staat war schon Geschichte, folgte ich einer Einladung zu einer Tagung, die aus Anlass des 50. Jahrestages des Überfalls auf die Sowjetunion im April 1991 in Moskau stattfand. Das geschah auf ein Ticket, das an den Vorsitzenden der Partei des Demokratischen Sozialismus, Gregor Gysi, gerichtet worden war.

Die Reise begann mit ungeahnten Hindernissen. Ich verließ das Flughafengebäude in Scheremetjewo und fand, anders als mir angekündigt, niemanden, der mich erwartete und zum Tagungsort bringen würde. Später klärte sich das auf. Ich hätte den Ausgang für *very important persons* benutzen sollen, um aufgegriffen zu werden. Zu meinem Glück befand sich in der Maschine die Auslandsbeauftragte der Universität, eine sprachkundige Frau, die hier studiert hatte. Sie erklärte, sie werde mein Quartier schon finden.

So kutschten wir durch die Moskauer Nacht zu Institutionen der KPdSU. Erfolglos. In derlei Praktiken geübt, schleuste sie mich schließlich zu später Stunde am Portier des Wohnheimkomplexes der Lomonossow-Universität vorbei in das für sie reservierte Etablissement. Dort fand sich für den Rest der Nacht auch für mich eine Liegestatt.

Am Morgen holten wir Rektor Heinrich Fink vom Flughafen ab, der im Zeichen der »Einheit«, bald folgte das infame Treiben zum Zwecke seiner Entfernung als Rektor und Hochschullehrer, Mitglied einer westdeutschen Gruppe geworden war, der Historiker und Politiker angehörten. Sie kam von der Evangelischen Akademie Mühlheim/Ruhr, die – Zeichen gründlich veränderter Zeiten – Mitveranstalterin der Tagung war.

Über deren wissenschaftlichen Ertrag ist nichts zu sagen. Es schien mir eine Veranstaltung gewesen zu sein, die von Seiten der Akademie für Gesellschaftswissenschaften beim ZK der KPdSU traditionell auszutragen war und die – eben stattfand.

Neu an ihr war nur, dass die Teilnehmenden einen Mix bildeten, entstanden aus der neuen Devise, herkömmliche Enge zu überwinden und neue Partner zu gewinnen. Zugleich wurde der Kontakt mit den »Bruderparteien« gewahrt, was zur Einladung an Gysi geführt hatte.

Die drei Moskauer Tage waren so etwas wie eine Reise in die Vergangenheit. In der Parteiakademie, einem ausgedehnten Komplex außerhalb des Stadtkerns, ging es zu wie noch anderthalb Jahre zuvor an vergleichbarer Stelle in der Berliner Otto-Nuschke-Straße, die alsbald wieder ihren alten Namen Jägerstraße erhalten sollte. Dort hatte sich bis vor kurzem noch die gleichnamige Einrichtung der SED befunden. Hier indessen schien alles seinen herkömmlichen und wohlgeordneten Gang zu nehmen – von der Eingangskontrolle bis zur Verpflegung.

In einem Brief, den ich, von dieser Stippvisite zurückgekehrt, schrieb, steht im Stil eines Telegramms: »Lernunfähiges System. Prognose ganz schwierig: Klar nur – äußerste politische Zuspitzung steht bevor. Formen, in der sie ausgetragen werden wird, fraglich. Je länger sie sich hinschleppen wird, umso schärfer, vermute ich.« Es schleppte sich nicht mehr lange. Und als ein Resultat der inneren Kämpfe wurde die Partei, die einst als Weltführerin des Proletariats und aller Unterdrückten galt oder sich ausgab, vier Monate später unionsweit verboten.

Was mir, die Worte entstammen dem gleichen Text, »Kopfschmerz bis Widerwillen« hervorrief, war der prinzipienferne Wandel, der sich in Reden der »Einheimischen« äußerte. Die Interpretationen der Geschichte, die diesen Namen eigentlich nicht verdienten, waren sozusagen »gegorbatschowt«. Mit dem wortreichen Mann an der Staats- und Parteispitze hatten sich die Gesellschaftswissenschaftler dieser Akademie die schöne heile weltweite Umwelt schon zurechtgelegt. Vollständig sicher waren sie ihrer Zukunftsbilder indessen noch nicht. So war an Hans Adolf Jacobson, Ordinarius für Politische Wissenschaften an der Universität Bonn, nach einem Vortrag die Frage gerichtet worden, wie es um das Verhältnis der Deutschen zur gewandelten Sowjetunion stehe. Was die Ostdeutschen anlange, gab er die Frage an mich weiter. Meine Antwort lautete: Was die Masse angehe, so sei die vollends mit den gewandelten, für viele auch widrigen Verhältnissen im Landesinnern beschäftigt. Und ob Historiker aus DDR-Zeit auf diese Beziehung künftig Einfluss noch besitzen würden, sei mir fraglich, zumal ihre Zeit an Universitäten und anderen wissenschaftlichen Einrichtungen alsbald enden werde.

Vor allem aber wollte ich zu dem aktuellen Thema etwas sagen, das die Debatte zu beherrschen begonnen hatte. Es betraf die Rolle von Feindbildern in der Geschichte und wurde mit viel politischer Tendenz denn mit dem Blick auf historische Fakten erörtert. Derlei Bilder schienen, wo sie wirkten, nach mehrfach geäußerter Ansicht stets Quelle von Unheil gewesen zu sein. Jetzt würden sie zu Überbleibseln aus vergangener Zeit gehören und mit den jüngst in Gang gebrachten weltweiten Entwicklungen sich erledigen.

Ich übergab meinen vorbereiteten Redetext dem Präsidium zur weiteren Verwendung und begann mit einer Erinnerung an Karl Liebknechts »Der Hauptfeind steht im eigenen Land«, einem unstrittig richtigen Feindbild, das den falschen von dem im Kaiserreich Herrschenden mit aller Macht propagierten Feindbildern gegen Russen, Franzosen und Briten mutig entgegengesetzt worden war. Und dann erinnerte ich an die negativen Folgen eines fehlenden Feindbildes, die sich 1941 gezeigt hätten, als den Bürgern der Sowjetunion, die gegen Deutschlands Wehrmacht in den Krieg ziehen mussten, eine treffende Vorstellung vom Zustand der Deutschen, ihres Feindes, nicht vermittelt worden war und viele noch glaubten, in deren Reihen müsse etwas vom Geist des proletarischen Internationalismus anzutreffen sein. Es gehe folglich um die Frage, ob man ein der Wirklichkeit angemessenes oder ein halluziniertes Feindbild habe. Sache des Historikers sei es, dabei mitzutun, dass den Menschen, die er erreichen könne, seien es die Zugehörigen einer Nation, eines Volkes, einer Klasse oder Gruppe ein unverfälschtes »Bild des Anderen« vermittelt werde.

Dann sagte ich ein paar Worte des Dankes, gerichtet an die im Saal zuhörenden Veteranen des Krieges. Sie hätten mich durch das Tempo, in dem sie schließlich doch mit den Faschisten militärisch fertig wurden, vor dem Soldatwerden in der deutschen Wehrmacht bewahrt.

In der Pause kamen wir miteinander ins Gespräch. Es hatte ihnen die Erwähnung ihres Verdienstes aus einer persönlichen Sicht gut getan und das sollte es auch.

Das Rahmenprogramm war bei diesem letzten Besuch in der Sowjetunion rasch absolviert. Es bestand aus einer Fahrt ins Stadtzentrum, einem Blick in den Kreml und den Alexandergarten, einem Verharren vor dem Grabmal für den unbekannten Soldaten, einem Spaziergang auf dem Arbat, wo Händler auch allerlei Tand feilboten, und einem Abstecher zum der Akademie nahe gelegenen Markt an der Endstelle eine U-Bahn- Linie, wo Bauern aus der Umgebung ihre Waren anboten.

Dann ging es nach Scheremetjewo und dort ab – nicht durch den Ausgang für die sehr wichtigen Personen.

4. Auf der Kartause. *Koblenz*

Würde ich gefragt, welche Wochen meines Lebens ich nahezu geistlos dahin gebracht habe, fiele mir die Antwort nicht schwer. Es waren deren acht oder neun im Hochsommer des Jahres 1957 und das geschah an einem der schönsten Strände der Ostsee. Der Ort heißt Prora und liegt auf der Insel Rügen. Damals bezeichnete er kaum mehr als eine Kaserne der Nationalen Volksarmee der DDR. Dort absolvierte ich einen Reservistenlehrgang als Angehöriger einer Motorisierten Schützendivision: Darüber kein Wort mehr, ausgenommen, und nur deshalb wird der Sachverhalt hier erwähnt, die Reminiszenz, dass bei Ausmärschen – wenn Soldaten singen, sind sie gut gelaunt, meinen ihre Vorgesetzten – mit Vorliebe ein »trutzig« Lied gesungen wurde, das von der Stelle handelte, »wo sich Rhein und Mosel finden, fern von hier am Deutschen Eck«. Dieses Lied soll, wie es weiter hieß, dereinst von Bergeshöhen ins Tal hinab geklungen sein, genauer: herab von einer Kartause. Warum dieser Landserschnulze eine gewisse Vorliebe galt, deren Gesang obendrein mit dem Lied »Spaniens Himmel« wechselte, blieb mir verborgen. Zudem verband sich mir mit beiden Texten keinerlei geografische Vorstellung.

Das änderte sich partiell, als ich, es war inzwischen ein Jahrzehnt vergangen, in Koblenz ankam und in einer Pension Quartier machte, die von einer aus Schlesien stammenden adligen Frau und einstigen Grundbesitzerin namens von Wild betrieben wurde.

Ihr Haus befand sich an jenem ausgedehnten Hang, den zu bewältigen hatte, wer auf die Kartause gelangen wollte. Der Name, der einen Stadtteil bezeichnet, geht auf das Kloster des Einsiedlerordens der Kartäuser zurück, das dort existierte, bis es am Anfang des 19. Jahrhunderts, also zu Napoleons Zeiten, aufgelöst wurde.

Erst Jahre später entstand auf dem Plateau über der Stadt ein beeindruckender Neubau für jene Einrichtung, deren Schätze mich nach Koblenz geführt, mehr noch: gelockt hatten. Es waren die des Bundesarchivs. Das war 1952 geschaffen worden und machte Zeithistorikern vor allem Akten zugänglich, die 1945 zunächst als Beutegut in die USA gelangten, inzwischen aber der Bundesrepublik unter der Bedingung übergeben worden waren, sie der Forschung zugänglich zu machen. Hier hoffte ich in der papiernen Hinterlassenschaft von Reichsministerien und der Nazipartei auf Quellen zu stoßen, die über die frühen Maßnahmen gegen die im Deutschen Reich lebenden Juden Aufschluss gaben, Akten also, die aus jener Politik hervorgegangen waren, die von der Verfolgung über die Vertreibung zur Vernichtung führte. Das Interesse verband sich mir mit dem Vorhaben, eine Habilitationsschrift vorzulegen.

Solche Reise, da sie nicht auf der Devisen sparenden Basis des Austausches funktionierte, war für einen Historiker in der DDR so etwas wie das große Los. Wer finanziell für sechs Tage ausgestattet war, also für eine Arbeitswoche, nutzte die Stunden und suchte die D-Mark zu strecken. Die Preise der Frau von Wild waren dem förderlich, fraßen Logiskosten doch normalerweise den Hauptteil der Reisegelder. Kurzum: ich habe von der Stadt, die vom Kriege wie die meisten deutschen zwar heimgesucht, aber pfleglich restauriert worden war, bei diesem ersten Aufenthalt wenig gesehen und doch mehr als bei späteren.

Noch befand sich das Archiv im Stadtinneren, ein paar Schritte von der Moselbrücke entfernt und kaum eine Viertelstunde vom Deutschen Eck. Dorthin kam ich auf Spaziergängen während unerlässlicher Arbeitspausen. Das Areal am Zusammenfluss der viel und weinselig besungenen Ströme ließ noch Erinnerungen an den Krieg aufkommen. Der Sockel, auf dem einst das Reiterstandbild Kaiser Wilhelms I. gestanden hatte, war leer.

Da ich den ursprünglichen Zustand auf vielen Fotografien gesehen hatte, ließ sich das Bild leicht vors geistige Auge rufen. Hoch zu Ross und von einem Engel geführt, hatte da seit 1893 der erste Kaiser des sogenannten Zweiten Deutschen Reiches gethront.

Das Monument gehörte zu einer ganzen Reihe ähnlich gewaltiger Denkmäler, die der Enkel dem Großvater errichten ließ, damit dessen tatsächliche Bedeutung historisch gewaltig überhöhend und gleichzeitig die Otto von Bismarcks, jedenfalls nach dem Urteil von dessen Verehrern, ungerecht herabsetzend. Letztere wiederum überzogen Deutschland mit einer die Zahl der Wilhelm I.-Denkmäler übertreffenden Masse von Bismarcktürmen und -säulen. Soviel zum Denkmalkampf deutscher Patrioten auf der Schwelle vom neunzehnten ins zwanzigste Jahrhundert.

Für das Koblenzer Monument war eigens eine spitz zulaufende, in Rhein und Mosel ragende Landzunge aufgeschüttet worden. Der Platz besaß den einzigen Nachteil, dass der Monarch nach Osten, also heim ins Reich, ritt und nicht gen Frankreich, dem 1870/71 nicht nur die Reichseinigung abgetrotzt, sondern auch Elsass und Lothringen abgenommen worden waren.

1945 bot sich von Bergeshöh', als die US-amerikanische Armee oberhalb der Stadt angekommen war, genug Sicht und Schussbahn, die einem geübten Richtkanonier an einem Geschütz ermöglichten, mit einer einzigen Granate das Kunstwerk in ein Gewirr von Metall zu verwandeln. Als ich dorthin spazierte, fand ich, da die wertvollen Stücke inzwischen anderweitige Verwendung erfahren hatten, einzig den steinernen Sockel und dessen gemauerte ringförmige Umfassung.

Daraus hatte bundesrepublikanischer Erfindergeist 1953 einen politischen Gedenkort anderer Bestimmung gemacht. Angebracht waren im Rund die steinernen Wappen der bundesrepublikanischen Länder und auch die verlorener deutscher Gebiete. Sinnfällig gemacht war, wie unabsehbar weit der Weg des westdeutschen Staates zur Anerkennung der Oder-Neiße-Grenze noch sein würde, ganz zu schweigen von der diplomatischen Hinnahme der ostdeutschen Konkurrenz.

Bei einem späteren Koblenz-Aufenthalt habe ich dem Stadtarchiv einen Arbeitsbesuch gemacht und mich ein paar Stunden mit der Aktenüberlieferung zur Entstehung und Einweihung des Denkmals befasst. Das geschah zur Vorbereitung auf ein Seminar mit Studierenden der Berliner Universität, mit denen ich auch eine Exkursion zum Kyffhäuser unternahm.

Besonders eindrucksvoll waren Schriftstücke über die Vorbereitung zum Empfang Wilhelms II. zur Einweihungszeremonie. Dazu hatte die Auswahl von Ehrenjungfrauen gehört, die Seine Majestät auf der Moselbrücke empfangen sollten. Ein Papier bezeugte die Enttäuschung einer dabei unberücksichtigt gebliebenen Generalstochter, die der Herr Vater, seine Beziehungen ins Spiel bringend, zu beheben suchte. Seit 1993, es hatte sich ein Sponsor gefunden, der die Wiederherstellung des Kaiserdenkmals finanzierte, reitet seine Majestät übrigens wieder.

Meine Aufnahme im Bundesarchiv war korrekt und kühl, wie nicht anders erwartet. Unter den Benutzern gehörte ich zu den Exoten. Selten noch tauchte hier ein ostdeutscher Forscher auf. Durch frühere Aufenthalte im Weststaat, die mich in Sachen Politik nach Baden-Württemberg und Bayern geführt hatten, war ich, wie es im behördendeutsch heißt, »dem Amte bekannt«, d. h. dem Bundesnachrichtendienst. Der konnte sich fragen, ob ich wirklich, geleitet von historiographischem Interesse, gekommen war oder nicht nur eine Legende für mein anderen Zwecken geltendes Dasein brauchte.

Der Fachreferent, an den ich gewiesen wurde, saß, nachdem ich mein Begehren vorgetragen hatte, vor einem Karteikasten und schrieb auf einen Zettel jene Archivsignaturen, von denen er meinte, bei der Durchsicht der damit bezeichneten Aktenstücke könnte ich fündig werden. Das Verfahren war wenig befriedigend. Wer blickt in einem Archiv nicht gern selbst in die Findhilfsmittel und gewinnt dadurch ein vollständiges Bild vom Überlieferten und dessen Inhalt. Indessen waren die noch nicht vollends verfügbar und ich unterlag keiner Sonderbehandlung. In der Betriebskantine des Hauses wurde ich zudem bestens und zu Preisen verpflegt, die meinem Budget sehr entgegenkamen.

Das erwähne ich nur, weil Gleiches mit westdeutschen Archivbenutzern im Deutschen Zentralarchiv Potsdam lange Zeit nicht geschah. Irgendein von einem Wachsamkeitsfimmel befallener Mitarbeiter des DDR-Innenministeriums hatte befunden, dass Gäste, würden sie im Hause die Betriebskantine benutzen, Ohrenzeuge von Gesprächen von Mitarbeitern werden könnten, deren Inhalt für sie nicht bestimmt sei. So wurden die »Wessis« in Lokalitäten der Umgebung verwiesen, und die waren am Rande Potsdams rar.

Die Koblenzer Akten gaben vielerlei Aufschlüsse zu Fragen, die mich im Hinblick auf die Frühphase der Judenverfolgungen, die Zeitspanne vor dem Beschluss über die dann so genannten Nürnberger Gesetze, beschäftigten. Zunächst war lückenlos festzustellen, worin die antijüdischen Maßnahmen bestanden hatten, sodann von wem sie ausgingen, von den Oberen in der Staatsbürokratie oder der NSDAP-Führung, und schließlich und vor allem welche Motive und Kalküle sich mit ihnen verbanden. Denn es gab vom Boykotttag, dem 1. April 1933, an, als SA-Leute

Kaufwillige am Betreten jüdischer Einzelhandelsgeschäfte hinderten, ähnliches sich vor jüdischen Arztpraxen und Rechtsanwaltskanzleien ereignete, eine fortgesetzte Abwägung von Nutzen und Nachteil der Drangsalierung der Juden. Die steigerte sich in der Tendenz, doch auch mit Unterbrechungen, die angeordnet oder befohlen wurden, wenn sich wirtschafts- und – weniger wichtig – außenpolitische Rücksichten geltend machten. Von diesem Verlauf ging auf die deutschen Juden, die Opfer dieser Politik, auch eine viele irritierende Wirkung aus. Noch wurde gehofft, Ausgrenzung und Verfolgung würden auf einer bestimmten Stufe, wenn sich die neue Macht etabliert hätte, enden und den Juden Existenzmöglichkeiten im Reich bleiben. Das führte zum Aufschub von Fluchtplänen.

Im Verlauf dieser Arbeiten ließen sich Geschichtsbilder ergänzen und korrigieren, die ich selbst und nicht ich allein besaß. Zum einen: so sehr die Aktionen gegen die Juden von blindem Hass und wahnhaften Vorstellungen vorangetrieben wurden, es war dafür gesorgt, dass sie dem Regime nie aus dem Ruder liefen und sich gegen seine Urheber kehrten. Und: Zu berichtigen war auch die vor dem Hintergrund der späteren, sich bis zum Massenmorden steigernden Verfolgungen entstandene Einstufung der frühen antijüdischen Schritte als eine milde Praxis. Sie bedrohten von Anbeginn die soziale Existenz vieler, fügten allen Leid zu und erschwerten ihnen zunehmend ihr Leben in Deutschland, das sie doch nicht leicht aufgeben konnten und wollten, sei es wegen ihrer Bindungen im Lande, sei es, weil sie sich eine neue Existenz jenseits der Grenzen nicht vorzustellen vermochten und für unerreichbar hielten.

Vor allem aber vervollständigte sich das Bild von den vielen, die schon in jenem frühen Stadium, also 1933, direkt oder indirekt an den Schritten zur Ausgrenzung der deutschen Juden beteiligt waren, die auf diese oder jene Weise den antisemitischen Aktivisten Hilfsdienste geleistet hatten. Das traf beispielsweise auf die Rektoren und Dekane der preußischen Hochschulen zu, die sich widerstandslos für die Fragebogenaktion hergaben, mit der an ihren Einrichtungen zunächst die Juden ermittelt wurden, worauf deren Entfernung von den Lehrstühlen folgte. Würden sie sich dem Ansinnen, dessen Absicht von vornherein erkennbar war, verweigert haben, was hätten die neuen Machthaber gegen derlei passiven Widerstand tun können? Die in der deutschen Nachkriegsgesellschaft mit Vorliebe gestellte, auf Entlastung zielende Frage: Was hätten wir gegen Auschwitz tun können, lenkt von der Vorfrage ab: Hätten wir nicht den Anfängen wehren können, als das Naziregime noch ungefestigt war?

Die wieder und wieder in Filme montierten, in Schulbücher aufgenommenen und in Bildbänden reproduzierten Fotos von den in aller Öffentlichkeit agierenden hemdsärmelig-brutalen SA-Akteuren, martialisch postiert vor Geschäftseingängen, verstellen die Sicht in das Jahr 1933 sehr zum Vorteil anderer, die den honorigen Kreisen der Gesellschaft angehörten und sich den neuen Machthabern flugs anpassten. Und dann ließen Akten, die das Geschehen der kurzen Zeitspanne vor den Nürnberger Gesetzen dokumentierten, viele Schlüsse auf die erheblich unterschätzte Zahl der Nutznießer der zwangsweisen Entfernung von Juden aus ihren beruflichen und anderen Tätigkeiten zu. Auch da galt, dass die Bevorteilten und Gewinnenden vor allem in den Kreisen des Kleinbürgertums gesehen wurden, in denen es sie auch gab. Je mehr »Arier« die Losung befolgten »Kauft nicht beim Juden«, umso mehr konnten die Umsätze des nichtjüdischen Einzelhändlers steigen, der sein Geschäft eine Ecke weiter betrieb.

Doch wie war das mit den Ärzten und der Forderung an die Volksgenossen, sich nicht von einem jüdischen Mediziner behandeln zu lassen, wie mit Rechtsanwälten und Steuerberatern? Wie zahlreich waren die zusätzlich eröffneten Karrierechancen in industriellen, Bank- und Versicherungsunternehmen, in denen Juden ihre Führungsposten verloren? Wie viele rückten an deren Stellen in Aufsichtsräten, Vorständen und vergleichbaren Gremien nach? Über meinen Archivstudien erledigte sich die Frage, ob lückenhafte Aktenüberlieferung das Vorhaben scheitern lassen würde. Was ich zunächst, 1973, als Habilitationsschrift vorlegen konnte, und zwei Jahre später zur Druckfassung gedieh, ging zu einem Gutteil auf die Koblenzer Arbeiten zurück.

In den folgenden Jahren, dann unter anderem bei Arbeiten zur Geschichte der NSDAP, kehrte ich mehrfach in das Archiv am Rhein zurück. Dort veränderte sich auch die Atmosphäre. Wiewohl der Kalte Krieg noch immer nachwirkte, wandelten sich die Beziehungen der beiden deutschen Staaten. Es trat so etwas wie eine Entkrampfung ein, die sich auch auf Begegnungen auswirkte, die ich im Bundesarchiv hatte. Hinzu kam etwas anderes. Archivare sind nach meiner Erfahrung überall bestechlich. Sie freuen sich, wenn ihre Arbeit, eine Tätigkeit ganz eigener Art, denn wer, wenn er ein Leben lang Papiere durchmustert, erfasst, sondert, ordnet und beschreibt, die andere Menschen produziert haben, wünscht nicht, dass seine Arbeit Nutzen trägt und anerkannt wird.

In früheren Jahrzehnten haben Archivare, ihre Aufgabe erweiternd, häufiger selbst zur Feder gegriffen und sich als Historiker insbesondere bei der Edition von Quellensammlungen, aber auch als Autoren von Monographien hervorgetan. Für wen, wenn nicht für sie gilt: an der Quelle saß der Knabe. Solche »Exemplare« habe ich mehrfach selbst erlebt und einige zu Freunden gewonnen. Zu ihnen gehört mein Jenaer Mitstudent Friedrich Beck, viele lange Jahre Direktor des Brandenburgischen Archivs, residierend in der Neuen Orangerie im geschichtsträchtigen Park von Sanssouci, und Manfred Unger, der in ähnlicher Funktion in Leipzig wirkte und auch Forschungen zur Geschichte der Juden in der Stadt an der Pleiße betrieb und deren Ergebnisse publizierte.

Je mehr und je schneller jedoch die Masse des archivwürdigen Schriftgutes anwuchs, umso größer die fachliche Belastung der Archivare. Geblieben ist, dass die besondere Form der Arbeitsteilung zwischen Historikern und Archivaren, von denen die einen mit Resultaten an die Öffentlichkeit gelangen, während die anderen im Hintergrund bleiben und meist nur in Vorworten dankende Erwähnung finden, dennoch Genugtuung auf beiden Seiten zu schaffen vermag. Der Historiker besitzt eine Chance, wenn er im Leseraum eines Archivs nicht flüchtiger Gast ist, sondern sich dort gleichsam einsitzt. Tut er das, wird er alsbald wie ein guter Kunde vorzugsweise bedient. So erging es mir auch in Koblenz, dessen Experten mir mit ihrem Rat und durch die Tat freundlich halfen.

Verändert hatte sich mit den Jahren auch meine Lebenssituation am Ort. Ich kehrte nicht mehr bei Frau von Wild ein, sondern bei Verwandten im Nahetal, in einem Ort namens Langenlonsheim. Das verlangte an jedem Arbeitstag zweimal eine einstündige Reise auf dem Schienenweg. Doch führte der am Rheinufer entlang auf jener Strecke, die als landschaftlich schönste gilt. Sie verschaffte mir täglich, ging es an der Loreley vorbei, eine gedankliche Begegnung mit Heinrich Heine. Meine Bekanntschaft mit ihm rührte aus Schulzeiten her, denn ein Mitschüler, wir wohnten im Internat Zimmer an Zimmer, besaß eine Werkausgabe des Dichters. Das war nach den Nazijahren eine Rarität. Zudem boten der Blick auf den Strom und die sich auf ihm bewegenden Schiffe mit Menschen und Gütern, auf Berghänge und Ruinen mir während der abendlichen Rückfahrten willkommene Ablenkung. Wer sich mit der Geschichte der Judenverfolgung von der Verfolgung über die Vertreibung bis hin zur Vernichtung befasst, glaubt nach einiger Zeit, nun kenne er alle Ungeheuerlichkeiten der verbrecherischen Politik.

Nicht, das er gegen diese Eindrücke abstumpfen würde und sich an sie gewöhnt hätte. Davon lässt sich nicht lesen wie in Akten, die etwa von der Geschichte eines Bauwerks zeugen. Gewiss, auch das Studium in Schriftdokumenten, die vor dem geistigen Auge Bilder von Erschießungsgräben und Vernichtungslagern, von Menschen, die in Gaskammern getrieben werden, und von Leichenhaufen entstehen lassen, kann dem Forschenden Alltagsarbeit werden. Und das selbst, wenn sich ihm mit dem, was er da lesen muss, die Erinnerung an Menschen verbindet, die er in ihrer Wohnung und zuletzt eingepfercht in einem Judenhaus sah. Aber dann stößt du, wie ich an einem solchen Tag in Koblenz, auf ein Papier, in dem Judenmörder höflich um eine Ausnahmegenehmigung gebeten werden, die einigen Juden nur Tage des Weiterlebens noch zubilligt, damit die an ihnen unternommenen Versuche zu Ende geführt werden können, die Auskunft über Krankheitsübertragungen durch Kleiderläuse geben sollen. Dann klappst du die Akte zu, nimmst für heute keine mehr in die Hand, gehst aus dem Benutzerraum und suchst draußen Luft. Nein, Touristenfahrten waren das rheinaufwärts am Abend nicht.

Doch in der Familie Reichelt in Langenslonsheim lebten drei Jungen, die »Onkel Kurt« als Spielgefährten akzeptiert hatten. Und mein Logis war nicht nur freundlich, sondern auch kostenlos. So ließen sich meine Aufenthalte strecken. Ich musste, um den Amtsschimmel zufrieden zu stellen, nach meiner Rückkehr nur für die Reisestelle der Universität eine Hotelrechnung fälschen. Das habe ich übers Historikerherz gebracht.

Es ist, Pionierehrenwort, meine einzige Urkundenfälschung geblieben. Die ist vor der Archivierung sicher kassiert worden.

5. Wie deutsch ist die Saar?
Völklingen, Saarbrücken, St. Wendel

Von dem Territorium, das die Autoren des Friedensvertrages von Versailles 1919 zum Saarbeckengebiet erklärt und von den benachbarten deutschen Landen penibel abgegrenzt hatten, es hieß bald verkürzt das Saargebiet und mutierte später zum Saarland, besaß ich lange nur ein Bild. Das rührte von einem viel gedruckten Foto her. Es zeigte die große Saarschleife, jenen eigentümlichen Bogen, zu dem der Fluss durch die bergig-hügelige Landschaft beim Orte Mettlach gezwungen wird. Zuerst ist mir derlei Abbildung wohl in einem in der Nazischule verwendeten Atlas begegnet. Von der Cloef, einem Felsen oberhalb des Flusses aufgenommen, lässt sich weit in die waldige Landschaft blicken. Gesagt werden sollte dem Betrachter solchen Bildes in jenen Jahren offenkundig: So schöne Gegenden wollte der Franzmann uns nehmen, und das tat er sogar eine Zeitlang, von 1919 bis 1935. Eines Tages in den sechziger Jahren, da war die Erbfeindschaft schon und endlich begraben, stand ich selbst dort.

Und das kam so: 1965, eben als Assistent in das Institut für deutsche Geschichte der Berliner Humboldt-Universität eingetreten, empfing mich dessen Leiter, Joachim Streisand, zu einer Instruktion über die mir zugedachten Aufgaben in der Lehre. An deren Ende und nahezu beiläufig sagte er: »Und dann gibt es da noch einen Fernstudenten aus dem Westen, der auf sein Examen zusteuert, dem du dich annehmen sollst.« So lernte ich einen Saarländer aus Völklingen kennen, der Stadt, die wegen ihres Eisen- und Stahlwerkes weithin bekannt war. Heute gehört der einstige Industriegigant zum Weltkulturerbe.

Unter den Fernstudenten, die an der Fachrichtung Geschichte immatrikuliert waren, nahm der Saarländer eine Sonderstellung ein. An den in zweiwöchigen Abständen ganztags stattfindenden

Konsultationen konnte er nicht teilnehmen. Er hatte sich auf den Weg der Selbststudien gemacht und fand sich von Zeit zu Zeit zu verabredeten Gesprächen über deren Fortschritte ein. Das Thema seiner Abschlussarbeit hatte er selbst vorgeschlagen. Sie sollte von jenen dramatischen Monaten der Jahre 1934/35 handeln, in denen der Kampf um die Zukunft des Gebiets ausgetragen worden war.

Die besaßen doppelte Denkwürdigkeit. Zum einen wegen der Tatsache, dass damals 90 Prozent der Bewohner des Territoriums in geheimer Abstimmung für den Anschluss an das Nazireich stimmten. Zum anderen, weil der Versuch, das abzuwehren, Kommunisten und Sozialdemokraten zu politischer Aktion zusammengeführt hatte, wohin beide Parteien im Reich vor dem 30. Januar nie auch nur in Anfängen gelangt waren.

Irgendeines Tages im Herbst 1965 machten wir, Luitwin Bies und ich, uns einander bekannt. Damals schon war ich dahinter gekommen, dass der Beginn von engen Arbeitsbeziehungen zweier Menschen, die sich bis dahin nie begegnet waren, sehr erleichtert werden kann, wenn sie einander ein wenig aus ihrer Lebensgeschichte erzählen.

Rasch entdeckten wir Gemeinsames. Nicht nur, dass wir vom gleichen Geburtsjahrgang waren. Unsere Existenz und Betätigung als politisch denkende Menschen hatte bald nach Kriegsende in den Reihen der antifaschistischen Jugend begonnen. Auf diesem Wege waren wir Mitglieder der Kommunistischen Partei geworden. Das wurde für ihn freilich von ganz anderer Folge als für mich, den Bewohner der sowjetischen Besatzungszone.

Luitwin schlug sich und seine Familie in den Zeiten der Illegalität seiner Partei unter anderem durch als Taxifahrer und bei einer Reinigungsfirma. Nachdem die Deutsche Kommunistische Partei in der Bundesrepublik 1968 zugelassen worden war, begann er in deren Saarbrücker Büro als Sekretär für die Kommunalpolitik zu arbeiten, ein Feld, auf dem er in Völklingen Erfahrungen die Menge gesammelt hatte.

Später wechselte er in das Präsidium der Vereinigung der Verfolgten des Naziregimes, das seinen Sitz in Frankfurt a. M. hatte. Dort wurde er als Nachfolger von Max Oppenheimer, der als Emigrant in England überlebt hatte, für die Geschichtsarbeit zuständig.

Unsere Begegnung wurde zum Anfang einer Freundschaft, die bis zu Luitwins plötzlichem Tode 2009 dauerte. Sie bezeichnet den Beginn auch meiner Beschäftigung mit jener saarländischen Episode aus der Vergangenheit der antifaschistischen Bewegung, die von den Nachkriegssozialdemokraten im deutschen Westen unverdient als Ausnahmefall behandelt und entsprechend gering geschätzt wurde. Dass es zwischen den auf die Revolution zielendem Flügel der deutschen Arbeiterbewegung und den Reformsozialisten einmal bessere Beziehungen gegeben hatte, passte nicht in eine Zeit, in der Kurt Schumacher den »rotlackierten Nazis« den Fehdehandschuh hinwarf. Luitwin, davon überzeugt, dass sich aus richtig verstandener Geschichte auch etwas lernen lasse, wollte mit den aus seinen Forschungen gewonnenen Kenntnissen in die Gegenwart wirken. Das praktizierte er in seiner Heimat und über die saarländischen Grenzen hinaus.

Mich bezog er bald in dieses Reiseprogramm ein. Es führte mich in den folgenden Jahren zu Vorträgen und Diskussionen nach Völklingen, Saarbrücken, Merzig, St. Wendel und in weitere Orte des Saarlandes. Von da wurde ich nach Kaiserslautern in die Rheinpfalz und ins nahe Luxemburg »ausgeliehen«.

In Esch hatte ich auf einer Veranstaltung zu sprechen, ihren Anlass gab der 50. Jahrestag des Pogroms von 1938, zu der sich auch der sozialistische Justizminister des Landes einfand.

Die Forschungen des Saarländers gediehen zunächst zu einer an der Berliner Universität angenommenen Abschlussarbeit und wurden dann, zu einer Monografie erweitert und gedruckt. Sie trug dem Autor die Promotion ein. Dessen Ansehen über sein eigenes engeres Umfeld hinaus gründete sich, von Jahr zu Jahr zunehmend, auf seine sich zeitlich wie thematisch ausweitenden Recherchen, Forschungen und Publikationen. Er wurde einer der besten Kenner der Geschichte der Arbeiterbewegung des Saarlandes. Seine Kenntnisse machten ihn zu einer viel gesuchten und ausgebeuteten Auskunftsstelle für Presse-, Rundfunk- und Fernsehleute. Seine vielen freundschaftlichen Beziehungen verwandelten ein Gutteil seiner Wohnung in ein Archiv von Nachlässen, deren Aufbewahrung und Verwertung ihm Hinterbliebene antrugen. Manches davon verwahren inzwischen regionale und kommunale Archive. Soviel zu dem Mann, der, als die Vereinigung der Naziverfolgten 1990 ihren hauptberuflichen Mitarbeiterstab drastisch reduzieren und ihr Frankfurter Zentralbüro aufgeben musste, aufgrund seiner Reputation von den Sozialdemokraten im Stadtrat Völklingens und gegen den Widerstand der Christdemokraten zu einem Stadthistoriker bestimmt wurde. In Gemeinschaft mit Gleichgesinnten hat er eine Serie von Text-Bild-Bänden zur ereignisreichen Geschichte des Ortes publiziert.

Die Feier zu seinem Gedenken fand im großen Saal des Gemeindehauses einer evangelischen Gemeinde Völklingens statt. Zu den Rednern gehörte deren Pfarrer. Er erinnerte sich, mit Luitwin gemeinsam auf dem nahen Markt Flugblätter verteilt zu haben, die zu Antikriegsappellen aufforderten.

Wovon war hauptsächlich die Rede, wenn Luitwin und ich in den siebziger und achtziger Jahren im Saarland zu meist abendlichen Veranstaltungen fuhren, zu denen kulturelle Einrichtungen wie das Adolf-Bender-Zentrum in St. Wendel, Volkshochschulen, eine – natürlich linke – Buchhandlung in Saarbrücken und politische Organisationen einluden und die mich auch in die Universität der Landeshauptstadt und dort in ein Seminar von Geschichtsstudenten führte. Zumeist von Ereignissen, die besonders erinnerungswürdig waren und auf die man sich an Jahrestagen entsann – so am 30. Januar, 1. September und 9. Mai, also über deutsche Geschichte während der Nazijahre, über die Mehrheit der Gefolgsleute des Regimes und die kleine Minderheit seiner antifaschistischen Widersacher.

Oft richteten sich Gespräche auf den »Kampf um die Saar«, der mit der Einverleibung des Grenzlandes in das »Dritte Reich« endete, dem Triumph der Faschisten und dem umjubelten Einzug des Führers in Saarbrücken. Dass das Thema so etwas wie eine Konstante abgab, lag nicht am genius loci, dem Geist des Ortes. Es war mit Fragen gespickt, die, wenn inzwischen auch anders akzentuiert, doch Denkstoff genug boten.

Die Ereignisse selbst lagen damals, in den siebziger Jahren, 35 und mehr Jahre zurück. Folglich gab es unter denen, die sich zum Hören und Debattieren einfanden, noch viele, für die sich das Geschehene mit eigenen Erinnerungen verband. Zu den Teilnehmern gehörten auch aus dem angeschlossenen Saargebiet Vertriebene, von denen bis heute ungleich weniger geredet wird als von Schlesiern, Ostpreußen und Pommern, die 1945 einen Teil der Kriegszeche mit dem Verlust ihrer Heimat bezahlten.

Diese Unverhältnismäßigkeit geht zu Lasten von Kommunisten, Sozialisten und Juden, die schon zehn Jahre vorher ihre Heimat, das Saargebiet, verlassen mussten, um Gefängnissen und Konzentrationslagern oder den Drangsalierungen der Antisemiten zu entgehen. Für manche von ihnen war das schon der zweite unfreiwillige Aufbruch gewesen, denn das Saargebiet war 1933 ihr erster Zufluchtsort geworden. Kurzum: während dieser Treffen ergriffen noch Zeitzeugen das Wort.

Dazu kann es heute kaum noch kommen. Die meisten, die einst an den politischen Kämpfen teilnahmen, bei denen die einen riefen »Nix wie hemm« (was hochdeutsch heißt: Nichts denn nach Hause), die anderen die Parole verfochten »Nie zu Hitler«, deckt der Rasen.

Der geschichtliche Befund war klar: Es hatte sich 1934 eine breite Front gebildet, die von Hermann Röchling bis zu Arbeitern in seiner Hütte reichte. Neun von zehn Saarländern hatten dann im Januar 1935 für ein Regime votiert, das sie viereinhalb Jahre später wieder in einen Krieg führte. Der begann 1939 vergleichsweise harmlos mit der Aussiedlung von Bewohnern aus Landstrichen vor der Grenze zu Frankreich. Die Betroffenen kamen meist ins Thüringische. Schon ein knappes Jahr später konnten sie nach dem »Sieg im Westen« zurückkehren. Bis dahin war es noch glimpflich abgegangen.

Dann starben Saarländer auf den Schlachtfeldern an der Wolga und im Kaukasus, in Nordafrika und in der Normandie. Und auch die den Krieg in ihren angestammten Wohnstätten erlebten, blieben anders als im Ersten Weltkrieg nicht verschont. Die Altstadt Saarbrückens wurde 1944 ein Trümmerhaufen, und als sollten die Stadtbewohner sich daran erinnern, flog die *Royal Air Force* am 13. Januar 1945, dem 10. Jahrestag der Abstimmung für Hitler, ihren letzten verheerenden Angriff auf die Stadt.

Kontroversen ergaben sich, wenn Gespräche auf die Ursachen für die verhängnisschwangere Entscheidung des Januar 1935 kam. Nicht bezweifelt werden konnte die Zugkraft der nationalen Parolen. Losungen und Plakate wie »Deutsche Mutter, heim zu Dir«, illustriert mit einer Zeichnung, die eine ihr Kleinkind schützend an sich drückende Mutter zeichnete, riefen die beabsichtigte patriotischen Gefühlswallungen hervor. Mit der Devise »Für Deutschland – gegen Hitler« suchten sich die Antifaschisten dagegen zu schützen, nach geschichtlichem Vorbild wiederum zu vaterlandslosen Gesellen gestempelt zu werden. Ihre Warnungen wurden ignoriert.

Die Mehrheit der Saarländer sah sich von Terror und Konzentrationslagern, worüber sie im Unterschied zu den Reichsdeutschen verlässlich informiert waren, nicht betroffen. Die Judenverfolgungen störten sie nicht, sie waren keine Juden. Und dann war da der Sog, der aus dem Glauben entstand, in ein wirtschaftlich und sozial aufstrebendes Reich zu gelangen. »Deutschland arbeitet« lautete eine der Lockungen, deren sich die Machthaber bedienten.

Nur zwei Wochen nachdem das Saargebiet auch offiziell Teil des Reiches geworden war, beschloss dessen Regierung die Wiedereinführung der Wehrpflicht. Junge Männer tauschten ihre Arbeitsplätze gegen Kasernenhöfe und Manöverfelder. Im Reichsgebiet in den Grenzen des Jahres 1932 hatten bei Wahlen etwa 38 Prozent der Abstimmenden sich für die NSDAP entschieden. Diese Entscheidung war nicht direkt mit der jener 90 Prozent der Saarländer vergleichbar. Dennoch: dass von der Wirklichkeit der Diktatur nicht stärker abstoßende Kräfte ausgingen, blieb eine bedrückende Tatsache und Ausgangspunkt für Debatten über die Rolle der Volksmassen.

Der zweite Blick während jener Geschichtsstunden galt den Verlierern des Januartages 1935, die gegen ihre hohen Erwartungen, was die Enttäuschung und Ernüchterung noch schwerer machte, für ihr antifaschistisches Konzept nicht mehr als knapp neun Prozent aller Stimmen gewonnen hatten. Und das, ohne dass sie sich in ihrem Kampf taktischer Fehler schuldig gemacht hätten und trotz des Zusammengehens von Kommunisten und Sozialdemokraten und deren Schulterschluss mit einer Minderheit von Zentrumsanhängern und Kirchenleuten. Da stellten sich viele Fragen.

Die eine betraf die Nachwirkungen der Propaganda beider Parteien, die mit allen anderen im Saargebiet bis 1933 dafür eingetreten waren, dass das Gebiet zum Reich zurückkehrte, jedoch in das republikanische. Die nach dem 30. Januar 1933 vorgenommene strategische Kurskorrektur, markiert als eine Wendung auf Zeit, hatte selbst die Mehrheit ihrer eigenen Anhänger und bei früheren Abstimmungen ausgewiesenen Wähler nicht mitge macht. Hinzu kam: Idee und Praxis der Einheitsfront waren jung und sie mussten anfänglich gegen dogmatische Verfechter der Rückkehr (»Heim, und sei es in die Konzentrationslager«) durchgesetzt werden wie gegen Antikommunisten, die kein Ereignis und keine Erfahrung bewegen konnte, auch nur ein Teilstück einer politischen Wegstrecke gemeinsam zu gehen und an die Stelle von Konkurrenz vereinbarte Kooperation zu setzen.

Und schließlich führte die Durchmusterung des »Kampfes um die Saar« in das kohlrabenschwarze Kapitel, überschrieben *Die Lüge in der Menschheitsgeschichte*. Nicht die Existenz der Demagogen ist das Bedrückende, sondern die Leichtgläubigkeit und Verführbarkeit der Massen.

Der »Held« jener Jahre hieß »der Führer«, bürgerlich Hitler, und die Doofen waren die Abstimmenden im Saargebiet, die sich von ihm nicht schrecken ließen und sich jeder Abwägung von Tatsachen verweigerten, mutwillig oder unfähig. Hitler hatte mit dem heuchlerischen Argument, der Abstimmungskampf könne die Beziehungen zwischen Frankreich und dem Reich verschlechtern, zunächst für eine als versöhnender Akt ausgegebene diplomatische Lösung der anstehenden Entscheidung gesprochen.

Darauf ließen sich der Völkerbund und Frankreich nicht ein. Unermüdlich versicherte »der Führer« sodann, dass er an den westlichen Nachbarn keinen weiteren Anspruch, eben jenen auf das Saargebiet ausgenommen, erhebe und nichts als Frieden wünsche. Das signalisierte den Verzicht auf Elsas und Lothringen, die nach dem Krieg von 1870/71 vom Deutschen Kaiserreich annektiert wurden, 1918 aber zu Frankreich zurückgekehrt waren. Ja, Hitler gab sich als leidenschaftlicher Friedensherold, wenn er beteuerte, kein Streifen eroberten Landes, gleich wo, sei auch nur das Blut eines einzigen deutschen Soldaten wert. Es vergingen wenig mehr als fünf Jahre und die beiden östlichen Departements Frankreichs waren erneut erobert. Sie wurden ein zweites Mal dem Reich zugeschlagen und Nazi-Gauleiter an ihre Spitze gesetzt.

Denkwürdig war auch, dass nicht alle französischen Politiker reaktionslos auf den unwillkommenen Nachbarn im Osten starrten. Einige sahen die Notwendigkeit, sich durch ein besonderes Sicherheitsschloss vor Einfall und Raub zu schützen. Deren Vorsorge gebar im Mai 1935, nur Monate nach der »Heimkehr der Saar« also, Beistandsverträge, die Frankreichs Regierung mit der tschechoslowakischen und der sowjetischen abschloss. Damit ging sie auf die Politik der kollektiven Sicherheit ein, deren entschiedener Propagandist und Verfechter der sowjetische Außenminister Maxim Litwinow war.

Die diplomatischen Papiere blieben jedoch ein Versprechen, dem nicht die Tat folgte, sondern eine Kehrtwende, vorgenommen 1938 in München. Kurzum: Es gibt keine zweite politische Region des Reiches, deren Geschichte in der ersten Hälfte des 20. Jahrhunderts so beziehungsreich verlaufen wäre wie die des Saarlandes. Das bewirkte die Vielzahl von Fragen, die sich an sie knüpfen ließen und die weit über die Vergangenheit der Region hinausreichen.

Zu alledem verwies die Beschäftigung mit dem Weg der Saarländer ins Nazireich mich noch einmal auf die Rolle der katholischen Kirche in der Frühphase der faschistischen Diktatur. Die Bischöfe, die für das Saargebiet zuständig waren, besaßen ihre Diözesen im Reichsgebiet und residierten in Trier und in Speyer. Sie hatten sich nicht nur für den »Anschluss« ausgesprochen, sondern waren auch zu jenen wenigen Katholiken auf Distanz gegangen, die sich für die zeitweilige Beibehaltung des status quo aussprachen. Diese wurden wie die Hitlergegner im Reich von ihren Oberhirten allein und im Stich gelassen. Und jene, die auf die Stimmen der katholischen Saarländer aus waren, operierten zusätzlich mit der Losung »Wer seinem Vaterland die Treue bricht, der hält sie auch dem Herrgott nicht.«

Wo ich mich im Saarland der Diskussion stellte, war ich immer auch der Referent aus dem anderen Deutschland. Bezugnahmen auf die zweistaatliche deutsche Gegenwart und West-Ost-Vergleiche gehörten mithin zum Programm. Sie betrafen weniger die aktuelle Politik als unterschiedliche Sichten in die einst gemeinsame Geschichte.

So verdanke ich jener Bekanntschaft, die mit einer Begegnung in Berlin ihren Anfang genommen hatte, eine größere. Ich traf auf alte und junge Leute, die sich für eine kritische Auseinandersetzung mit der deutschen Vergangenheit einsetzten, an die Wurzel des Unheils und der Irrwege zu gelangen suchten. Sie gaben sich mit Gesten unter der Devise »Bewältigung der Vergangenheit« nicht zufrieden, die die Erinnerung vielfach amputierten und einen Umgang mit der als »dunkles Kapitel deutscher Geschichte«

selbst wieder verdunkelten Nazizeit bevorzugten, der sich mit einem Schonwaschgang vergleichen ließ. Dabei konnte mir nicht entgehen, dass die Einladenden sich auf einen Bestand eigener Anhänger stützten, der kaum wuchs und in deren Gesellschaft sich nur hin und wieder Interessenten und Neugierige einfanden.

Zu alledem verdanke ich Luitwin Bies Ausflüge und Reisen in die weitere Umgebung Völklingens. Einer führte mich in das unweit der Grenze im Department Moselle gelegene St. Avold zum Lorraine American War Cemetry. Dort wurden während der Kämpfe diesseits und jenseits der deutsch-französischen Grenze umgekommene US-amerikanische Soldaten begraben, dem Prinzip folgend, keiner von ihnen dürfe seine letzte Ruhestätte in Feindesland finden.

Auf dem riesigen Feld mit seinen streng ausgerichteten Grabsteinen, die Christen und Juden durch ihre Zeichen unterscheiden, sind mehr als 10.000 Soldaten beigesetzt worden. Eine andere Fahrt ging nach Verdun zu den Monumenten und an die Gräberfelder, die an das Gemetzel des Ersten Weltkriegs gemahnten, und zu Orten, an denen Gedenksteine an die Schlachten des Krieges von 1870/71 erinnern.

Vor ihnen fragte ich mich, ob derlei steinerne Zeugnisse auf deutschem Boden noch unbeschädigt stünden, wenn sie französische Siege vermerkten und an die Toten des Gegners erinnerten. Eine Antwort gab später der Zustand mancher sowjetischen Friedhöfe und Denkmäler auf dem Boden der dann Neuen Bundesländer.

6. Wer wem wo was wann gesagt hat. *Strasbourg 1975*

Die ersten Franzosen, die ich wahrnahm, hatte der Krieg nach Deutschland verschlagen. Es waren Zwangsarbeiter. Die einen arbeiteten in der Breslauer Maschinenfabrik, in der auch mein Vater schuftete. Sie hausten in Baracken auf deren Gelände. Zwei von ihnen waren an einem Abend, das ließ sich nach Einbruch der Dunkelheit unbemerkt bewerkstelligen, unsere Gäste. Der Zettel mit ihren Heimatadressen, vorsorglich hinter ein Wandbild geklebt, verbrannte mit ihm und der ganzen Wohnungseinrichtung in den letzten Kriegstagen.

Andere, das waren Kriegsgefangne, sah ich auf Dörfern im niederschlesischen Kreis Trebnitz, wo sie auf Gütern arbeiteten, häufiger aber noch den Wirtschaften von Kleinbauern zugeteilt waren, die Frauen führten, während sich ihre Männer bei der Wehrmacht und im Kriege befanden. Eine Gruppe Franzosen war im abseits von Durchgangsstraßen gelegenen Dorfe Mahliau (heute Milonowice in Polen) in einem Haus nahe dem Dorfteich untergebracht.

Zu dem radelten wir gegen Abend, weil sich in ihm nach der Sommerhitze Erfrischung finden ließ, während die näher gelegenen Teiche durch Abwässer von Flachsfabriken verseucht waren. Miteinander in Gespräche kamen wir jedoch nicht. Verglichen mit anderen aus vielen Regionen Europas herbeigelockten oder -geschleppten Frauen und Männern, namentlich den sowjetischen Kriegsgefangenen und den so genannten Ukrainerinnen, waren die Franzosen privilegiert. Sie aßen mit den Bauern, die von »unserem Franzosen« sprachen und sie bei Vornamen anredeten. Mir kam es vor, als hätten sie ihre Uniformröcke, die sie nach getaner Arbeit anzogen, über die Jahre besonders gepflegt und trügen sie am Feierabend auch demonstrativ.

Als ich das erste Mal über die Grenze ins französische Lothringen fuhr, erinnerte ich mich dieser flüchtigen Begegnungen und

Wahrnehmungen. Wohin konnte ein Deutscher meines Jahrgangs auf diesem Kontinent überhaupt reisen, ohne dass ihm, hatte er sie nicht verdrängt, derlei Szenen ins Gedächtnis gerieten? Bilder von Menschen, denen Jahre ihres Lebens gestohlen wurden, und das war noch die mildeste Folge, die aus jenem Eroberungskrieg erwuchs, der Millionen Europäer in deutsche Hände geraten ließ. Wer daran nicht erinnert werden wollte, hätte nach Spanien, wo ihm freilich die Rolle der *Legion Condor* bei der Errichtung der Diktatur Francos in den Sinn kommen konnte, oder nach Portugal, Schweden oder die Schweiz reisen müssen.

1975 ging es für mich zum ersten Mal zur Arbeit nach Frankreich, nicht eben tief ins Landesinnere. Das Ziel war Strasbourg, die Stadt, in die die Wehrmacht im Juni 1940, Frankreich war militärisch geschlagen, kampflos einrückte, und aus der sie im November 1944 von den Truppen einer französischen Panzerdivision wieder vertrieben worden war. Doch hatte das noch nicht das Ende der Kämpfe bedeutet. In Strasbourgs Umgebung flammten sie im Januar 1945 noch einmal auf, als die Deutschen bei einem Angriff, den sie zur Entlastung ihrer in der Ardennen-Offensive gescheiterten Verbände unternahmen, wieder über den Rhein vordrangen und einen Brückenkopf nördlich der Stadt errichteten. Das geschah in der Gegend, die Goethe hoch zu Ross (»Es schlug mein Herz geschwind zu Pferde …«) passierte, als er die Pfarrerstochter Friederike Brion in Sesenheim besuchte und – eineinhalb Jahre – liebte.

Später bin ich, nicht auf dem Sattel eines Pferdes, sondern eines Fahrrades auch dorthin gelangt.

Strasbourg war mit seinen Hafen- und Industrieanlagen 1943 und 1944 Ziel alliierter Bombenangriffe geworden. Zu diesem Zeitpunkt hatten es die Eroberer germanisiert. Ihre französischen Bewohner und alle Juden waren ins Landesinnere vertrieben, die Synagoge – wie die im Reich schon im November 1938 – niedergebrannt und deren Trümmer beseitigt. Diesmal sollte die Stadt, die von 1871 bis 1919 zum Reich gehört hatte, nach den Plänen der Eroberer auf Dauer »eingedeutscht« werden. Das Gegenteil wurde bewirkt. Die deutschen Elsässer, die als die Waffen schwiegen, in der Stadt bleiben konnten, waren froh, Bürger der vierten französischen Republik zu werden. Sie entkamen so den Folgen, die der Krieg für die Deutschen rechts des Rheins hatte. Statt Germanisierung setzte eine fortschreitende Französisierung ein, denn die Stadteinwohner deutscher Herkunft hatten von ihrer zweimaligen Zugehörigkeit zum Reich wirklich genug. Das Deutsche in der Form des alemannischen Dialekts, an den sich das Ohr erst gewöhnen musste, war noch zu hören, häufiger aber die wohlklingende Sprache, deren sich die Mehrheit der Bewohner des Nachbarlandes bediente.

Strasbourg ließ dreißig Jahre nach Kriegsende nichts mehr von den Wunden erkennen, die ihm der Krieg geschlagen hatte. Das war mein und ebenso Joachim Streisands Eindruck. Wir waren inzwischen während zehn Jahren gemeinsamer Arbeit einander freundschaftlich näher gekommen. Gemeinsam folgten wir nun der Einladung zu einem Internationalem Kolloquium, dessen Thema lautete *Les relations franco-allemandes 1933–1939*.

Es begann am 7. Oktober 1975. Zu Hause wurde gerade des 26. Jahrestages der DDR-Gründung gedacht. Mit uns fanden sich Gäste aus Großbritannien, Polen, Rumänien, Israel und der Schweiz ein. Die französischen Teilnehmer kamen von der Universität am Orte und von Hochschulen und Forschungsinstituten in Paris, Nancy und Metz. Ihre wissenschaftlich-methodologische wie politische Orientierung fächerte sich weit. Professoren, die der kommunistischen Partei des Landes angehörten, waren hier – anders als in der Bundesrepublik – keine Exoten.

Die Einladungen an deutsche Teilnehmer waren paritätisch ergangen. Reinhard Meyers, der aus Bonn kam, war durch eine Dissertation *Britische Sicherheitspolitik 1934–1938* ausgewiesen, ein Thema, auf das die Rede wegen der engen anglo-französischen Bindungen kommen musste, und Roland A. Höhne hatte Prozesse der Meinungs- und Willensbildung zur französischen Außenpolitik der Jahre 1934 bis 1936 untersucht.

Schon die Liste der Spezialisten verhieß ein interessantes Kolloquium. Sie wies auch zwei französische Militärs auf, einen General und einen Oberst. Fernand Gambiez, ein führender Militärhistoriker des Landes, hatte 1944 an Kämpfen zur Befreiung Korsikas teilgenommen und später französische Kolonialtruppen in Indochina und Algerien kommandiert. Er, damals auch Präsident der Internationalen Kommission für Militärgeschichte, sprach über strategische militärische Konzepte, die in Deutschland und Frankreich während der dreißiger Jahre entwickelt wurden und über deren Wert im Mai/Juni 1940 der Verlauf und das Ergebnis des Westfeldzug der Wehrmacht das Urteil gefällt hatte. Warum in diesem Gremium von Experten sowjetische und tschechische Fachleute fehlten, vermag ich nicht zu sagen.

Niemand nahm sich an ihrer Stelle ausdrücklich des Themas der Mai-Verträge von 1935 an, die – davon war im Kapitel zuvor schon kurz berichtet worden – einen Verbund dreier Staaten auf den Weg zu bringen schienen, der auf Nazideutschland genügend abschreckend gewirkt haben würde, wäre er bis zu einer Militärkoalition Frankreichs, der Sowjetunion und der Tschechoslowakei gediehen. Doch kam die Rede unvermeidlich, auch in meinem Beitrag, auf diese Ereignisse und deren Perspektiven, also auf die ungenutzte Alternative.

Charles Bloch, der eine bedeutende Studie über Hitler und die europäischen Mächte 1933/34 vorgelegt hatte, mehr noch aber durch seine Arbeit über die SA und die »Röhm-Affäre« bekannt geworden war, eröffnete das Symposium mit einer Gesamtsicht auf Frankreichs Platz in der Außenpolitik Deutschlands bis 1940.

Streisands Beitrag beschäftigte sich mit dem 1939 vom Auswärtigen Amt herausgegebenen deutschen Weiß- und dem von Frankreichs Regierung publizierten Gelbbuch, offiziellen Dokumentationen, mit denen die jeweiligen Regierungen ihre Vorkriegspolitik zu rechtfertigen und jede Verantwortung für den Krieg von sich zu weisen suchten.

Ich hatte mich mit den Reaktionen der Naziregierung auf die Entwicklung der französisch-sowjetischen Beziehungen in den Jahren von 1933 bis 1935 befasst, dem kurzen Zeitraum, in dem sich ihr dauerhafter Wandel abzuzeichnen schien. Die Diplomatie und Propaganda in Berlin hatte es nicht an Anstrengungen fehlen lassen, den Prozess der Annäherung zu stören und zu torpedieren. Den Hauptanteil an dessen Scheitern besaßen indessen Gegner des französisch-sowjetischen Beistandsvertrages in Frankreich selbst. Der war zwar 1936 noch ratifiziert worden, aber faktisch folgenlos geblieben. Hitlers Befürchtung, im Februar 1933 vor einem Kreis von Reichswehrgeneralen ausgesprochen, vor allem von Frankreich sei zu gewärtigen, dass es gegen die deutschen Kriegsvorbereitungen intervenieren werde, erledigte sich.

Leider waren die Beiträge thematisch nicht konfrontativ angelegt. So fehlte auf französischer Seite eine Inspektion der politischen Kräfte, die sich in Paris vergeblich für eine qualifizierte Sicherheitspolitik eingesetzt hatten. Zwar war der Strasbourger Veranstaltung wenige Monate vorher in Helsinki die berühmte Konferenz für Sicherheit und Zusammenarbeit in Europa vorausgegangen. Doch folgte aus ihr nicht schon, dass Antikommunismus und Antibolschewismus der Regierungen Daladier und Chamberlein, die der deutschen Kriegsvorbereitung in die Hände spielten, als Grundtorheit der Außenpolitik im Vorkrieg unumwunden bloßgestellt worden wären.

Ein wenig erinnerte diese Tagung an die Diskussionen, die ich Jahre zuvor in Poznan über Polens Vorkriegsdiplomatie geführt hatte. Viele europäische Regierungen besaßen einen Anteil daran, dass die Geschichte des Kontinents auf den 1. September 1939 zulief.

Doch ob in Polen oder Jugoslawien und selbst wenn in einst mit Nazideutschland verbündeten Staaten wie Rumänien oder Ungarn über die Vorgeschichte und Geschichte des Zweiten Weltkrieges diskutiert wurde, überall erhielten die Historiker aus der DDR gleichsam den »Vortritt«, wenn es um die kritische Ausleuchtung von Verursachung, Verantwortlichkeit und Schuld ging. Der stand uns zu, und wir standen an vorzutragen, was aus unseren Forschungen an Ergebnissen gewonnen worden war. Dazu gehörte die strikte Unterscheidung zwischen der Regierung in Berlin, die auf den Krieg hinarbeitete, und den Machthabern anderer europäischer Staaten, die sich als unfähig erwiesen hatten, diese Politik zu durchkreuzen. Eine ähnliche Differenzierung war zwischen denen zu treffen, die Kollaborateure gesucht, und jenen, die sich dazu gemacht hatten und denen sich erst unter den Bedingungen deutscher Herrschaft für ihre Verbrechen Handlungsräume eröffnet hatten.

Jedoch konnte die Fokussierung auf die deutsche Rolle, gewollt oder nicht, eben auch mit sich bringen, dass sich Barrieren erhielten, die in vielen europäischen Staaten bald nach Kriegsende gegen eine ungeschönte Durcharbeitung von Kriegs- und Besatzungserfahrungen errichtet wurden.

In den siebziger und achtziger Jahren hatte auch die wissenschaftliche Auseinandersetzung unserer französischen Gastgeber mit manchen Fragen, welche die »dunklen Seiten« der eigenen Geschichte betrafen, Tiefgang noch nicht erreicht.

Das Thema der Kollaboration von Minderheiten und ebenso des Massenverhaltens, ja selbst das des Widerstands gegen die deutschen Eindringlinge und Eroberer war und blieb überall umstritten. Noch am Ende des 20. Jahrhunderts waren auch in dem Lande, dessen Name sich wie der keines zweiten mit dem Beginn und den frühen Riesenschritten der Aufklärung verbindet, Hindernisse nieder zu reißen, die nüchterne analytische Blicke in die Geschichte versperrten. Und dies betraf nicht nur Geschehnisse, die in den Zweiten Weltkrieg führten oder sich in seinem Verlauf zutrugen, sondern selbst Ereignisse, die nahezu jahrhundertweit zurücklagen.

Als der französische Ministerpräsident, ein Mitglied der Sozialistischen Partei, 1998 aus Anlass des 80. Jahrestages des Endes des Ersten Weltkrieges dazu aufrief, auch jener französischen Toten – es sind 75 Männer – zu gedenken, die im Jahre 1917 zur Abschreckung erschossen wurden, weil sie sich mit Tausenden anderen Soldaten geweigert hatten, Befehle zu sinnlosen Angriffen auf deutsche Stellungen zu befolgen und sich in den sicheren Tod jagen zu lassen, wandte sich der gaullistische Staatspräsident gegen diesen Schritt, der als »Rehabilitierung von Meuterern interpretiert werden kann«.

Debatten wie die in Strasbourg geführten, deren Gegenstand die Beziehungen von Staaten sind, laufen Gefahr, sich im Gestrüpp diplomatischer Ereignisse oder auch nur von Vorkommnissen zu verlieren und sich ganz auf Initiativen von Regierungen, Außenministern, Botschaftern zu kaprizieren und die reichliche papierne Hinterlassenschaft von deren Tätigkeiten zu präsentieren. Bei diesem Vorgehen verbleibt Historiographie auf einem traditionellen und gesicherten Feld, freilich ohne sonderliche Erklärungstiefe zu erreichen. Es sei denn, es wird auf die Interessen und die sie verfechtenden Kräfte zurückgegangen, die eine außenpolitische Aktionsrichtung hervorbringen.

Der Gefahr entging auch das Strasbourger Symposion nicht.

Es war der Warschauer Kollege Marian Wojciechowski, dessen überdrüssig, der in einem fortgeschrittenen Stadium der Diskussionen schließlich bemerkte, er habe nun seit Stunden schon gehört, wann wer wem was wo gesagt habe, und meinte, es müssten doch schärfer die Kräfte in Betracht gezogen werden, die sich letztlich in der Diplomatie, wenn auch nicht unbedingt in persona, geltend gemacht hätten. Ganz ließ sich das nicht mehr umsteuern. Nichtsdestoweniger hatte die Expertenrunde verdeutlicht, dass sich Fortschritte in der Erforschung der Vorgeschichte des Zweiten Weltkriegs nur auf Initiativen der Fachleute in allen beteiligten Staaten gründen konnten, die auf vermeintliche nationale Belange keine Rücksicht nehmen.

Es ging, um das häufig benutzte Bild zu bemühen, um das Hinabsteigen in die Keller der Nationen, wo die Leichen lagern, die zu besichtigen und zu beerdigen sind.

Zu den Anregungen des Treffens gehörte auch ein anderes. Die Beziehungen zwischen Historikern und Literaturhistorikern schienen mir nach dem Eindruck dieser Tage in Frankreich ungleich enger und lebendiger zu sein als in unserem Lande. Ich habe von Forschungen der Germanisten Dieter Schiller, Werner Mittenzwei, Sylvia Schlenstedt, Simone Barck und anderen viele Denkanstöße bezogen, die sich aus ihren Fragestellungen und Ergebnissen ihrer Forschungen gewinnen ließen. Das geschah indessen meist zufällig. Zwar wurde in der DDR viel vom Segen interdisziplinärer Arbeit geredet, aber wenn die unabhängig voneinander hergestellten Forschungspläne fertig waren, banden sie die Beteiligten in einem Grad, der wenig Platz und Kraft für die Kooperation über Fachgrenzen hinaus ließ. Und folglich blieb man auch auf Tagungen meist unter sich.

Hier nun gab es einen Vortrag der Literaturprofessorin Mele Detalle über *Apollon et Dionysos dans le débat ouvert par les écrvains francais à propos L'allemagne entre 1933 et 1935*, der die zweite und größte Gruppe der Beiträge einleitete. Ihren Gegenstand bildeten die deutsche Propaganda und deren Einfluss in Frankreich.

Die vier Tage von Strasbourg waren mit einem dichten Programm angefüllt. Mittags fuhr man zu einem in der Stadt gelegenes Haus der Offiziere. Dort wurden wir verpflegt. Ich machte nicht nur meine erste Bekanntschaft mit der französischen Küche, sondern erhielt zudem einen Eindruck von den Privilegien der Militärs in höheren Rängen, die sich dort teils mit ihren Familien einfanden.

Ein Abend war für einen Empfang bestimmt worden, der uns mit einer uns unbekannten Gesellschaft offenkundig honoriger Persönlichkeiten zusammenführte. Zunächst blieb unklar, was hier geschehen sollte. Dann wurden Reden gehalten, die mit unserer

Beschäftigung nichts zu tun hatten. Als jedoch mit erhobener Stimme die Beteuerung erklang *Im Namen des Präsidenten* wurde klar, dass wir hier als Gäste, gewiss nicht nur als Claque, in eine Ordensverleihung einbezogen worden waren, die von der Kommune veranstaltet wurde.

Ganz unkonventionell ging es hingegen an einem anderen Abend zu. Wir wurden zur Verabschiedung in das malerische Viertel Petite France geladen, gelegen am Ufer der Ill, dort wo sich der Fluss in Kanäle teilt. Marian Wojcechowski und ich hatten uns nach einem Spaziergang und auf der Suche nach dem Etablissement ein wenig verspätet. Am Eingang des Raumes empfing uns ein Bediensteter mit der Frage, ob wir uns mit einem Aperitif begrüßen ließen. »Was haben Sie denn«, fragte Wojcechowski etwas abwesend und erhielt die freundlich-präzise Antwort: »Wir haben 142.«

Und sonst?

Bei diesem ersten Besuch in Strasbourg habe ich von der Stadt und ihren Schönheiten zu wenig gesehen. Später konnte ich das mehrfach nachholen, auch bei einer für Touristen bestimmten Bootsfahrt. Doch wählte ich jeden Morgen meinen Weg zu unserem Tagungsort durch das Liebfrauenmünster, die Cathédrale Notre-Dame. Davon ließ sich etwas Unverlierbares in den Tag mitnehmen.

Am Ende des Kolloquiums, dessen Beiträge vom veranstaltenden *Centre national de la recherche scientifique* ein Jahr darauf publiziert wurden, holte Luitwin Bies Jochen Streisand und mich zur Heimreise über das Saarland ab. Vordem unternahmen wir einen Abstecher südwärts nach Colmar mit dem Ziel, den Isenheimer Altar des Matthias Grünewald im Musée d'Unterlinden zu besichtigen. Zweimal noch unterbrachen wir die Rückfahrt. In Marmoutier (Maursmünster) besichtigten wir die Abteikirche des einstigen Benediktiner Klosters und dann waren wir Gast bei einem Weinbauern, einem französischen Genossen, den Luitwin kannte. Den Betrieb von der Abfüllung bis zur Etikettierung kannte ich ein wenig von einer Mostkelterei in Staßfurt, in der ich mich 1945 bei der Herstellung von Obstsäften für kurze Zeit als Hilfskraft verdingt hatte.

Ich bin in den folgenden Jahren wiederholt Gast in Frankreich gewesen. Besuche vom Saarland aus führten bis in ein malerisches

Tal des Zentralmassivs. Urlaub verbrachte ich an der Ardèche und nahe dem Mittelmeer bei Cannes.

Am häufigsten jedoch besuchte ich das Nachbarland in »Sachen Geschichte«: Zu einem Colloquium zur Geschichte Österreichs, einem Vortrag im Kulturzentrum der DDR in der Hauptstadt des Landes und zu einer Konferenz des *Centre national de la recherche scientifique* (CNRS). So kam ich auch nach Paris.

Davon mehr an späterer Stelle.

7. Erst fährst du und dann redest du. *Wien, Innsbruck, Klagenfurt, Bregenz*

Die Gelegenheit, Österreichs Hauptstadt kennen zu lernen, mit der sich mir so viele aus Literatur und Musik, von Gemälden, Fotos und Filmen gewonnene Bilder verbanden, schien sich zum ersten Mal 1965 zu ergeben. Da fand der Internationale Historiker-Kongress in Wien statt. Ich sollte zur Delegation der DDR gehören. Doch von deren Liste wurde ich, in eine politische Auseinandersetzung geraten, wieder gestrichen.

Jahre später aber, die Berliner Humboldt-Universität und die Wiener Universität hatten den Austausch von Studienplätzen vereinbart, bot sich mir dann wiederholt die Chance, in Archiven und Bibliotheken der österreichischen Hauptstadt zu arbeiten. Zudem gewann ich durch die Liga für Völkerfreundschaft, jene nichtstaatliche Organisation, die Verbindungen zu Partnern in verschiedensten europäischen und außereuropäischen Ländern unterhielt, Kontakt zu Österreichern, die sich in einer rührigen Gesellschaft für die Pflege kultureller und wissenschaftlicher Verbindungen in die DDR einsetzten. Ihr Präsident war der auf Patentrecht spezialisierte Jurist Hofrat Friedrich Epstein, ein sympathischer, vielseitig interessierter und lebensweiser Mann, der aus seiner gemäßigt anarchistischen Gesinnung kein Hehl machte. Unvergessen blieben mir, der Hofrat war ein Mann, der Arbeit und Genuss zu verbinden verstand, unsere Gespräche in den warmen Wässern der Thermalquellen zu Oberlaa im Wiener Stadtbezirk Favoriten.

Die Bekanntschaft mit dem an der Wiener Universität lehrenden Judaisten Kurt Schubert trug mir unser sich partiell berührendes Forscherinteresse ein. Er kam zu einem Vortrag an die Humboldt-Universität, ich hielt eine Vorlesung an der seinen. Mit ihm besuchte ich auch die berühmte Privatsynagoge des Samson Wertheimer, die der Kaiserliche Hoffaktor und ungarische Oberrabbiner im ersten Stock seines Hauses in Eisenstadt errichten ließ. Sie überstand das Wüten der faschistischen Antisemiten. Das Haus, zu Anfang des 18. Jahrhunderts errichtet, beherbergt heute das Jüdische Museum Österreichs.

Sodann traf ich in Wien auch alte Bekannte wieder. Kurt Goldstein, Deutscher, Kommunist und Jude, der den Faschisten durch die Flucht entkommen war, sich zeitweilig in Palästina aufhielt, dann in Spanien gekämpft hatte, in Frankreich an die Faschisten ausgeliefert wurde, Auschwitz und Buchenwald überlebte, kannte ich aus dem frühen Nachkrieg, als sich unsere Wege in Weimar kreuzten. Er war nach der Befreiung zuerst in der Klassikerstadt geblieben. Nun wirkte er als geschäftsführender Resident der in Wien mit einem Zentralbüro etablierten *Föderation der Internationalen Widerstandskämpfer* (FIR).

Und dann begegnete ich meinem Jenaer Studiengenossen Heinz Schindler wieder, der das Wiener Büro des *Allgemeinen Deutschen Nachrichtendienstes* (ADN) leitete.

In keinem anderen Land habe ich mich vor 1990 und auch später noch so häufig aufhalten können wie in Österreich. Ich war Nutznießer der enger gewordenen politischen und kulturellen Beziehungen, die sich zwischen beiden Staaten seit den siebziger Jahren entwickelten, und habe zu deren Intensivierung ein wenig beigetragen.

Sie wurden in der Bundesrepublik mit Misstrauen beobachtet, zumal Österreich die Reihe höchster Staatsbesuche, welche die DDR-Politiker aus dem kapitalistischen Ausland empfingen, eröffnet hatte und Erich Honecker 1981 dort Staatsgast war. Zudem verdichteten sich wirtschaftliche Stränge.

Es gab im Alpenlande, dadurch angeregt, ein spürbares Interesse für den ostdeutschen Staat, das nicht durch Vorurteile belastet wurde. So kam ich in die Lage, mich eingehend mit der reichen archivarischen Hinterlassenschaft befassen zu können, die aus jenen etwa acht Jahren unserer gemeinsamen jüngeren Geschichte stammten, einem historischen Kapitel, auf dessen Seiten die Namen der in Nürnberg verurteilten und hingerichteten Ernst Kaltenbrunner, des Heydrich Nachfolgers, und von Arthur Seyß-Inquart, des Reichskommissars der besetzten Niederlande, und dazu der von Adolf Eichmann stehen, der in Deutschland geboren wurde, dessen politische Karriere aber in der österreichischen SS begann.

Meine erste Reise von der Spree an die Donau war in besonderem Maße mit Erwartungen geladen. Die Fahrt mit dem Zug durch die Tschechoslowakei auf längst modernisierungsreifen Gleisen zog sich hin. Sie gab Muße, sich auf Kommendes einzustellen und, das war mir bei der Annäherung an eine Staatsgrenze schon wiederholt zu einer Art Gedächtnisprüfung geworden, mich zu fragen: Was weißt du eigentlich von Land und Leuten?

Der Name *Österreich* war mir als Achtjähriger in *Ostmark* übersetzt worden. Bilder auf Plakaten der Organisation »Kraft durch Freude« zeigten fröhliche »Volksgenossen« als Urlauber vor alpinen Gipfeln. Der im später italienischen Südtirol geborene Louis Trenker wurde in Spielfilmen ewig vom Berg und zu Abenteuern gerufen und unternahm in den Alpen verwegenste Klettertouren.

Zufällig, es war die Flucht vor einem Dauerplatzregen inmitten Breslaus, war ich in den Film »Standschütze Bruggler« geraten, der den Krieg romantisierte und heroisierte, der von 1915 bis 1918 in Fels- und Eismassiven an der österreichisch-italienischen Grenze ausgetragen wurde. Der Streifen war schon 1936 in die Kinos gekommen. Seine Handlung folgte der im Roman eines Südtirolers, des Grafen Bossi-Fedrigotti, der ein Mitglied der Nazipartei und der SA war. Eigentlich passte das Geschehen nicht mehr recht in die politische Landschaft der sich anbahnenden »Achse Berlin-Rom«, konnte es doch unter nationalistisch gesinnten Deutschen verbreitete Italien feindliche Stimmungen nähren, die gerade abgebaut werden sollten. Was übrigens gelang, wie die triumphalen Fahrten des »Duce« durch deutsche Städte bei seinem Besuch 1937 zeigten.

Und schließlich: Eingeprägt hatten sich mir auch jene Bilder auf Kinoleinwänden, die im März 1938 eine unübersehbare Menschenmenge auf dem Burgplatz in Wien zeigte. Sie feierte den soeben »in seine Heimat« eingezogenen Hitler wie einen Erlöser und brüllte »Ein Volk – ein Reich – ein Führer«. Wenn Joseph Goebbels auch bei dieser Inszenierung mitgeholfen hatte und Menschen dafür eigens in die Stadt geschafft worden waren, das Ereignis hinterließ wie andere ähnliche eine bedrückende Erinnerung noch nach Jahrzehnten.

Von wann aber rührten meine frühesten Begegnungen mit Menschen aus diesem Lande her? Sie stammten aus den frühen Kriegsjahren. Da hörte ich im Niederschlesischen zum ersten Mal den unverwechselbaren Wiener Dialekt. Dorthin, auf einen Kleinbauernhof, hatte es ein eben den Schuljahren entwachsenes »Pflichtjahrmädchen« verschlagen, das sich den »Anschluss« wahrscheinlich auch anders vorgestellt haben mochte. Landwirtschaftliche Arbeiten waren ihm fremd. Dennoch war es in dieses ein halbes Dutzend Häuser und eine Gutsanlage umfassende Kaff namens Kapitz, gelegen im Kreise Trebnitz, und auf den Hof geraten, den meine Tante – ihr Mann war zur Wehrmacht eingezogen – dort bewirtschaftete und der die Familie nur in Kombination mit einer Gaststube ernährte. Unterstützt wurde sie von einem für Kriegsdienste untauglich befundenen Knecht.

Als der eines Tages doch unerwartet in einer Wehrmachtsuniform, die an ihm herunterhing, vor unserer Breslauer Wohnungstür stand, war er der leibhaftige Beweis dafür, dass und wie es mit diesem Krieg zu Ende gehen werde. Indessen hatte es die »Ostmärkerin« bei Tante Marta noch relativ gut »getroffen«. Drei nicht schulpflichtige Kinder und der Ausschank ließen im Haus genug Arbeit entstehen, so dass ihr Einsatz zu Schwerarbeiten im Stall und auf dem Feld die Ausnahme bildete.

Jedenfalls bewarb sich ihre jüngere Schwester um die Nachfolge und konnte sie auch antreten. Die beiden Frauen mochten inzwischen Großmütter sein.

Viel weniger angenehm ist mir die Bekanntschaft mit einem Österreicher in SS-Uniform in Erinnerung, der mich zu meiner Überraschung im Winter 1943/1944 auf dem Kamm des Isergebirges begrüßte. Dorthin war ich in Erwartung eines Skiurlaubs gereist. In Wahrheit geriet ich in eine vormilitärische Ausbildung für den Winterkrieg, die ein Landsmann des Alois Trenker leitete. Der war keineswegs so lustig und froh wie es von den Tirolern in dem Liede heißt, das ich im Kindergarten an der Gräbschener Straße im Chor gern gesungen hatte. Demnach verkauften diese Leute ihre Bettchen und schliefen lieber auf Stroh. Der Text bot die mildere kindgemäße Variante, denn die härtere behauptet ja, sie würden ihr »Bettchen« versaufen.

Kurzum: der Mann war von diesem ausgelassenen Typ nicht. Für die frühzeitige Verpflichtung, uns eines Tages freiwillig zur

Waffen-SS zu melden, war ihm, so ließ sich aus seiner Werbeenergie schließen, wenn schon keine Kopfprämie so mindestens eine Belobigung sicher. Was mich anlangte, so ist sie ihm entgangen, obwohl ich mich allein wegen meiner Körpermaße seiner besonderen Zuwendung erfreute. Und dann, bei der Durchmusterung meiner Begegnungen mit Österreichern in den Nachkriegszeiten angekommen, war da noch die flüchtige Bekanntschaft mit einem Gymnasiallehrer, den wir, anders als all unsere Pädagogen sonst, mit »Herr Professor« anredeten, wie ihm das in seinem Heimatlande geschah. Er war, nach Kriegsende aus Gefangenschaft entlassen, zunächst im Thüringischen geblieben. Als sie sich bot, nutzte er die Gelegenheit heimwärts zu reisen.

Ich konnte meine Erinnerungen drehen und wenden wie ich wollte, ich reiste zu Land und Leuten, von denen ich wenig bis nichts wusste. Mit zwei Ausnahmen. Die eine betraf in Persona den aus Österreich gekommenen Hitler und dessen Biografie. Mit Teilen davon, genauer mit deren von ihm selbst vorgenommenen Fälschungen in dem Buche »Mein Kampf«, war ich schon in einem Lesebuch meiner Breslauer Schulzeit bekannt gemacht worden. Nur hatte ich den Mann den Österreichern nie so richtig und separat angerechnet. Mit der zweiten Ausnahme verhielt es sich anders. Bei Forschungen zur Geschichte der Judenverfolgungen vor dem Kriege und dann während der Jahre der Deportation und Ermordung der Juden waren mir das Land, Ereignisse in ihm und sein an der Vernichtungspolitik beteiligtes SS-Führungspersonal wieder und wieder untergekommen, die schon erwähnten Ernst Kaltenbrunner und Adolf Eichmann, Alois Brunner, Franz Novak und andere.

Meine Kenntnisse davon zu vervollkommnen, bildete auch den Grund dieser und darauf folgender Reisen. Es ließ sich nicht ausschließen, dass dieses Interesse mich manchen Landesbewohnern nicht eben sympathisch machte. Das musste sich zeigen. Die österreichische Geschichtsforschung hatte die bequeme, von manchen Österreichern gepflegte Vorstellung, sie und ihr Land wären das erste Opfer deutschen Eroberungsgelüstes geworden, jedoch inzwischen erschüttert. Doch ist die Wissenschaft von der Geschichte das eine, das im öffentliche Bewusstsein existierende Geschichtsbild ein anderes. Ich bin, dies vorweg, jedoch nie, was freilich an den Menschen gelegen haben mag, mit denen ich zusammentraf, in Österreich auf Ablehnung wegen meiner Herkunft gestoßen und den Piefkes zugerechnet worden. Wurde ich nach meinem Woher ausgeforscht, das zielte zumeist auf die Klärung Ost- oder Westdeutscher, antwortete ich den Fragenden: »Wenn Sie die Schlesischen Kriege nicht verloren hätten, wäre ich Ihr Landsmann.«

Das entschlüsselte jede und jeder, denn in dem Teil ihrer Geschichte, den Kriegen zu Zeiten Maria Theresias und Friedrichs II., kannten sich Österreicher aus. Meine eigenen, durch geographisch-historische Eindrücke vermehrten Kenntnisse darüber rührten noch aus Volksschulzeiten her. Da hatten wir einen Klassenausflug nach Leuthen unternommen, wo die Österreicher 1757 geschlagen wurden, um das dortige Museum zu besuchen. Dort bekamen wir allerlei Geschichten und Legenden über die Preußen und deren König und davon zu hören, dass »große Männer« durch Weitsicht und Mut und wie der »Alte Fritz« mit Genialität die Geschichte, namentlich die deutsche, gemacht hätten. Und natürlich hörten wir die Anekdote vom Gesang der siegreichen Preußen, die nach dem Ende der Schlacht das Lied des Eilenburger Geistlichen Martin Rinckart »Nun danket alle Gott« angestimmt hätten, das danach zum »Choral von Leuthen« erklärt und verklärt wurde. Nun aber genug der Präliminarien.

Die Universitätsverwaltung, bei der ich mein Eintreffen meldete, wies mich in die Wiedener Hauptstraße in ein Wohnhaus, das ausländischen Studenten und Doktoranden als Quartier diente. Ich erhielt ein Dachzimmer und hatte einen kurzen Weg in einen Bodenraum, den alle Bewohner als Wäschetrockenplatz benutzten. Auf den Etagengängen gab es Waschmaschinen und Kochgerätschaften. An Wochenenden stiegen angenehmste Gerüche Asiens und Afrikas in meine obere Etage.

Ich genoss die Tage ohne eine andere Verpflichtung, als in Archiv- und Bibliotheksbeständen zu lesen. Das wurde der Anfang von Recherchen, die sich über zwei Jahrzehnte erstreckten. Ihre Resultate fanden ihren Niederschlag in Vorlesungen, Aufsätzen in Fachzeitschriften, Sammelbänden und in zwei Büchern. Im Zentrum meines Interesses stand von Anbeginn die Frage, welche Umstände, Interessen und Antriebe Österreich, kaum »Ostmark« geworden, zum Experimentierfeld gesteigerter Judenverfolgung gemacht hatten. Auf ihm sammelten Adolf Eichmann und das aus

Berlin abkommandierte SS-Personal bürokratische und andere Erfahrungen, wie Juden massenweise traktiert werden konnten, um sie außer Landes zu treiben. Die dabei entwickelten Praktiken wurden sodann in das »Altreich« übertragen.

Kaum waren Wehrmacht, SS, Polizei und Nazifunktionäre in Wien eingetroffen und etabliert, erlaubten sie dem antisemitischen Mob, gegen die Juden loszuschlagen. Zentrum der Attacken gegen die Wehrlosen war die von vielen Juden bewohnte Leopoldstadt. Die Juden wurden gedemütigt, bestohlen, beraubt, erpresst, aus ihren Wohnungen vertrieben. Die Devise vieler Judenjäger lautete: Bereichern wir uns! Ja, es schien so, als hätten sich Nazis am hellen Tage in Städten des Deutschen Reiches seit 1933 und auch später nirgendwo so rabiat betätigt wie jetzt im Frühjahr 1938 in Wien.

Dieses Bild, das sich später auch in der Geschichtspublizistik fand, geriet ins Wanken, je mehr durch regionale und lokale Forschungen bekannt wurde, was sich in den Tagen nach dem Pogrom des 9./10. November 1938 in Städten und Dörfern zwischen Bayern und Schleswig-Holstein an Plünderung und Raub zugetragen hatte.

Meine Arbeitsorte befanden sich inmitten der Stadt. Der eine war das *Dokumentationsarchiv des Österreichischen Widerstandes* (DÖW). Ihr Leiter war Herbert Steiner, der sich 14-jährig der kommunistischen Jugendorganisation Österreichs anschloss. Im Jahr darauf, als die deutschen Faschisten einrückten, emigrierte er nach England. Das rettete ihm das Leben. Seine Eltern wurden »nach dem Osten« deportiert und umgebracht.

Steiner hatte das Archiv 1963 gegründet. Ein Kommunist an der Spitze einer so exponierten staatlichen Einrichtung, das machte den Unterschied beispielsweise zur Bundesrepublik, in der die kommunistische Partei verboten war und manche ihrer Aktivisten in Gefängnisse gebracht worden waren. Hier hingegen ließ sich in den siebziger Jahren noch auf deutliche Zeichen einer Zusammenarbeit unterschiedlicher politischer Kräfte auf Feldern treffen, von der die Kommunisten nicht ausgegrenzt waren.

Hier und ebenso wenig am Institut für Geschichte der Universität, das Erika Weinzierl leitete, begegnete mir nicht einen Augenblick Misstrauen oder auch nur Distanz dem Gast gegenüber, der aus einem Land hinter dem »Eisernen Vorhang« kam. Zum einen, sind nicht politische Vorurteile im Spiel, erwächst aus einem gemeinsamen Forschungsgegenstand Neugier, die fragt, woran der Andere arbeitet und was aus dieser Arbeit für Resultate zu erwarten sind. Zum anderen sahen die Österreicher, froher als nach dem Ersten Weltkrieg, ihre Souveränität gewonnen zu haben, keinen Grund, die deutsche Zweistaatlichkeit zu beklagen. Ich kam aus dem kleineren deutschen Staat, dem der größere das Existenzrecht und geschichtliche Legitimität absprach und den er »vereinnahmen« oder »befreien« wollte.

Warum sollten »Anschluss«-erfahrene Österreicher dem größeren besondere Sympathien entgegenbringen, sie dem kleineren hingegen verweigern?

Mein zweiter Arbeitsort war die Wiener Nationalbibliothek. Soviel ablenkende Eindrücke der sich vor ihren Fenstern abspielende Touristenverkehr mit den auf Kundschaft wartenden oder vorbei kutschierenden Fiakern bot, so stark die Reiterstandbilder der österreichischen Kriegshelden, des Erzherzog Karl und des Prinzen Eugen, und das benachbarte mächtige Denkmal mit der thronenden Kaiserin Maria Theresia Blicke anzuziehen vermögen, ich konnte der Bibliothek in der Neuen Burg über den Heldenplatz nicht zusteuern, ohne dass mir die oft gesehenen, schon erwähnten Bilder des Jahres 1938 in den Sinn kamen, mit den Hunderttausenden da unten und dem »Führer« da oben auf dem Balkon. Es gibt viele Orte, an denen ich mir gewünscht habe, mehr von ihrer Geschichte zu wissen, aber eben auch ein paar, da ich auf das Gewusste gern verzichtet hätte. Zu letzteren gehörte der hier. Denn der Genuss, den der Anblick des architektonischen Ensembles immer wieder bot, wäre dann nicht partiell durch herandrängende Gedanken getrübt worden, gerichtet auf die immer wieder beunruhigenden an Verdummung und Verführbarkeit von Menschenmassen.

Es bedurfte keiner besonderen Werbung, dass ich, meine Arbeit über den Archivalien unterbrechend, der Einladung der Gesellschaft Österreich-DDR folgte und mich auf eine Vortragsreise in österreichische Universitätsstädte machte. Das würde Gelegenheit geben, mit weiteren Kollegen ins Gespräch zu kommen. Überflüssig zu sagen, dass zudem die Namen Graz, Linz, Salzburg und Innsbruck lockten.

Die erste Station, auf der ich ein Bild von den in der DDR betriebenen Faschismus-Forschungen geben sollte, war Graz, wo ich bei Ernest Kaltenegger, dem kommunistischen Abgeordneten im Stadtparlament, freundlich aufgenommen wurde. Er hatte sich als Stadtrat für das Wohnungswesen Sympathien erworben. Und die zeitweilig außerordentlichen Wahlerfolge seiner Partei in der Landeshauptstadt der Steiermark machten ihn noch über Österreichs Grenzen hinaus bekannt.

Das fand ich Jahre später auf eine eben nicht alltägliche Weise bestätigt. Im Atlantik vor einer der Kanarischen Inseln begrüßte ich einen Mitschwimmer, den ich beim ersten Wortwechsel als Österreicher ausmachte. Er stammte aus Graz. Da müsse er doch den Kaltenegger kennen. Ja, den kenne er, das sei »der einzige anständige Kommunist im Lande«.

In Linz machte ich an der Johannes Kepler-Universität die Bekanntschaft mit Professor Karl Stadtler, einem österreichischen Antifaschisten und Sozialisten, der 1938 ebenfalls nach Großbritannien emigriert war und dessen Schüler in der Geschichtswissenschaft des Landes bedeutende Plätze ausfüllten. In Klagenfurt begrüßte mich Professor Norbert Schausberger, der sich unter anderem mit wirtschaftsgeschichtlichen Fragen in der Zeit des Faschismus befasste.

Über Salzburg und Innsbruck, wo ich die Bekanntschaft mit Gerhard Oberkofler, dem Wissenschaftshistoriker und Universitätsarchivar machte, gelangte ich am Ende dieses Ausflugs bis nach Bregenz. Dort traf ich schon etwas angestrengt ein und wurde vom Sekretär der Vorarlberger Organisation der Gesellschaft Österreich-DDR und dessen Frau freundlich in ihrem Haus aufgenommen. Beide schon im Rentenalter trugen die Last der Erziehung zweier Enkel, die fünf und sechs Jahre alt waren. Die schienen darauf gewartet zu haben, einen Spielgefährten zu finden. Nachdem ich mich ein wenig in den Dialekt der Vorarlberger hineingehört hatte, klappte es auch mit unserer Verständigung.

Offenkundig fanden wir einander bald richtig sympathisch. Am Morgen vor meiner Abfahrt – ich hatte diesmal nicht vor Universitätspublikum, sondern vor an deutschen Zuständen interessierten Zuhörern in Bregenz und Dornbirn gesprochen, einen Ausflug auf den Pfänder gemacht, von da den eindrucksvollen Blick auf den Bodensee genossen, war auch ein wenig bergauf gewandert – überraschte mich die Enkeltochter der Gastgeber beim Frühstück ohne jede Vorrede mit der Mitteilung »Jetzt weiß ich, was du machst«, um dann fortzufahren: »Erscht pfärschtu und dann rädschtu und dann pfärschtu und dann rädschtu wieder.«

Das fand ich eine treffende und zudem die denkbar kürzeste Beschreibung der Tätigkeit, der ich in der eben vergangenen Woche nachgegangen war.

Manche Bekanntschaften, die aus dieser Reise herrührten, konnte ich später in der DDR erneuern. In den Landessekretären der Gesellschaft Österreich-DDR, die sich, auch anknüpfend an regionale wirtschaftliche und kulturelle Interessen, für enge Beziehungen zum ostdeutschen Staat einsetzten, begegneten mir, einem etwas heimatlos gewordenen Ex-Schlesier, der weder Thüringer noch Berliner geworden war, Leute, die ihrer Stadt und Region verbunden waren. Es bedeutete ihnen etwas, dass sie Steiermärker, Kärntner, Tiroler oder Vorarlberger waren. Provinzialität oder Heimattümelei drückte sich darin nicht aus, aber das Bewusstsein, dass, wer die Welt verändern und bessern will, seine Anstrengungen an seinem Lebensort beginnen und manchmal auch enden lassen muss. Da sie sich in der Geschichte ihrer engeren Heimat exzellent auskannten, hatte ich überall sachkundige Stadtführer und sah und hörte binnen Stunden, die ich mich an den Stationen der Reise nur aufhalten konnte, weit mehr, als mir das auf eigene Faust gelungen wäre.

In Innsbruck besuchte ich die Hofkirche mit dem Grabmal Andreas Hofers und machte auch einen Abstecher zum Bergisel mit dem ihm gewidmeten Denkmal und dem Museum, das an die Tiroler Kämpfe gegen Bayern und Franzosen erinnert. Zum ersten Mal war mir der Name dieses zum »Nationalhelden« erhobenen Mannes in Kindheitstagen untergekommen, ohne dass ich mit ihm etwas hätte verbinden können.

Meine Großmutter, eine Oberschlesierin, konnte, wie sie es in ihrer Schulzeit gelernt hatte, das balladeske Lied auf den Mann singen, der »zu Mantua in Banden« gelegen hatte und dort erschossen worden war.

Auf die Melodie habe ich später ein anderes Liedlein geschmettert, das von der »Junge Garde des Proletariats«, die dem Morgenrot entgegen zieht. Es war vor dem Ersten Weltkrieg von einem sozialdemokratischen Lehrer gedichtet und für die deutsche Arbeiterjugendbewegung bestimmt worden. Wie in anderen Fällen auch und weil es den Arbeitern an Komponisten mangelte, wurde der Text auf die populäre ältere Melodie aus dem Jahre 1844 zugeschnitten. Später, als ich Friedrich Engels' Aufsätze *Deutsche Zustände* – drei Briefe, die er als »ihr Korrespondent« 1845 an den Redakteur des *Northern Star* schrieb – in einer dünnen, auf minderwertigem Papier gedruckten Broschüre, Literatur der ersten Nachkriegsjahre eben, las, stieß ich auf dessen respektlos-kritisches Urteil über den Mordspatriotismus des habsburgtreuen »Sandwirtes«. Das gefiel mir sehr, meiner Generation waren Begriffe wie Reich, Vaterland, Patriotismus, Nation ohnehin hoch verdächtig gemacht, und die Aufsätze des Altmeisters, er schrieb sie im Alter von fünfundzwanzig Jahren, blieben mir als ein Glanzstück geschichtswissenschaftlicher Publizistik im Gedächtnis – wie auch das verklärende Lied auf den seinem »guten Kaiser Franz« ergebenen Hofer.

In Salzburg reichte die Zeit zur Besichtigung der Stadt und für die obligatorische Reverenz, die ich Wolfgang Amadeus Mozart schuldete. Die erste Opernaufführung, die ich fünfzehnjährig besucht hatte, bot »Die Zauberflöte« und fand, das Nationaltheater in Weimar war noch Kriegsruine, in der so genannten Weimarhalle statt. Jedoch ließ sich der Gedanke an einen Abstecher über die Grenze in das nahe Berchtesgaden und zum Obersalzberg mit meinem Reiseplan nicht in Einklang bringen.

Von Linz aus fuhr ich in Begleitung von Hans Hautmann, der später an der Universität die Nachfolge Stadtlers antreten konnte, in die Gedenkstätte des einstigen Konzentrationslagers Mauthausen, das 1938 bald nach dem »Anschluss« errichtet worden war. Zuerst für die Nazigegner Österreichs bestimmt, wurde es zu einem Ort gnadenloser Ausbeutung und Vernichtung von Menschen aus vielen Völkern und Ländern. Bildhauer unterschiedlicher Sprachen und künstlerischer Ausdrucksformen haben ihnen Denkmäler gesetzt. Fritz Cremers nach Bertolt Brechts Gedicht geschaffene Skulptur *O Deutschland bleiche Mutter! Wie sitzt du besudelt unter den Völkern* ragt durch seine künstlerische Qualität aus dem Ensemble heraus.

Später, als uns seine Arbeit an der Mappe mit Zeichnungen »Mutter Coppi und die Anderen, Alle!« zusammenführte, hat Cremer mir bei einem Besuch in seinem Atelier nahe dem Brandenburger Tor von der Entstehung der Frauenfigur gesprochen und davon, dass er sich vorgesetzt hatte, mit dem Stein das Nachdenken über die besondere Rolle der Deutschen heraus zu fordern, die der Täter wie der Opfer.

In Linz gewann ich ein Bild von den glücklicherweise nicht an das gedachte Ende gelangten Vorhaben, mit denen Hitler die Stadt weitgehend verändern und ihr »nazistischen Glanz« geben wollte. Und – nomen est omen – während der Veranstaltung in der Linzer Universität trat aus der Zuhörerschaft, es waren nicht mehr als anderthalb Dutzend Interessierte, ein Mann mittleren Alters auf, dessen Gesinnung unverfälscht braun war. Stadtler, mit dem ich an einem Tisch saß und der die Diskussion leitete, überließ mir die Replik. Danach bei einem Glas Wein kam er auf das Vorkommnis zurück. Ähnliches hatte sich in seinen Räumen zuvor nie zugetragen, so dass er, überrascht, den eigentlich ihm zustehenden Part, das Gerede zurückzuweisen, nicht übernehmen konnte.

Im Klagenfurter Hörsaal trat ein Besucher mit einer mich in Verlegenheit bringenden Kritik auf, die vom Thema einigermaßen weit ablag und, hergeholt, erkennbar als Bekundung gegen die DDR gedacht war. Dass wir mit dem Nationalismus nicht konsequent gebrochen hätten, schien ihm dadurch erwiesen, dass wir nach dem Ende des Krieges den Wunsch der Sorben ignoriert hätten, Bürger des tschechoslowakischen Staates zu werden. Der so sprach, war, wie ich später erfuhr, Korrespondent der regionalen Boulevardzeitung. Der Gang der Veranstaltung hatte ihm bis dahin offenkundig nichts geboten, was für seine Zwecke taugte. So wollte er deren Ertrag selbst ein wenig aufbessern. Seine Bemerkung führte weniger in die Geschichte als in die ethnische Geographie. Ich hatte nicht den Eindruck, dass der Mann eine Vorstellung von den Lebensgebieten der Sorben und denen der Tschechen besaß.

Dass sich mir die Linzer wie die Innsbrucker Episode jedoch überhaupt eingeprägt haben, spricht dafür, dass sie aus den sachlichen Debatten herausfielen. Voreingenommenheit und Animosität, die mir bei »Brüdern und Schwestern« im deutschen Weststaat gegen den Ostdeutschen begegnet waren, ließen sich in diesem Publikum nicht antreffen.

Eine dritte Arbeitsstelle lernte ich in Wien Jahre später kennen. Da hatte ich mich – wieder mit Erika Schwarz – auf die Spur des Franz Novak gesetzt, jenes SS-Offiziers und Mitarbeiters von Adolf Eichmann, der in der Berliner Kurfürstenstraße, dem Sitz des »Judenreferats« im *Reichssicherheitshauptamt* (RSHA), für die Zusammenarbeit mit dem Reichsverkehrsministerium verantwortlich war. Mit seinem Partner dort plante er die Abgangsorte, Zeiten und Routen für die Deportationszüge, mit denen die Juden Europas zu ihren Mördern geschafft wurden. Novak hatte in Wien nach dem Ende des Naziregimes unbehelligt gelebt und eine private Karriere gemacht, bis ein Rechtshilfeersuchen einer westdeutschen Staatsanwaltschaft die einheimischen Behörden in Bewegung setzte. Dann folgte in Österreich eine Serie von vier sich hinziehenden Prozessen, in denen Novak dabei blieb, nicht gewusst zu haben, was Auschwitz war und dort mit den Juden geschah. Der Name Auschwitz, so seine Behauptung, habe ihm einzig für einen Bahnhof gestanden.

Die Lüge nahmen wir als Haupttitel des Buches, das aus unseren Forschungen hervorging. Ohne die Arbeiten im Landgericht in Wien, das die Prozessakten verwahrte, hätte es nicht geschrieben werden können. Der 1994 wieder im Metropol Verlag erschienene Band enthielt, wiewohl das nicht sein Hauptinhalt und ebenso wenig unser Anliegen war, nicht gerade eine Erfolgsgeschichte der Ahndung von Naziverbrechen durch die Justiz der Republik Österreich. Das mag der Grund gewesen sein, dass im Alpenlande um das Erscheinen des Buches kein Aufhebens gemacht wurde und seine Vorstellung nirgendwo erfolgte.

Wien – das war freilich bei keinem Aufenthalt nur Arbeit. Nicht anders als in Potsdam oder Koblenz verlangte es mich nach stundenlangem Lesen in Akten, die Mordabsichten, Mordpläne und deren Verwirklichung bezeugten, nach Luft und Ablenkung. Die boten die Sehenswürdigkeiten der Stadt in Fülle: die Bauten am Ring, der Gemäldereichtum im Kunsthistorischen Museum und im Oberen Belvedere, der Dom und die Kirchen. Dazu lockten an Wochenenden der Lainzer Garten und der Kahlenberg. Lange aufgeschoben wurde die Fahrt ins nahe Baden und dort der unvermeidliche Spaziergang entlang dem »Wegerl im Helenental«. Der Schlager, 1940 gedichtet und komponiert, verband sich mir – wieder eine der eher unwillkommenen Erinnerungen – mit jenem Kitsch, der in Kriegszeiten dazu gedient hatte, Menschen abzulenken, sie bei Laune zu halten und eine Durchhalteatmosphäre zu erzeugen. Die faszinierende Landschaft erledigte ein Vorurteil, ohne dass es mich nach diesem Ausflug, der unvermeidlich auf die Spuren von Joseph Lanner und Johann Strauß führte, in die »Welt der Operette« gezogen hätte.

Zu den nachhaltigen Eindrücken, die sich mir mit Wien verbinden, gehören wissenschaftliche Tagungen. Zwei fanden mit dem Blick auf den 50. Jahrestag des Beginns des Zweiten Weltkriegs statt. Die davon zumindest Eindrücke noch besaßen, waren 1989 inzwischen nahe an das Rentenalter gerückt, die einst zu den Armeen der kriegführenden Staaten gehörten, hatten es erreicht. In vielen Ländern hießen sie Kriegsveteranen.

Dieser demographische Wandel verschaffte dem Ereignis, das den Gang der europäischen Geschichte einschneidend verändert hatte, zusätzlich Aufmerksamkeit. Sich anbahnende Veränderungen in der Sowjetunion ließen darauf hoffen, dass bis dahin geheim gehaltene Dokumente publiziert würden. Die Erwartungen reichten, wie sich bald zeigte, weiter, als die Folgen einer Politik, die mit dem Begriff »Glasnost« etikettiert wurde.

Auch zu dem Historiker-Symposium, das die *Internationale Föderation der Widerstandskämpfer* (FIR) in Österreichs Hauptstadt weit im zeitlichen Vorfeld des Jahrestages, schon im Oktober 1988, ausrichtete, fanden sich viele ein, denen sich der 1. September 1939 und dessen Folgen mit eigenen Erinnerungen verbanden. Das galt für Ilja Kremer, bei Kriegsausbruch Geschichtsstudent in Moskau, dann ein Flaksoldat der Roten Armee, der die Kämpfe überlebte und an deren Ende seinen Namen in Berlin an eine Säule der Ruine des Berliner Reichstagsgebäudes schrieb. Er leitete unser Zusammentreffen in seiner Eigenschaft als Sekretär der FIR.

Erinnerungen von historischem Rang besaß Valentin M. Bereshkow, der am Tage des deutschen Überfalls auf die UdSSR 1. Sekretär in deren Berliner Botschaft und später Stalins Übersetzer während der Konferenz in Teheran gewesen war.

Die in Nürnberg geborene französische Historikerin Rita Thalmann, aus Deutschland geflohen, hatte in Frankreich wie viele Juden dank der ihnen zugewandten Solidarität überlebt.

Mein Kollege Kurt Gossweiler, zur Wehrmacht eingezogen, war an den Kriegen in Frankreich und gegen die Sowjetunion beteiligt, bis er sich in die Gefangenschaft der Roten Armee begab.

Unschwer hätten sich die Tage des Symposiums lehrreich allein mit autobiografischen Berichten ausfüllen lassen.

Im Zentrum der Vorträge und Debatten der 37 Teilnehmer aus zwölf Ländern – Spezialisten aus Österreich, der Bundesrepublik Deutschland, den Balkanstaaten mit Ausnahme Albaniens, aus Polen, der Tschechoslowakei, Spanien und Portugal, vorwiegend Historiker – standen Fragen, die in der geschichtswissenschaftlichen Forschung umstritten waren. Dazu gehörten nach wie vor Ursachen, Wesen und Ziele des Faschismus, die Geschichte der Antihitler-Koalition und auch der Widerstandsbewegungen. Dem Grundanliegen der internationalen Organisation entsprach die Erörterung von Schritten, durch die nützliche Erinnerungen wach gehalten und vermittelt werden konnten, also auch die Frage, wie dem entgegenstehende Hindernisse sich überwinden ließen. Ich entsinne mich keiner Debatte zuvor, die so offen und ohne Rücksichtnahme darauf geführt worden wäre, was dem Partner und Kontrahenten zugemutet werden könne. Das bezeugte, dass die Geschichtswissenschaft in der Sowjetunion und anderen sozialistischen Staaten dabei war, sich von Tabus und Dogmen zu befreien, die insbesondere die Vorgeschichte und Geschichte des Zweiten Weltkriegs betroffen hatten. Zudem diskutierten Marxisten und Nichtmarxisten miteinander, die das aber in einer Nähe zueinander taten, die in ihrem antifaschistischen Überzeugungen und Anliegen gründete und von politischem Antikommunismus ungetrübt blieb. Rita Thalmann drückte das mit dem Bemerken aus, wir seien doch alle Internationalisten. und das meinte eine Haltung, die sich für das geschichtliche Ganze nicht nur im Rückblick verantwortlich fühlte.

In dieser Atmosphäre wurde über die sowjetische Außenpolitik im Vorkrieg und den deutsch-sowjetischen Nichtangriffsvertrag vom August 1939 gesprochen, aber – da war eine noch zu überschreitende Grenze – das Zusatzabkommen immer noch nur erwähnt, nicht auch kritisiert. Erste Veränderungen in der sowjetischen Geschichtswissenschaft wurden daran erkennbar, dass die Moskauer Kollegen nicht mehr mit einer Stimme sprachen und die in Gang gekommene Revision bisher in ihrem Lande vorherrschender Geschichtsbilder unterschiedlich beurteilten. Während die einen deren Berechtigung und Notwendigkeit konstatierten, bemerkten andere, dass sie modisch und wiederum politisch geleitet wäre, also keineswegs durchweg wissenschaftlich motiviert sei. Während ein Redner Neville Chamberlain die Hauptschuld am Scheitern der sich in Moskau im Frühjahr und Sommer 1939 hinziehenden Verhandlungen zwischen den Militärdelegationen Großbritanniens, Frankreichs und der Sowjetunion gab, bedachte ein anderer Stalin und Molotow mit ihr.

Offensichtlich, das zeigte der nach wie vor auswahlweise Umgang mit den Dokumenten, hatte die Geschichtswissenschaft des Riesenlandes einen weiten Weg vor sich.

Stalins zerstörender Einfluss auf den Zustand des internationalen Antifaschismus, der aus seiner willkürlichen Bestimmung der Schuld für die Fortführung des Krieges nach der Zerschlagung Polens stammte, wurde ebenso diskutiert, wie die notwendige Befreiung des Begriffs Widerstand sowohl von seiner sektiererischen Einengung wie von einem uferlosen Gebrauch. Warnend erinnert wurde an den bei Kriegsbeginn erfolgten sektiererischen Rückfall in der Haltung von Kommunisten gegenüber den Sozialdemokraten, die zu schweren inneren Auseinandersetzungen in kommunistischen Parteien, so in Großbritannien, geführt hatten.

Auch das beschönigende Bild von der Einheit der Kommunistischen Internationale während ihres Kongresses 1935 wurde in das Reich der Legende verwiesen.

Mehrere Redner nahmen Bezug auf den westdeutschen Historikerstreit, der zwei Jahre zuvor mit der Kontroverse von Jürgen Habermas versus Ernst Nolte begonnen hatte, und versuchten, dessen Ursachen wie seine Wirkungen zu analysieren.

Bei allem Gewinn dieser Tage, vermittelten sie – häufig nur durch Episoden – zugleich einen Eindruck von der geistigen Krise in den sozialistischen Staaten, die in der Tendenz uneindeutig und deren Resultate offen waren. In Rumänien, das überraschte nicht, und auch in Ungarn war so etwas wie eine Demobilisierung der Kräfte im Gange, die gegenüber der eigenen Geschichte kritische Distanz aufbrachten. Die Bundesgenossenschaft beider Staaten mit Nazideutschland und deren »Waffenbrüderschaft« wurde unter Verweis auf die kriegsunwilligen Massen als erzwungen charakterisiert.

Von einem sowjetischen Sprecher wurde in einem Vergleich und nahezu nebenbei gesagt, die Bürokratie seines Landes realisiere die Perestroika-Beschlüsse »ohne Elan und Glauben an

Ergebnisse«. Was aus der »Humanisierung des Sozialismus« würde, von der ein anderer Kollege aus der UdSSR sprach, war offen.

Kaum jemand konnte sich 1988 vorstellen, in welchem Tempo der Abriss des Staates vor sich gehen würde, den die Oktoberrevolution siebzig Jahre zuvor geboren hatte.

Ganz anders verlief im Jahr darauf eine Konferenz aus gleichem Anlass, die ebenfalls in Wien tagte. Deren Teilnehmer trafen sich im Oktober 1989 in der Volkshochschule Brigittenau, mithin nach dem internationalen Gedenken. So ließen sich auch dabei gewonnene Eindrücke diskutieren, doch in manchen Beiträgen schlugen geschichtspolitische Interessen mehr durch denn Forschungsresultate. Eine Gruppe von österreichischen Teilnehmern schien es darauf angelegt zu haben, bei dieser Gelegenheit erneut eine »Generalabrechnung« mit der sowjetischen Außenpolitik der Vorkriegsjahre vorzunehmen. Deren Ergebnis war stets das Gleiche. Die Kriegsschuld wurde zwischen Nazideutschland und der Sowjetunion gleichsam geteilt. Sie fiel auf die »totalitären« Diktaturen, während die Politik der kapitalistischen Westmächte, namentlich die Großbritanniens, gut weg und die an ihr Beteiligten ungeschoren davon kamen.

Meine Lust, mich wieder in eine absehbare Debatte zu mischen, in der mit Dokumenten sehr selektiv umgegangen wird und ihre Verwendung nach ihrem politischen Gebrauchswert erfolgt, war nicht eben groß gewesen. Aber eine Visite in Wien und das im goldenen Herbst? Ich war also von einer anregenden Tagung, die in Oldenburg stattgefunden und der Rolle und den Verdiensten Carl von Ossietzkys und der *Weltbühne* gegolten hatte, mit dem nach Prinz Eugen benannten Zug flott an die Donau gefahren.

In der Tat erwies sich der wissenschaftliche Ertrag als nicht sonderlich groß, doch machte das die angenehme Wiederbegegnung mit Kollegen erheblich wett. Erneut erwies sich in jenen Tagen, dass jedes historische Urteil über die Politik der UdSSR fehlgeht, das von der Appeasement-Politik und dem Kalkül absieht, den deutschen Faschismus so oder so als antikommunistische Kraft auch außenpolitisch zur Geltung zu bringen. Und auch zwanzig Jahre nach diesen Wiener Konferenzen sind die Forscher bei weitem nicht an das Ziel gelangt. Es ist kein Zufall, dass umfassende Studien über die Moskauer Politik der kollektiven Sicherheit und eine wissenschaftlichen Ansprüchen genügende Biografie Maxim

Litwinows fehlen, der von 1930 bis Anfang Mai 1939 sowjetischer Außenminister war.

Meine letzte »Dienstreise« nach Wien unternahm ich, inzwischen im Status eines Rentners, im Juni 1996. Die Einladung hatte der mir befreundete Wiener Historiker Winfried Garscha ausgesprochen, der im schon erwähnten *Dokumentationsarchiv des österreichischen Widerstandes* (DÖW) arbeitete. Wir waren einander in Österreich und in der DDR mehrfach begegnet.

Gemeinsam mit seiner Kollegin Claudia Kuretsidis-Haider war er dabei, ein historisch-archivarisches Großunternehmen auf den Weg zu bringen. Es zielte auf die möglichst lückenlose Erfassung der dokumentarischen Hinterlassenschaft jener Gerichtsprozesse, die nach Kriegsende 1945 (wenige noch im Kriegsverlauf) in vielen Staaten Europas stattgefunden hatten und deren Angeklagte Personen waren, die beschuldigt wurden, Kriegs- und so genannten Menschheitsverbrechen begangen zu haben. Über die Bedeutung dieser Ermittlung, die sich mit dem Vorsatz verband, für die Erhaltung des Archivgutes zu sorgen, konnte es unter Historikern zwei Meinungen nicht geben. Und ebenso wenig über seine Dringlichkeit.

Ein halbes Jahrhundert nach dem Beginn dieser Verfahren war längst nicht mehr alles erhalten, was im Verlauf von Ermittlungen entstand und in Gerichtssälen dokumentiert worden war. Unbezweifelbar war auch, dass die in den Staaten zu Entscheidungen befugten Einrichtungen und Personen dem Gedanken nicht gleichermaßen aufgeschlossen gegenüberstehen würden, und das nicht nur, weil seine Verwirklichung einen beträchtlichen Aufwand an personellen und finanziellen Mitteln verlangte. Sollte die Sache überhaupt in Gang kommen, die Überlegung lag der Tagung zugrunde, mussten für sie möglichst einflussreiche Historiker und mit ihnen Juristen aus den in Betracht kommenden Staaten gewonnen werden.

Über derlei Verbindungen verfügten Erika Schwarz, die einer an sie gerichteten Einladung folgte, und ich nicht, stattdessen über Erfahrungen aus dem Blickwinkel von Forschern, die mit diesen Akten umgingen. Ähnlich stand es mit Günter Wieland, dem Dritten im Bunde einstiger DDR-Bürger, die nach Wien reisten. Dessen berufliche Tätigkeit als Staatsanwalt hatte mit dem Ende des ostdeutschen Staates zwar auch ihren Abschluss gefunden hatte, doch kannte er sich im einschlägigen Archivgut aus wie kein anderer. Zudem war er dabei, die Geschichte der Strafverfolgung von so genannten NS-Tätern durch die Justiz der DDR zu schreiben. Dabei wandte er sich gegen inzwischen in Mode gekommene Entstellungen dieser Arbeit, die sich an der Devise des Justizministers der Bundesrepublik ausrichteten, die DDR zu delegitimieren. Verfolgt wurde damit ein doppelter Zweck. Es sollte zum einen der Antifaschismus der DDR in Zweifel gestellt, zum andern die Defizite der Bundesrepublik durch die Behauptung relativiert werden »Die Anderen auch«.

In Wien trafen wir auf eine bunt zusammengesetzte Gruppe von Kollegen. Hier sah ich Sybil Milton wieder und lernte ihren Mann Henry Friedlander kennen. Beider historiographisch-politisches Verdienst bestand darin, dass sie in ihren wissenschaftlichen Publikationen den Massenmord an den Juden immer auch in Beziehung zu dem an den Zigeunern, den Kranken, den Slawen und weiteren Menschengruppen gesetzt hatten. Mit der Staatsanwältin Helge Grabitz, seiner Frau, war Wolfgang Scheffler gekommen, der am Zentrum für Antisemitismusforschung der Technischen Universität Berlin lehrte. Da er vielmals vor bundesrepublikanischen Gerichten in einschlägigen Prozessen als Gutachter aufgetreten war, gehörte er zu den besten Kennern westdeutscher Gerichtsverfahren.

Alfred Streim, bis zu seinem frühen Tode Leiter der Ludwigsburger Zentralstelle, die sich in der Bundesrepublik als Ermittlungsorgan mit der Verfolgung von Naziverbrechen befasste, gehörte ebenso zu den Teilnehmern wie der Amsterdamer Strafrechtler Christiaan F. Rüter, der sich in einer über Jahre geleisteten Forschungs- und editorischen Arbeit das Verdienst erworben hatte, zunächst eine Sammlung der von Gerichten in der Bundesrepublik gefällten Urteile herauszugeben, deren Gegenstand Tötungsverbrechen waren. Nun befasste er sich mit der Ausdehnung dieses Unternehmens auf die DDR und deren Vorgänger, die Sowjetische Besatzungszone. Er verwirklichte damit ein Vorhaben, das zu Zeiten der Existenz des ostdeutschen Staates wegen der restriktiven Haltung ihrer Staatsorgane nicht zu verwirklichen war und dies, obwohl diese den Vergleich nicht zu scheuen brauchten, wie jetzt auch die voranschreitenden Recherchen Rüters erwiesen. Am Ende wuchs diese Sammlung, die 1966 zu erscheinen begann und 2008 abgeschlossen wurde, auf insgesamt 40 Bände an.

Während der Sitzungen, in der sich Sachverstand ebenso äußerte wie Problembewusstsein, wurden zunächst Berichte über die Geschichte der prozessualen Verfolgung von Nazi- und Kriegsverbrechen in den einzelnen Staaten gegeben. So entstand ein Überblick über die immense Anzahl der Verfahren und über ihre zum Teil in chaotischem Zustand befindliche papierne Hinterlassenschaft.

Die Bestandsaufnahme war ernüchternd. Wertschätzung und Pflege des Überlieferten unterschieden sich von Staat zu Staat, auch abhängig vom Niveau seines Archivwesens. Zudem differierten die Forschern eingeräumten Zugriffsmöglichkeiten auf die papierne Hinterlassenschaft. Noch war das meist politisch geprägte, aber mitunter auch von Familien verfolgte Interesse unerloschen, über die gemeinhin als »dunkel« bezeichneten Kapitel der Vergangenheit besser zu schweigen und zu hoffen, dass darüber Gras wachse.

Derlei Wünsche existierten nicht nur im »Land der Täter«, womit in dessen Nachfolge die beiden deutschen Staaten und Österreich bezeichnet werden. Doch waren Mittäter, in der Geschichtspublizistik meist Kollaborateure genannt, überall anzutreffen, wohin die deutschen Eroberer ihren Fuß gesetzt hatten. Kurzum, das war eine ganz auf die Sache und künftige Arbeit und deren Probleme und Hürden gerichtete Tagung. Ihr Gegenstand bot keine in diesem Kreis auszutragenden Konfliktstoffe.

Wäre da nicht jene Polemik in das Gremium geplatzt, mit der die Strafjustiz der DDR ins Zwielicht gesetzt werden sollte. Das unternahm Frau Grabitz, die sich in der Bundesrepublik als Staatsanwältin in Hamburg Verdienste bei der juristischen Verfolgung von Naziverbrechern erworben hatte. Ich war mit ihr flüchtig bekannt, seit ich im Nachrichtenblatt der Berliner Jüdischen Gemeinde eine lobende Rezension über ein Buch geschrieben hatte, in dem sie feinfühlig die Notwendigkeit darlegte, sich um die mitunter von weither anreisenden Männer und Frauen zu kümmern, die sich der Pflicht und Plage aussetzten, sich als Zeugen vor deutschen Gerichten ihren einstigen Peinigern zu konfrontieren und an die schlimmsten Zeiten ihres Lebens zu erinnern. Nun trat sie mit der Behauptung auf, im ostdeutschen Staat seien NS-Täter nur verfolgt worden, wenn das politische Interessen bediente. Die Behauptung bestritt ostdeutschen Staatsanwälten und Richtern nicht nur jeden antifaschistischen Impetus ihres Handelns, sondern bezichtigte sie auch eines willkürlichen Umgangs mit den Gesetzen des eigenen Staates.

Die Rede passte ganz in das en vogue befindliche Propagandabild von den ostdeutschen Eliten als willfährige Büttel eines »Unrechtsstaates«. Günter Wieland wies das sachlich zurück, war aber in dieser Angelegenheit nicht nur Zeitzeuge, sondern auch Partei. Eine totale Blamage bereitete der Rednerin dann aber Christiaan F. Rüter. Er hatte sich zuvor schon auf einer Konferenz in der Technischen Universität Berlin, veranstaltet vom Zentrum für Antisemitismusforschung, auch zum Anteil der in der Staatssicherheit tätigen Juristen und Kriminalisten an der Aufklärung von Naziverbrechen geäußert. Nach seiner Aktenkenntnis hätten die von ihnen angestellten Ermittlungen juristische Solidität aufgewiesen.

Die Tagung mündete am 14. Juni 1996 in einer Erörterung des Projekts eines mehrbändigen »Handbuches der europäischen Nachkriegsprozesse«. Das geschah unter dem Vorsitz der beiden US-amerikanischen Teilnehmer Sybil Milton und István Deák, einem 1948 emigrierten Ungarn, der an der Columbia University in the City of New York lehrte. Jeder ernsthafte Schritt dahin setzte voraus, dass die dafür notwendigen Forschungsmittel aufgetrieben wurden. Dafür konnte sich niemand auch nur für das eigene Land verbürgen und namentlich für ost- und südosteuropäische Staaten musste es als unwahrscheinlich gelten, dass sie in absehbarer Zeit aufzutreiben sein würden.

Nur wenn die Europäischen Union, damit schloss mein eigener Beitrag in der morgendlichen Runde im »Bridge-Zimmer« des Café »Rathaus«, sich am Unternehmen interessiert zeigte, würde voranzukommen sein. Als Einstieg in das Ganze schien mir ein bescheideneres Vorhaben angeraten, das zunächst die Gerichtsverfahren (Ort ihres Stattfindens, Anklage und Angeklagte, die Urteile, den Aufbewahrungsort der Akten) erfasste und auf eine weitergehende kritische Darstellung verzichtete.

Nach getaner Arbeit hieß es wieder einmal, von Wien Abschied nehmen. Nicht ohne einen Ausflug zum Heurigen in eines der von Einheimischen und Touristen bevölkerten Weinlokale am Rande der Stadt.

Wie gut, dass sich Menschen nach solchen Treffen auch ahnungslos verabschieden. Alfred Streim, der als Kritiker der offiziell viel gelobten »Bewältigung der Vergangenheit« nie verstummte, wurde nur Wochen nach der Tagung aus dem Leben gerissen.

Die unermüdliche Sybil Milton, die auf dem Felde der so genannten Holocaustforschung wie bei der Verbreitung der Wahrheit über die Verbrechen an der Menschheit so etwas wie eine Multifunktionärin war und sich bei alledem mit vollem Recht als Unabhängige Historikerin bezeichnen konnte, starb im Jahre 2000, sie war nicht älter als 59 Jahre geworden.

Doch erlebte sie noch, dass die Wiener Tagung jedenfalls in Österreich mehr als nur papierne Folgen gezeitigt hatte. Gegründet worden war in der Rechtsform eines Vereins die Zentrale österreichische Forschungsstelle Nachkriegsjustiz, die sich zu einer angesehenen Einrichtung entwickelte, mit Ehrenpräsident, Präsident und Kuratorium, deren Seele die Initiatoren der Tagung von 1996 Winfried Garscha und Claudia Kuretsidis-Haider geblieben sind, die das Unternehmen wissenschaftlich leiten. Es dokumentiert die in den Prozessen gegen Nazi- und Kriegsverbrecher entstandenen Akten, sorgt oder veranlasst deren Verfilmung und macht sie geordnet der Forschung zugänglich.

Mit Recht können die Initiatoren sagen, dass sie sich um die Wahrung eines Teils des europäischen Rechtskulturerbes Verdienste erwerben. In vielen anderen europäischen Staaten ist das noch zu tun. Und in manchen haben sich die Aussichten für die Verwirklichung der Idee, die vor anderthalb Jahrzehnten geboren wurde, mit den Jahren und manchem Regierungswechsel verschlechtert.

8. Zwiespältige Eindrücke.
Bukarest 1980

Die Reise nach Stockholm hatte ich im Mai verpasst. In Schweden war ein Generalstreik ausgerufen worden, der meine Reiseroute auf Göteborg, Lund und Malmö verkürzte. Die schwedische Hauptstadt blieb »links« liegen. Das Untenehmen begann mit Hindernissen. Ob die Fähre in Sassnitz nach Malmö überhaupt ablegte, welche Passagiere und Frachten sie mitnahm, war lange fraglich. Das Warten an Deck zog sich in die Länge. Dann war entschieden worden, dass Fahrzeuge mit leicht verderblichen Waren doch mit durften und es ging los. Ich dampfte an die Nordküste der Ostsee.

Auch ohne das »Venedig des Nordens«, eine Bezeichnung, die Stockholm jedoch nicht allein zugemessen wurde, gesehen zu haben, brachte ich von der Vortragstour, zu der mich die Gesellschaft Schweden-UdSSR eingeladen hatte, viele und auch unerwartete Eindrücke mit. So aus Göteborg, wo ich einen Vortrag bei den Historikern der Universität zu halten hatte. Dazu solche aus der kleinen separaten Welt, in der dort die DDR-Außenhändler für die nordeuropäischen Staaten lebten und in der ich Quartier bezogen hatte. Sie rührten auch aus dem eher zufälligen Zusammentreffen mit einer besonderen Gruppe von Botschaftern meines Landes her, den Schweriner Skiffles, Musikanten, die damals vorwiegend Country music im Repertoire hatten. Es blieb das einzige Mal, dass ich in solcher Begleitung »auftrat«.

Nun sollte es in einen anderen europäischen Staat gehen. Hätte mich jemand ausgeforscht, welcher von ihnen für mich den am wenigsten einladenden Reiz besäße, ich würde Rumänien genannt haben. Das hatte nichts mit Abneigung zu tun, die ich dem dort residierenden großen Führer Nicolae Ceausescu entgegenbrachte, der, als hätte es Stalin und die Kritik des XX. Parteitags der KPdSU nicht gegeben, um sich einen Personenkult entfaltete. Von einem seiner Zeugnisse wird gleich noch die Rede sein.

Über Rumänien, von Land und Leuten wusste ich wenig, ausgenommen einige eher unrühmliche Tatsachen aus der Vergangenheit des Balkanstaates, wozu die Rollen gehörten, die er in der neueren Geschichte verschiedentlich gespielt hatte. Dazu zählte die militärische Intervention gegen das revolutionäre Ungarn nach dem Ersten Weltkrieg, als das Nachbarland einen neuen Weg seiner Geschichte suchte.

Näher an der Gegenwart lag der Part des Verbündeten Nazideutschlands beim Einfall in die Sowjetunion 1941, als das Antonescu-Regime hoffte, sich auf Kosten der UdSSR bereichern und sein Territorium nach Osten bis zum ukrainischen Odessa ausdehnen zu können. Stattdessen hätte Bukarest 1939 Ort einer Verständigung der nichtaggressiven europäischen Staaten werden können, vorausgesetzt, der sowjetische Vorschlag wäre in London und Paris aufgenommen worden. Wie, wäre eine Deutschlands Eroberungsgelüste dämpfende, seine Machthaber abschreckende Front zustande gekommen, Europas Geschichte dann verlaufen wäre, lässt sich zwar nicht sicher beantworten, doch würde sie kaum jenen beispiellos katastrophalen Charakter angenommen haben.

All diese auf Vergangenes gerichteten Gedanken ergaben indessen keinen triftigen Grund, sich der Reise in das Balkanland zu verweigern, das übrigens viele DDR-Bürger ebenso wie das benachbarte Bulgarien wegen ihrer Badeorte am Schwarzen Meer längst auch als Urlaubsziel entdeckt hatten. Wer seine Entscheidungen über Reiserouten in Europa von den geschichtlichen Rollen der Staaten abhängig machen und nicht an Kriege und Kriegsverbrechen erinnert, nirgendwo Kriegerfriedhöfen begegnen wollte, der musste sich auf Zwergstaaten beschränken, die zu schwach waren, Wege und Irrwege des Kontinents mitzubestimmen. Und von denen wäre der Vatikan noch auszunehmen.

Genug des Lamentos. Ich war ohnehin nicht dabei, als Rumäniens Hauptstadt, mitunter Paris des Ostens genannt, zum Tagungsort des Internationalen Historikerkongresses bestimmt wurde, der 1980 stattfand. Also fand ich mich zu verabredeter Stunde zum Abflug in Berlin-Schönefeld ein, wo ich auf meine Kollegen traf.

Ich hatte mich zuvor, das war inzwischen nahezu zwei Jahrzehnte her, einmal und für Stunden nur in Bukarest aufgehalten, beim Wechsel von der Eisenbahn in ein Flugzeug. Hinter mir lag da eine Seereise, die ich mit der »Völkerfreundschaft«, dem Urlauberschiff der Gewerkschaft, angetreten hatte. Sie führte von Rostock durch das Skagerrak in die Nordsee, die Biskaya, den Atlantik, das Mittel- und von da in das Schwarze Meer, unterbrochen von Landgängen in Piräus/Athen und Jalta. Das Endziel war die rumänische Hafenstadt Constanza gewesen. Von da brachte uns ein Zug in die Metropole. Anderntags erst sollte es auf dem Luftweg zurück nach Berlin gehen.

Die Stadt war – Anfang August – ein Glutofen. Irgendjemand hatte sich das an einem Nachmittag zu absolvierende einfallslose Programm für die Stadtbesichtigung ausgedacht. Zu ihm gehörte der Besuch eines neu errichteten Zirkusbaus, der als architektonische Sehenswürdigkeit galt. Zeitig am Morgen ging es dann zum Flughafen. Den fanden wir für den normalen Verkehr auf unbestimmte Zeit gesperrt. Kwame Nkrumah, der Mann, der sein Land, Ghana, vordem als Goldküste eine der afrikanischen Kolonien Großbritanniens, in die Unabhängigkeit geführt hatte, wollte den Heimflug antreten. Wir hatten zu warten, Stunde um Stunde.

Endlich kam die Wagenkolonne mit den Staatskarossen. Dann der übliche große Bahnhof. Schließlich waren wir an der Reihe. Mir schien alles an Flugzeugen nach Bukarest beordert worden zu sein, was sich auf dem Balkan auftreiben ließ, um den Menschenstau aufzulösen.

Die kleine aufgeheizte Maschine, der ich zugeteilt wurde, vertrug die Thermik über den Bergen und Tälern der Karpaten nicht sonderlich gut. Das brachte mir eine ungezielte Abkühlung mit dem Inhalt eines Glases Bier, den die Stewardess mir anders hatte servieren wollen. Von da an hatten wir bis zur Landung im Nebel Dresdens eine angenehme Unterhaltung.

Kurzum, so kommt man zu Erlebnissen und zu Vorurteilen.

Dass ich nun diese Reise antrat, hatte mein Jenaer Mitstudent Wolfgang Schumann arrangiert, der am Institut für Geschichte der Akademie der Wissenschaften arbeitete. Er gewann mich für einen Vortrag in der Internationalen Kommission zur Geschichte des Zweiten Weltkriegs. Deren Beitrag zum Kongressprogramm bestand in der Debatte des Themas *La propaganda pendant la deuxième guerre mondiale*. Dabei sollten die Initiativen der Staaten samt der für die Zwecke eingesetzten Instrumente und tätigen

Organisationen ebenso erörtert werden, wie auch die Propaganda aus der Illegalität und dem Widerstand gegen die Besatzungsherrschaft.

So weitläufig das Thema, so wenig stand zu erwarten, dass es interessante oder gar kontroverse Diskussionen auslösen könnte. Zu erwarten waren Forschungsberichte, eine Bestandsaufnahme. Denn die Antwort auf die Frage, welchen Anteil die Propaganda an der Bestimmung des Verhaltens derer besaß, an die sie sich richtete, war schwer auf sicheren Grund zu stellen.

Die Hauptquelle, auf die sich im deutschen Fall zurückgreifen ließ, waren Geheimberichte des Sicherheitsdienstes, bekannt – zur Unterscheidung von jenen aus besetzten Gebieten – als »Meldungen aus dem Reich«. Bei ihrer Verwendung musste freilich bedacht werden, dass Beobachter und Registratoren des Massenverhaltens weder beschönigend verfahren, noch in den Geruch geraten durften, Defätisten zu sein.

Wieder war es August und ich also ein wenig darauf gefasst, was uns in Bukarest erwartete. Die Richtigkeit meines Vorwissens bestätigte sich schon in der stickigen Empfangshalle des Flughafens, in der wir aus unerfindlichem Grund lange auszuharren hatten. Dann ging es in ein Hotel im Zentrum der Stadt.

Ein ahnungsloser Organisator unserer Delegation hatte bestimmt, dass Dieter Fricke, Direktor der Sektion Geschichte an der Friedrich-Schiller-Universität, auch Salana genannt, und ich ein Zimmer teilten. Vielleicht wusste er um unsere Bekanntschaft aus meinen Jenaer Jahren. Schwerlich jedoch mehr als die bloße Tatsache. Ich hatte mich 1963 von ihm, meinen damaligen Chef, ohne spürbaren Trennungsschmerz verabschiedet, was wohl auch für ihn galt. Fricke, vordem Chefredakteur der *Zeitschrift für Geschichtswissenschaft* in Berlin, war auf den Lehrstuhl an der Salana gewechselt, ohne dass ihn eine erkennbare Neigung zur Lehre dahin gezogen hätte. Zudem gehörte er zu dem nach Ansehen mehr denn nach Einfluss hoch platzierten Autorenkollektiv, das mit der Abfassung der später in acht Bänden erscheinenden Geschichte der deutschen Arbeiterbewegung befasst war, deren Teile eine sehr unterschiedliche wissenschaftliche Bewertung verdienen. Das Vorhaben erfreute sich besonderer Aufmerksamkeit Walter Ulbrichts, der einmal Historiker als seinen dritten Beruf nach dem des Tischlers und des Politikers angegeben hatte.

Aus diesem Auftrag verstand Fricke sich so etwas wie einen Regenschirm zu basteln. Was mich geritten haben mag, im Status eines wissenschaftlichen Aspiranten zeitweilig seinen Ersatzmann in der Leitung des Instituts abzugeben, wird mir allzeit unergründlich bleiben. Kurzum: Fricke besaß ein unbestreitbares Geschick, Arbeit zu verteilen, und das ist ja auch etwas.

Unergründlich auch, was den kurzzeitigen Zimmergenossen, kaum das wir unsere sieben Sachen ausgepackt hatten, bestimmte, mir zu erklären, er sei an der Entscheidung, die dazu führte, dass ich Jena verließ, unbeteiligt gewesen. Getroffen worden sei die von »der Partei«.

Das glaubte ich ihm, ebenso wie ich sicher sein konnte, dass er dagegen auch nicht mit einem Wimpernschlag einen Einwand erhoben hatte. Das Vorkommnis lag inzwischen siebzehn Jahre zurück. In Berlin hatte ich für meine wissenschaftliche Arbeit Orientierung, reichlich Anregung und sie fördernde Bedingungen gefunden und war auf kluge Kollegen getroffen, von denen manche mir Freunde wurden. Das Thema konnte keinen Gesprächsgegenstand mehr abgeben. Wir hatten uns den Aufgaben der folgenden Tage zuzuwenden.

Der Kongress begann im Gewimmel der – diesmal – etwa 2.500 Teilnehmer, die zunächst den Eröffnungsvortrag hörten, den traditionell der jeweils nach fünf Amtsjahren scheidende Präsident des *Comité International des Sciences Historiques* gab.

Karl Dietrich Erdmann, Ordinarius an der Universität Kiel und Spezialist für die Geschichte der ersten Hälfte des 20. Jahrhunderts, sprach über »Die Ökumene der Historiker«. Das wurde auch der Titel seiner profunden Monographie über die Geschichte der Organisation seit ihren Anfängen am Ausgang des 19. Jahrhunderts, die er sieben Jahre später vorlegte. Darin stellte er die Entwicklung jenes turnusmäßigen Aufeinandertreffens von Historikern vieler Sprachen und Länder dar. Ökumene – ein Begriff, geläufiger aus der Geschichte der christlichen Kirchen denn der Wissenschaften – bezeichnete auch für Historiker das Suchen und Auffinden gemeinsamer Anliegen. Das weist in unserer Zunft keinen geringeren Schwierigkeitsgrad auf, als ihn die Versöhnungsarbeit von Christen verschiedener Glaubensrichtungen bietet. Denn es gehen die weltanschaulichen Überzeugungen und methodologischen Positionen der Jünger der Clio weit auseinander. Zu schweigen von ihren politischen, auf deren Skala sie alle Plätze besetzen. Wie sonst hätte unter deutschen Historikern sich ein Verhältnis zum faschistischen Staat ausprägen können, die von Hinnahme bis zur Bejahung reichte? Das hatte zur Folge, dass sie nach 1945 zunächst – nicht anders als es den Deutschen auf anderen Gebieten geschah – von der Mitwirkung an internationalen Treffen und jeder Staaten übergreifenden Arbeit strafweise ausgeschlossen wurden.

Die sich in Bukarest trafen, wohl noch ohne Ausnahme Zeitgenossen des Zweiten Weltkriegs, stimmten in einem Punkte gewiss überein: dem Ja zum Friedensgedanken und zur Pflicht, ihn mit ihren Mitteln zu stärken. Bekenntnis und Tat fielen aber auseinander. Historiker von Rang hatten selbst in den ärgsten Zeiten des Kalten Krieges ihre Stimme niemals in einer Weise hören lassen, die jener der Atomphysiker auch nur annähernd geähnelt hätte. Diese Zeiten mochten hinter uns liegen. In Europa keimte berechtigte Hoffnung, dass das Prinzip friedlichen Nebeneinanderexistierens von Staaten mit unterschiedlichen sozialen und politischen Systemen sich auf Dauer durchsetzen werde. Die war fünf Jahre vorher durch eine Konferenz der Regierungschefs in Helsinki geweckt worden. Am Zustandekommen dieses sich anbahnenden Wandels in den Beziehungen der europäischen Staaten konnten sich Spezialisten der Geschichte wenig zurechnen.

Zudem erzeugte trotz Helsinki jede Erschütterung in einem sozialistischen Staat Begierden seiner Gegner, das verlorene politisch-historische Terrain »heimzuholen« und also in derlei Konflikten politisch zu intervenieren. Das ließ sich in den Tagen des Bukarester Kongresses am Beispiel Polens gut studieren, wo die Streikbewegung auf die Lenin-Werft in Gdansk übergegriffen hatte und die Solidarnosc-Bewegung entstand. So besaß die in Bukarest am Kongressende verabschiedete Botschaft nach wie vor eine gewisse Aktualität. Sie handelte von der beruflichen und moralischen Pflicht der Historiker, die Geschichte in ein Mittel der Annäherung zwischen den Völkern zu verwandeln, in ein Mittel zur Herbeiführung eines Klimas gegenseitigen Vertrauens und gegenseitiger Achtung. Diese Vorsätze hätten auch innerhalb der Zunft zu gelten.

Dass sie so durchweg nicht gemeint oder verstanden wurden, davon konnten sich die ostdeutschen Historiker zehn Jahre später nach dem Ende der DDR überzeugen. Es schlug ihnen ein Klima entgegen, das von Achtung nichts spüren ließ. Indessen: sie waren ein Völkchen und kein Volk.

Die rumänischen Organisatoren hatten den Kongress perfekt vorbereitet und für konzentrierte Debatten auch dadurch gesorgt, dass die angemeldeten Kongressbeiträge in drei Bänden schon gedruckt vorlagen. Das traf auch für die Texte der Session zu, in der ich zu referieren hatte. So ließen sich die Vorträge auf eine kommentierende und erläutende Kurzfassung beschränken. Von den zu Wort kommenden Spezialisten aus dreizehn europäischen Staaten sowie den USA und Kanada befasste sich die Mehrheit mit der Regierungspropaganda, wobei im deutschen Fall auch die im besetzten Ausland betriebene, so auf dem Balkan und im eroberten Frankreich, dargestellt wurde.

Mehrere Referate hatten die Untergrundpropaganda gegen die deutschen Besatzer zum Gegenstand, so in Polen und Jugoslawien, andere die Publizistik des antifaschistischen Exils. Ein sowjetischer Teilnehmer sprach über die auf die eigenen Soldaten gerichtete Frontpropaganda. Mein Thema bildete die rassistische und antisemitische Propaganda in Deutschland während der ersten Kriegsphase, also von 1939 bis 1941. Dabei ging es gleichermaßen um den wahnhaften wie den kalkulierten Einsatz der menschenfeindlichen Ideologie und ihre Bestimmung, Krieg und Eroberung zu rechtfertigen. Von beidem hatte Hitler vor Oberbefehlshabern der Wehrmacht am 23. November 1939 unverschlüsselt gesprochen: »Heute können wir von einem Rassenkampf sprechen. Heute kämpfen wir um Ölfelder, Gummi, Erdschätze usw.« Falls die Militärführer in dieser Sache überhaupt Nachhilfe brauchten, war sie ihnen jedenfalls zuteil geworden.

Die Veranstaltung, meine Befürchtungen erwiesen sich als übertrieben, erschöpfte sich doch nicht in einer ermüdenden Folge von bloßen Kanzelabkündigungen. Sie gewann passagenweise trotz der großen Zahl von Teilnehmern den Charakter einer Arbeitskonferenz mit Für und Wider. Ein Hauptverdienst daran besaß der französische Präsident des Komitees Henri Michel, der 1967 das *Comité international d'Histoire de la Deuxième Guerre Mondiale* gründete und ihm seitdem vorstand. Er hatte für einen äußerst zielstrebigen Ablauf der zwei Tage vorgesorgt, wozu eine perfekte Übersetzung beitrug. Viele kamen mit Interventionen zu

Wort. Von meinen Kollegen waren das Wolfgang Schumann, der über die Modifikation der deutschen Propaganda in der Phase der Niederlagen nach Stalingrad und Kursk sprach, dabei jedoch der verlogenen sowjetischen Version über das an den gefangenen polnischen Offizieren begangene Verbrechen von Katyn folgte.

Heinz Kühnrich berichtete über die antifaschistische Flugblatt- und Flüsterpropaganda in Deutschland. Olaf Groehler äußerte sich zu differierenden Urteilen über den Wirkungsgrad der Nazi-propaganda in den Kriegsjahren.

Wenig Zeit blieb in den Tagen des Kongresses, um einen auch nur flüchtigen Eindruck von der Stadt und ihren Sehenswürdig-keit zu gewinnen. Sie reichte jedoch für einen ausgedehnten Besuch im zentralen Geschichtsmuseums Rumäniens, der einem Historiker ohnehin als obligatorisch gelten musste. In solcher Anstalt lässt sich, wie sonst nirgendwo, rasch wahrnehmen, wel-ches Geschichtsbild den Herrschenden frommt.

Beim Betreten des Gebäudes wurde der Blick von einem Abguss der gewaltigen dorischen Siegessäule des Kaisers Trajan angezogen, die in der Stadt am Tiber 113 u. Z. eingeweiht wurde und eine steinerne Geschichtsquelle ersten Ranges darstellt. Kopiert waren davon Teile, welche die Daker abbildeten, jenen thrakischen Volksstamm, der das Westufer des Schwarzen Meeres bewohnte und seine Herrschaft weit nach Norden auszudehnen vermochte. Gezeigt wurden sie im Kampf gegen die Römer, denen sie in Schlachten am Beginn des 2. Jahrhunderts unterlagen. Die Zeugnisse hätten sich mit uneingeschränkter Bewunderung für die Kunst der römischen Antike ansehen lassen, wären wir nicht schon in unserem Quartier von unseren Gastgebern reichlich mit ins Deutsche übersetzter Fachliteratur versehen worden, in der sich die grenzenlos glorifizierte Geschichte der Daker lesen ließ.

In diesen Heften wurde obendrein behauptet, die Rumänen wären in direkter und unverfälschter Blutlinie Nachfahren eben dieses Heldenstammes. Das erinnerte sehr an den Germanenkult, das Geschichtsdogma der Naziideologen und dessen Zwecke. Mir stand der Einband der Geschichtsschulbücher vor Augen, die wir in der Breslauer Mittelschule benutzten. Darauf befand sich immer die gleiche Zeichnung. Sie zeigte einen langen Geschichts-weg, der bei den Germanen begann und über den Preußenkönig Friedrich II. und Otto von Bismarck zum Führer Hitler führte.

Der Titel aller Bände lautete »Die ewige Straße«. Auf ihr war meine aus Oberschlesien stammende Großmutter Mathilde, die akzentfrei deutsch sprach und mir Kirchenlieder polnisch vorsang, also ganz reingermanisch nicht war, eigentlich nicht vorgesehen.

Schlimmes aber erwartete Besucher erst am Ende des Rundgangs in der obersten Etage des weitläufigen Baus. Deren Räume waren angehäuft mit Geschenken und Doktorhüten, die Ceaucescu und dessen Frau Elena von Staatsbesuchen in aller Welt mitgebracht hatten. Abgesehen von der Person der Empfänger, die einem bei dieser Inspektion nicht angenehm werden konnte, drängte sich beim Gedanken an die permanent zunehmende Zahl von Besuchen, die sich Staatsoberhäupter und Regierungschefs in aller Welt machen, die Frage auf, mit welchem Recht sie und ihre Protokollchefs fortgesetzt in die Staatskassen griffen, um derlei Präsente zu finanzieren, über die übrigens in offiziellen Kommuniqués nie ein Wort verloren wurde. Wie weit sind wir eigentlich den Zeiten entkommen, da Herrscher, die einen ihrer Nachbarn besuchten, dort zu Pferde eintrafen und in ihrem Tross ganze Ladungen von Geschenken mitführten?

Eher zu den Kuriosa gehörte, dass die Mittebringsel der Ceaucescus aus den beiden deutschen Staaten unverkennbar deren Verwandtschaft bezeugten. Ausgestellt waren mit gehörigem Abstand in Vitrinen Porzellanerzeugnisse von hüben und drüben, aus dem sächsischen Meißen mit den Blauen Schwertern und aus dem oberfränkischen Selb mit der Marke Rosenthal.

Von den üblichen Ausflugsangeboten lockte wegen der stickigen Hitze der Stadt ein Ausflug in die nahen Berge. Doch ließ die ungewohnte Verpflegung meinen sonst verlässlicher Magen streiken. Ich wählte ein bescheideneres individuelles Programm und machte mich mit einem Linienbus auf in die nähere Umgebung der Stadt. In dem Gefährt drängten sich bepackte Fahrgästen, die entweder einem Markt zustrebten oder ihn besucht hatten, wie jene Frau, die eine lebende Gans fest unter ihren Arm geklemmt hielt. Die schien derlei Gesellschaft gewohnt zu sein.

Das Ziel meines Abstechers war ein auf einer Insel gelegenes Kloster orthodoxer Christen. Dass ich die freundliche Einladung eines Mönches, den ich auf meinem Rundgang – ich war wohl der einzige Besucher – getroffen hatte, an ihrer Mittagmahlzeit in einem großen, obendrein kühlen Speisesaal teilzunehmen, von ihr überrascht, grundlos ausschlug, ärgerte mich noch nach Tagen.

Rumäniens Hauptstadt verließ ich mit dem sicheren Gefühl, mich mehr in den Kulissen denn in der Realität des Landes bewegt zu haben. Dessen Ärmlichkeit war nicht zu übersehen. Wie schon bei anderen Gelegenheiten hatten Wolfgang Schumann und ich einen Spaziergang unternommen, um uns das Warenangebot in Läden und auf Märkten anzusehen und die Einkaufspraktiken der Einheimischen.

Was wir wahrnahmen, war nicht ermutigend. Verdrängen und wegschieben ließen sich derlei Beobachtungen während des Heimfluges nicht. Sie und ähnliche Eindrücke in Staaten, die unsere Verbündete waren, warfen Fragen an die Zukunft dieser Wirtschaftsunion auf. Sie waren, anders die uns beim Blick in die Vergangenheit von berufswegen beschäftigenden, nicht zu beantworten. Sie betrafen die Länge des vor uns liegenden Weges, den eine Propaganda beschönigte, die Fortschritte nicht erfand, aber doch aufbauschte und weit überbewertete und Tatsachen auch unterschlug.

9. Wie gut ist eigentlich dein Englisch?
Neu Delhi, Kalkutta 1981

Dieser Bericht verlangt anders als die bisherigen eine Vorbemerkung. Er enthält vielmehr Eindrücke und Erlebnisse einer Reise als von einer wissenschaftlichen Veranstaltung. Das war nicht beabsichtigt, doch hat es Gründe. Das in Indien in knapp zwei Wochen Gesehene hat das Gehörte und Debattierte während der drei Konferenztage in hohem Grade überlagert und im Gedächtnis auch verschüttet. Es ist kein Trost, dass dies nicht nur mir so ergangen ist, sondern ähnlich auch meinen Kollegen, die ich noch befragen konnte. Privatarchive aber pflegt keiner von uns. Auch dort, wo sich Papiere vermuten ließen, die bald nach der Reise für Direktionen und das Ministerium angefertigt worden sind, wurde ich nicht fündig.

Noch kann ich die Stelle vor dem seinerzeitigen Kulturkaufhaus Bulgariens in der Berliner Straße Unter den Linden exakt bezeichnen, an der ich zufällig auf Karl Drechsler traf, den ich von den Jahren meiner Tätigkeit am Institut für Geschichte der Akademie der Wissenschaften her kannte und der nun im aus einer Teilung hervorgegangenen Institut für Allgemeine Geschichte arbeitete. »Wie gut ist eigentlich dein Englisch?« lautete die Frage, die er mir stellte.

Wie sich herausstellte, war er dabei, eine Delegation für ein Kolloquium zusammenzustellen, das in Indien stattfinden sollte. Ich war in den Kreis seiner Überlegungen darüber geraten, wer die fünf Plätze, die für diese Reise zur Verfügung standen, besetzen solle. Entschieden war nichts. Dann folgte die Mitteilung, ich solle mich um die notwendigen Reisepapiere kümmern.

Gemeinsam machten wir uns, nach einem vergeblichen Anlauf in der Tropenklinik in Berlin-Buch, auf den Weg zur Poliklinik des Regierungskrankenhauses in der Leipziger Straße, wo wir geimpft und mit den üblichen Medikamenten versehen wurden. Als der Tag der Abreise, ein früher Dezembertag im Jahre 1981, nahte, waren wie nicht so selten die Pässe mit den notwendigen Visa, die in diesem Falle von der Reisestelle der Akademie besorgt wurden, nicht zur Hand. Dann trafen sie doch ein – mit einer Ausnahme. Sie betraf mich.

Die Mitarbeiter der Akademie-Institute flogen Richtung Moskau, von wo es einige Stunden später nach Neu Delhi weitergehen sollte. Ich hatte schon resigniert und mir gesagt, ich könne und würde auch ohne Indien gesehen zu haben einst das Zeitliche segnen. Es war Barbara, die energisch protestierte und verlangte, die buchstäblich letzte Chance der Teilnahme zu nutzen. Sie fuhr mich mit dem gepackten Koffer zur Akademie-Verwaltung. Mein Pass war wirklich noch angekommen oder gefunden, das konnte ein Außenstehender nie beurteilen. Es blieb eben noch Zeit nach Schönefeld zu fahren und in der letzten Maschine, mit der ich den gebuchten Indienflug würde erreichen können, fand sich ein freier Platz.

In Moskau erwarteten mich an der Tür, die in den Transitraum führte, Karl Drechsler und Wolfgang Küttler, ein Spezialist in Sachen Geschichtstheorie und -methologie. In Jena hatten wir an der Universität, er als Assistent, ich als Aspirant kurze Zeit Schreibtisch an Schreibtisch gearbeitet. Inzwischen gehörte er zum Akademie-Institut für deutsche Geschichte. Ich gab, nun erleichtert, am Tresen einen Wodka aus, nachdem ich auch die beiden anderen Teilnehmer begrüßt hatte. Das waren Olaf Groehler, Spezialist für die Geschichte des Zweiten Weltkrieges und namentlich für die des Luftkrieges, und Horst Krüger, der einzige Indienfachmann unserer Gruppe, der mehrfach im Lande gewesen war und den ich hier erst kennenlernte. Er kümmerte sich in den folgenden Wochen in einem Grade um das reibungslose Gelingen des ganzen Unternehmens, dass wir uns darum zu sorgen hatten, dass er seine Kräfte nicht total überanstrengte. Ihm, dem Frühverstorbenen, habe ich vom Gewinn dieser Reise viel zu verdanken.

Meine Erleichterung über das rechtzeitige Zusammentreffen in Moskau vergrößerte sich noch, als sich, wir saßen schon im Flugzeug, herausstellte, dass es überbucht war. Das war die Folge eines Andrangs, den eine sowjetisch-indische Freundschaftswoche verursachte und natürlich auch von Schlamperei. Ich hätte keine Chance besessen, verspätet und ohne ein okay von Moskau weiter und an das ferne Ziel zu kommen. Bevor die sowjetische Maschine nach Neu Delhi startete, spielte sich eine Episode ab, die Karl Valentin zu einer seiner umwerfend komischen Szenen angeregt haben würde. Die Stewardess begann, und dazu benutzte sie eine kleine handliche mechanische Maschine, die Sitzenden zu zählen und kam zu dem auch durch jeden Augenschein zu gewinnenden Schluss, dass tatsächlich alle Plätze besetzt waren. Danach erschien eine Oberstewardess, die sich des gleichen durch einen Daumendruck zu betätigenden Geräts bediente und prüfte, ob das Ergebnis ihrer Kollegin korrekt sei. Ihr Resultat deckte sich tatsächlich mit dem zuvor erzielten.

Sodann begannen Verhandlungen mit Fluggästen, die sich auf einige indische Eltern mit Kleinkindern konzentrierten. Sie wurden gebeten, ihrem Nachwuchs den gebuchten Sitz zu entziehen, ihn auf dem eigenen Schoß schlafen zu lassen und derart die entstandene Verlegenheit beseitigen zu helfen. Mit einer Stunde Verspätung starteten wir zum Nonstop-Nachtflug. Erzählt wird das Vorkommnis hier nur, weil es keinen Einzelfall bildete. Auf dem Rückflug sollten wir mit ähnlichem Organisationstalent Bekanntschaft machen. Die »Sowjets« konnten Raumschiffe im Weltall millimetergenau dirigieren, waren aber offenkundig außerstande im Flughafen ihrer berühmten Hauptstadt eine Übersicht über freie und besetzte Sitze in Verkehrsflugzeugen zu behalten.

Ein Land der Widersprüche? Ein Staat, der offenkundig keine Methode gefunden hatte, Schlamperei und vor allem deren Ursachen zu bekämpfen.

Indiens Hauptstadt begrüßte uns unter strahlend blauen Himmel und mit Temperaturen, die unseren spätsommerlichen ähnelten. Unsere Gastgeber nahmen uns in Empfang und wir verteilten uns in jene Automobile, die wie manches andere durch ihre Form daran erinnerten, dass hier dereinst sich eine britische Kolonie, die sogenannte Kronlinie, befunden hatte. Nach meiner Beobachtung dominierte dieser eine Typ das Straßenbild nahezu ganz. Die Fahrzeuge unterschieden sich einzig durch ihre Größe und Farbe. (Das wiederum war den Verhältnissen in der DDR verwandt, wo Trabant und Wartburg bei weitem überwogen.) Wie wir später durch Zufall sahen, benutzte auch Ministerpräsidentin Indira Gandhi ein derartiges Gefährt, das nur dadurch auffiel, dass es von heller Farbe war und einen besonders gepflegten Eindruck machte.

Olaf Groehler, Wolfgang Küttler und ich hatten ein wenig eingeklemmt auf der hinteren Bank Platz genommen und als der Wagen an der ersten Kreuzung unweit des Flughafens halten musste, streckte sich uns durch das geöffnete Fenster überraschend die offenbar durch Lepra entstellte Hand eines Bettlers entgegen.

Wolfgangs Kommentar, der erste zu einem Eindruck aus unserer Gruppe, war: »Das habe ich gefürchtet.«

So hat sich die Szene jedoch nicht wiederholt.

Tage später bemerkte ich bei einem abendlichen Spaziergang im Stadtzentrum, dass und wie Horst Krüger einem bettelnden Mädchen rasch und geradezu konspirativ im Vorübergehen eine Münze in die Hand drückte. Wenn das beobachtet würde, erklärte er mir, könnte sie das Geldstück an der nächsten Ecke schon abgenommen bekommen.

Während unserer Autofahrten, an eine Benutzung der überfüllten öffentlichen Verkehrsmittel war nicht zu denken, wurde mir wegen der Länge meine Beine der vordere Platz frei gelassen. Doch nicht nur aus diesem Grunde, denn Olaf Groehler konnte es an Körpergröße mit mir getrost aufnehmen. Die Bevorzugung besaß einen Nachteil. Die Fahrweise auf Neu Delhis Straßen unterschied sich damals von der in Berlin erheblich. Auf den breiten und schnurgerade angelegten Avenuen fuhren drei oder auch vier Wagen, die ganze Breite des Fahrwegs einnehmend nebeneinander und aufeinander zu, als wollten sie ein Kräftemessen veranstalten. Erst wenn sie auf Gegenverkehr stießen, begann das Einordnen, mitunter nicht ohne Schwierigkeiten. Es schien nur eine Frage von Zeit und Zufall, bis es zu einem Frontalzusammenstoß kommen müsse. Zu unserem Glück waren wir an solchem Unheil nie beteiligt.

Schließlich gewöhnte ich mich an solche »Begegnungen«, starrte nicht nur besorgt durch die Frontscheibe, sondern vermochte auch die wechselnden Stadtbilder zu genießen. Meine Platzierung gab obendrein Anlass zur Frotzelei, ein Universitätsprofessor sei eher verzichtbar als ein Spezialist der Wissenschaftsakademie. Was wir erst am Tage unseres Rückflugs wahrnahmen, war der Zustand der Autoreifen, die hier benutzt werden konnten, ohne polizeiliche Beanstandung zu verursachen. Der Wagen, der uns zum Flugplatz brachte, hatte eine Reifenpanne. Der Fahrer ersetzte das Rad mit geübten Griffen durch ein anderes, das im Kofferraum bereitlag. Dessen Bereifung wiederum war derart abgefahren, dass sie gut auch als Schlauch hingehen konnte. Doch kamen wir zu aller Verwunderung voran und zur rechten Zeit an unser Ziel. Genug über den Autoverkehr in Neu Delhi 1981, beobachtet von einem gelegentlichen Fußgänger und passionierten Radfahrer.

Zunächst wurden wir in einem Hotel ein wenig außerhalb des Zentrums untergebracht, das ein Geviert mit einem weiten Innenhof bildete. In ihn blickte man, verließ man die Zimmer, von langen überdachten Gängen aus auf laublose Bäume, auf deren Ästen gravitätisch Geier (*gyps indicus*) saßen.

Olaf Groehler fragte mich ein wenig besorgt, ob wir von ihnen etwas zu fürchten hätten. Wiewohl meine Kenntnisse gering waren, beruhigte ich ihn. Ich hatte nie gehört, dass sie auf Menschen scharf wären.

Es waren Jahre später auch nicht die Geier, sondern die als Folge von deren durch Vergiftung verursachten Massensterben sich vermehrendem wilden Hunde, die Menschen zu Tode brachten und das durch die Verbreitung der Tollwut.

Voller Neugier und Erwartungen machten wir uns auf zu einem Akklimatisierungsspaziergang im Umfeld des Hotels, das Olaf übrigens als Karawanserei bezeichnete. (Bald zogen wir in ein Etablissement im Zentrum um.) In der fremden Welt stieß nahezu jeder Blick auf Staunenswertes, so in der nahen Ruine eines Tempels. Ein bleibender Eindruck dieses ersten Spaziergangs in Indiens Hauptstadt aber bot sich mir an einer Straßenkreuzung, an der offenbar Arbeiten am Belag vorgenommen wurden. Dort schlugen Frauen mit Gegenständen, die Werkzeuge kaum genannt werden konnten, verkrustete, zu hartem Lehm gewordene Erde von der Straße, füllten diese sodann in flache schalenähnliche Körbe, die sie auf ihren Köpfen abtransportierten. Nahe dem Bauplatz befand sich ein Zeltlager, errichtet aus Material, das vernutzt und vielfach zerschlissen zu sein schien, offenbar Wohnstätte der hier Beschäftigten, die nicht den Eindruck machten, als könnten sie sich bei dieser Schwerstarbeit angemessen ernähren.

So nahmen wir wenige Stunden nach unserem Eintreffen die eine Seite der »Dritten Welt« wahr. Dieses Bild ergänzten später weitere und unvergessene: Kinder, die ausgeschickt wurden, irgendetwas Brennbares zu sammeln und die das wenige Gefundene heranschleppten, damit abends auf offener Strasse ein Feuer entzündet werden konnte, das es erlaubte, etwas Essbares zu erhitzen und genießbar zu machen, oder Familien, die nachts inmitten Kalkuttas kampierten und sich auf Straßen an offenen Feuern wärmten. Es war unvermeidlich, dass den ausgeschickten Kindern alles zum Opfer fiel, was sich als Brennmaterial verwenden ließ und ungeschützt erreichbar war.

Die so unterhaltenen Feuerstätten sorgten dafür, dass morgens über Neu Delhi ein mit den Augen nicht wahrnehmbarer Qualm lag, der Atemwege reizte und an den Gestank erinnerte, den in Berlin gelegentlich brennende Mülltonnen verbreiteten, deren Inhalt durch das Einfüllen glimmender Asche entzündet worden war. Mit meinen ersten Eindrücken kontrastierten andere, die wir in den folgenden Tagen bei Fahrten durch die Stadt auf dem Wege zum Universitätscampus gewannen. So beim Blick auf ein Schulgelände mit modernen Bauten, auf dem sich Jungen und Mädchen in einheitlicher Schulkleidung tummelten, deren Schnitt und Farbe auch auf die Tradition der einstigen britischen Kolonialmacht wies.

Ich schlief in den ersten Nächten in Indien schlecht und war an das Sprichwort vom guten Gewissen erinnert, von dem behauptet wurde, es sei das beste Ruhekissen. Man muss nicht britischer Staatsbürger, es genügt das Bewusstsein, ein privilegierter Europäer zu sein, um als Gast in diesem Lande von Fragen bestürmt zu werden, die sich auf das eigene Leben und den Sinn richten, den man ihm zu geben versucht. Freilich mag das nicht allen passieren. Hierher lässt sich auch mit dem eitlen und beruhigendem Überlegenheitsgefühl kommen, die Welt sei eben so eingerichtet und man selbst dank eigenem Vermögen und Verdienst auf deren Schokoladenseite. Es ließ sich in der Millionenstadt durch Anschauung rascher Kenntnis von der hiesigen Hinterlassenschaft einer Jahrhunderte während en Kolonialherrschaft gewinnen als beim Lesen vieler Bücher oder dem Ansehen von Filmen. Und die Frage, die daraus erwuchs, lautete: Welche historisch-moralische Verpflichtung erwächst daraus den Staaten, deren gegenwärtiger Wohlstand zu einem Teil aus dieser doppelten Vergangenheit hervorgegangen war.

Bevor wir uns nach diesem ersten Tag auf unsere Zimmer zurückzogen, wurde eine Aufgabe verteilt. Vor meiner Abreise hatten wir in der Familie unaufgeregt schon die Möglichkeit erörtert, dass ich zum Weihnachtsabend nicht zurück sein könnte. Auch dieses Fest würde sich nachholen lassen. Anders hingegen die Stimmung in unserer Gruppe. Wir hatten für den Rückflug keine okay-Buchung und besaßen die Erfahrung des Hinflugs. Also sollte das Nötige unverzüglich geregelt werden. Die Aufgabe wurde mir mit Ratschlägen für ihre Erfüllung übertragen. Wenn ich danach verspätet in den Konferenzraum käme, hätte ich durch ein Zeichen zu signalisieren, ob sie wie gewünscht gelöst sei.

Derart mit einer kollektiven Beurlaubung versehen, machte ich mich am nächsten Morgen auf zum Büro der Fluggesellschaft und hatte keine Schwierigkeit, zu erhalten was ich verlangte. Dann brachte mich ein Taxi zur Universität, genauer in jenes sich dehnende Gebiet, auf dem sich eine Vielzahl ihrer Einrichtungen, meist flache Bauten, befanden. Hier hatte offenkundig niemand aus Gründen hoher Bodenpreise Häuser himmelwärts errichten müssen. Natürlich wusste der Fahrer nicht, wo die Historiker zu finden waren, in deren Umfeld ich den Tagungsort vermutete. Ich stieg aus und es begann das vergebliche Fragen. Als ich mich schon auf eine längere Besichtigung des Ortes eingestellt hatte, geriet ich dann doch an einen Kundigen und fand schließlich den zu ebener Erde liegenden Saal, in dem sich etwa 40 oder 50 Interessierte versammelt hatten.

In den folgenden drei Tagen, während der Themen aus der Geschichte der beiden Weltkriege und der Zwischenkriegszeit erörtert wurden, ging es unter den Gastgebern teils ungleich temperamentvoller her, als das auf ähnlichen Veranstaltungen in unseren Breiten geschieht. Im Zentrum standen Fragen der Politik der Großmächte in den inzwischen der Vergangenheit angehörenden Zeiten des »klassischen« Kolonialismus. Dabei gab es für die Redezeiten eine streng beachtete Begrenzung. Die Gastgeber erhielten zwanzig Minuten zugebilligt, wir, die Gäste, einen Aufschlag von zehn weiteren. Einen Schwerpunkt der Debatte bildeten die Imperialismustheorien, wozu Wolfgang Küttler über die Lenins und die Theorie de Gesellschaftsformation sprach. Die Erwähnung provoziert drei Jahrzehnte später den Kommentar, dass im gegenwärtigen in Deutschland dominierenden gesellschaftswissenschaftlichen Diskurs der Begriff Imperialismus so gut wie nicht mehr vorkommt. In Glossaren von Schulgeschichtsbüchern, wenn er dort überhaupt noch erklärt wird, heißt es, Imperialismus sei eine Erscheinung des Ausgangs des 19. und des beginnenden 20. Jahrhunderts. Ein Text grenzt ihn auf die Jahre 1890 bis 1914, ein anderer auf die von 1880 bis 1918 ein. Irgendwie scheint sich Imperialismus im Gang der Geschichte überlebt oder verflüchtigt zu haben.

Heute, so das Tag für Tag über die Medien vermittelte Bild, bringen die einstigen imperialistischen Staaten in die Regionen, in denen sie einst als Kolonialmächte herrschten, Demokratie und humane Lebensart, die Briten gemeinsam mit den USA in den Irak und nach Afghanistan, die Franzosen gemeinsam mit weiteren NATO-Mitgliedern nach Nordafrika.

Karl Drechslers Beitrag hatte die deutsche Ostasienpolitik vor und im Zweiten Weltkrieg zum Gegenstand und entwickelte, dass imperialistische Politik des Reiches mit dem Jahre 1918 nicht geendet hatte, sondern zwei Jahrzehnte später ihre kriegerische Fortsetzung fand. Diese Sicht soll heute auch die Formel von »Hitlers Krieg« entkräften, die mit der nahezu vollkommenen Leugnung der Kontinuität deutscher Kriegszielpolitik vom Ersten zum Zweiten Weltkrieg einhergeht. Für mich lag nahe, über die Geschichte des nazistischen Rassismus zu sprechen. Dessen Kernbestand war der Antisemitismus, die Judenfeindschaft. Wird nur von ihr gehandelt, erfährt das von Hitler und seiner Gefolgschaft verfochtene und weithin verwirklichte Rassendogma jedoch eine ungerechtfertigte Verkürzung. Der Kult um die »Arier«, dann wieder die Verklärung der Germanen oder auch »Nordländer« war letztlich darauf berechnet, den deutschen Anspruch – am deutschen Wesen soll die Welt genesen – auf Macht und Herrschaft zu rechtfertigen und diejenigen, die es kriegerisch dahin bringen sollten, mit dem Gefühl ihrer Einzigartigkeit und absoluten Überlegenheit auszustatten. Zugleich aber hatte das Dogma die deutschen Faschisten nicht gehindert, sich asiatische Verbündete zu suchen, was wiederum aber nicht bewirke, dass Asiaten, traten sie ihnen in der Uniform der Roten Armee entgegen, als verroht und vertiert dargestellt wurden.

Dass ein Deutscher 1981 in Indien darüber ohne unmittelbare Beklemmungen reden konnte, war übrigens der Sowjetunion zu verdanken. Ihr Standhalten und die von ihrer Armee 1942/43 erkämpfte Wende des Krieges hatte die deutschen Welteroberer darin gehindert, nach »Barbarossa« in den vorderen und mittleren Orient vorzudringen, wofür erste Planungen schon in Gang gesetzt worden waren. Denn ob Hitler und seine Mitmachthaber, rollten deutsche Panzerarmeen erst durch die arabischen Länder, sich noch an ihr Angebot gehalten haben würden, sich mit Großbritannien die Welt gleichsam zu teilen, steht dahin. Ein Kriegssieg der deutschen Faschisten konnte auch Indien nichts Gutes bringen.

Am dritten und letzten Tag der Konferenz wurde ich gebeten, die Abschlusssitzung zu leiten, jedoch mit dem ausdrücklichen Hinweis, ich solle sie pünktlich schließen. Eine Anzahl indischer Teilnehmer wollte am Abend die Inlandsflüge noch erreichen, die sie an ihre Wohnorte brächten. Die Schwierigkeit des Auftrags lag zutage. Noch sollte ein Inder laut Programm zu Worte kommen, der bis dahin schon bewiesen hatte, dass ihm das Reglement nicht galt. Und, prompt, wie ich ihm das Wort erteilte, bat er darum aufgrund seiner besonderen Freundschaft zu den Deutschen wie ein Mitglied unserer Delegation behandelt zu werden, also länger sprechen zu dürfen.

Ich stimmte in der Gewissheit zu, dass ihm auch das nicht reichen werde. So kam es auch. Das konnte ich mir nicht lange gefallen lassen. Doch was tun, ohne die Höflichkeit des Gastes zu verletzen? Ich unterbrach ihn so: »You wanted to be a member of our delegation. Therefore we now have to speak about the Prussian way of life.«

Ich hatte die Lacher und den Beifall auf meiner Seite und er musste enden. Der Gastgeber erhielt das Schlusswort.

Bis dahin schon war uns in Neu Delhi viel Zeit geblieben, nach dem Ende der Arbeitssitzungen, die drei Tage in Anspruch nahmen, uns in der Stadt umzusehen. Abendveranstaltungen gab es nicht und die Tage waren um diese Jahreszeit hier lang. Von unserem zweiten Quartier aus ließ sich viel Sehenswertes bequem zu Fuß oder nach kurzer Fahrt erreichen. Ohne Horst Krügers Ortskenntnis wäre es uns freilich schwer gefallen, das Wesentlichste auszuwählen.

Natürlich besuchten wir die Festung, sahen altehrwürdige und neu errichtete religiöse Kultstätten, tauchten in das Gewirr und

Menschengewimmel eines bekannten unter der Erde befindlichen Kaufhauses, das in mehreren Ringen angelegt ist und in dem sich Warenbuchten der Händler, überfüllt mit beispiellos vielfarbigen Angeboten, eng aneinander drängen.

Nachdenklich stand ich vor der aus Ziegeln errichteten, ein Gitter bildenden Wand, die in eine Pagode führte. Da fügte sich eine Swastika an die nächste und die Verbindung dieser Zeichen, denen von Land zu Land wechselnde mythische und religiöse Bedeutung beigemessen wird, würde mir nur einen bemerkenswerten ästhetischen Eindruck gemacht haben, wäre da nicht ihr Gebrauch durch die deutschen Faschisten gewesen. Denen flatterte das Hakenkreuz auf ihren Fahnen voran. Was wäre geschehen, ließ sich da fragen, aber nicht beantworten, wenn Panzertruppen Rommels oder anderer Wehrmachtsfeldherren, wie im größenwahnsinnigen Plan der faschistischen Eroberer vorgesehen, nach dem Sieg über die Sowjetunion durch Arabien oder auf dem Wege durch Afghanistan hierher gelangt wären? Wären sie dann als Befreier vom Kolonialjoch begrüßt worden?

Einmal mit den Plänen der Welteroberer befasst, schleppt man sie, so verhasst sie einem sind, gedanklich überall und so weit mit sich, wieweit man eben kommt. Das ist unsere »Berufskrankheit«, eine unentrinnbare, aber eine von der doch ertragbaren, mitunter gar ertragreichen Sorte. Anderen ergeht es ähnlich und doch anders. Während eines Aufenthalts in Piräus unternahm ich einen Spaziergang mit einem Tischler aus der DDR. Der konnte an einer Werkstatt, in der ein griechischer Berufskollege sein Tagewerk verrichtete, nicht vorübergehen, ohne sich über dessen Fertigkeiten zu informieren. Beide gerieten, ohne dass einer ein Wort aus der Sprache des anderen verstand, in eine »Fachsimpelei« über Methoden der Holzverbindung und verabschiedeten sich danach wie alte Bekannte. Freilich stellte der Mann Ansprüche an das Erleben während seiner Auslandsreise, die sich nicht auf Swimmingpool, Liege und Sonnenschirm und gelegentliches Umhergaffen reduzierten.

Unschwer konnte ich auch die Verabredung mit Carla und Hans-Horst Bethge treffen, ein Ehepaar, das ich von dessen Studium an unserer Fachrichtung her kannte. Die beiden, ausgebildete Völkerkundler, hatte es zeitweilig hierher verschlagen, ihn als Residenten der Liga für Völkerfreundschaft. So wurde ich an einem Abend als ihr Gast einen Teil meiner Fragen los, die sich unter dem Eindruck des Gesehenen angehäuft hatten. Dazu erhielt ich bei einem ausgedehnten Abendessen, das auf einen Telefonanruf aus einer nahe gelegenen Küche gebracht worden war, diesen und jenen nützlichen Rat für die verbleibenden Tage. Vor meiner Verabschiedung wurde ich vorsorglich mit einer kleinen Ration von Pharmaka versorgt, mit der sich eventuelle Folgen der ungewohnten Ernährung bekämpfen ließ. Es fand sich später in unserer Gruppe dafür Verwendung. Ich habe sie nicht benötigt und dazu mag beigetragen haben, dass ich mich strikt an vorbedachte Regeln hielt.

In meinem Gepäck befand sich ein Tauchsieder, mit dem ich morgens das Wasser, das ich zum Zähneputzen benutzte, abkochte und am Abend, wenn wir uns zu einer abschließenden Besprechung zusammenfanden, auch für unsere Runde einen Tee kochen konnte. Der ließ sich schmackhaft erst herstellen, nachdem uns Horst Krüger zu einem Laden geführt hatte, der das unverfälschte einheimische Produkt anbot. Das war so aromatisch, dass der Chlorzusatz des Leitungswassers dagegen keine Chance besaß. Dazu gab es einen doppelten Kognak oder Wodka aus dem Vorrat an Mitgebrachtem. Der reichte, weil rationiert diszipliniert genossen, bis zu unserer Abreise und tat wenn nicht seinen wirklichen so doch einen eingebildeten Zweck.

Wichtiger als dieses abendliche Ritual war aber wohl, dass ich strikt Nahrungsmittel und Getränke mied, die verdächtig waren, mir den Aufenthalt hier auch nur im geringsten zu verderben. Das bedeutete leider und gegen meine Gewohnheit und Lust auch den Verzicht auf Speisen und insbesondere Früchte des Landes, die ich sonst gern probiert haben würde. Als uns unsere Gastgeber am Ende der Tagung zu einem Essen einluden, bei dem verschiedenste Speisen lockten, folgte ich dem verlässlichen Rat von Diethelm Weidemann, einem Ostasien-Spezialisten der Humboldt-Universität, der sich zu einem längeren Aufenthalt in Indien befand und gemeinsam mit seiner Kollegin Hiltrud Rüstau zur Tagung hinzugestoßen war.

Nach dem Ende der Tagung blieb uns viel Zeit, uns in Indiens Metropole umzusehen, zumal die offiziellen Verpflichtungen sich auf eine Begegnung in der Botschaft beschränkten, wo wir mit Heinz Birch sprachen, der sie damals leitete. Natürlich besuchten wir das Museum, das an Jawaharlah Nehru erinnerte und die dazu gehörende Bibliothek, die seinen Namen trägt. Dann ging es auf einen Busausflug nach Agra zum weltberühmten Taj Mahal. Das Bauwerk ist so viel abgebildet und so oft und eindrucksvoll beschrieben worden, dass hier nicht Eulen nach Athen getragen werden sollen. Auf dem Parkplatz für Reisebusse begrüßten uns bettelnde Kinder, die sich von jenen in der Hauptstadt merklich unterschieden. Diese hier mischten sich unter die Ausländer als so etwas wie Gelegenheitsbettler. Die wir in Neu Delhi gesehen hatten, versuchten ein Minimum an Lebensvoraussetzungen zu gewinnen.

Auf dem kurzen Fußweg zu unserem Ziel machten wir zunächst Bekanntschaft mit den dort lebenden Affen, die unerschrockenen und mit geübtem Griff sich in den Besitz von leichtfertig-lässig getragenen Umhängetaschen von Besuchern zu setzen wussten, die darauf nicht gefasst und vor allem durch den faszinierenden Anblick abgelenkt waren, der sich dem Herantretenden bot.

Nicht weniger als das Äußere wie das Innere des Baus beeindruckte mich die ihn umgebende Landschaft: die in verschiedenen Abstufungen gelblich-sandfarbene Erde, der träge vorbeiziehende Flusslauf des Yamuna, durch den vom einen zum anderen Ufer ungefährdet Kamele mit ihren Lasten gemächlich dahinschritten. Auf der unterhalb der weitläufigen Anlage vorbeiführenden Straße zog eine Menschengruppe vorbei, die, einen auf einer Bahre getragenen Toten begleitend, einem nahegelegenen Verbrennungsplatz zustrebte. Die am Ende gingen, führten Fahrräder mit. Der Zug bewegte sich ungleich rascher als eine Trauergesellschaft auf einem Friedhof bei uns zu Lande. Sie tat das, wie es mir vorkam, geradezu geschäftig. Wer nicht gut zu Fuß war, konnte sich jedenfalls nicht einreihen.

Die wohl fünf Stunden in Anspruch nehmende Rückfahrt führte wie schon der Hinweg nicht über ausgebaute Schnellstraßen. Wir passierten bei hereinbrechender Nacht ein landwirtschaftlich intensiv genutztes Gebiet. Dort wurden wir immer wieder auch durch Ochsenkarren aufgehalten, die in der Dunkelheit, plötzlich, weil völlig unbeleuchtet, auftauchten, denen der Fahrer, ihrer gewärtig, aber stets auszuweichen wusste.

In den folgenden Tagen trennte sich unsere Gruppe. Die Gastgeber hatten uns angeboten, verschiedene Routen einzuschlagen.

Zwei Angehörige unserer Delegation sollten nach Jaipur und an die dortige Universität reisen, jene indische Stadt, die mitunter auch mit Heidelberg verglichen worden ist, wohl wegen der Idylle und Romantik, die sie ausstrahlt. Drei andere wurden zu einem Flug nach Kalkutta eingeladen. Ich überließ der »akademischen« Vier-Fünftel-Mehrheit die Entscheidung über das Weitere, reflektierte aber auf die Kalkutta-Gruppe und wurde ihr auch zugeordnet. Eben noch hatten mir meine beiden Landsleute während unserer abendlichen Unterhaltung gesagt, Asien begänne nicht in Neu Delhi, sondern in dieser weit östlich gelegenen Millionenstadt.

Auf dem Flughafen Neu Delhi konnten wir die Art bestaunen, in der dort Sicherheitskontrollen bei Inlandflügen vorgenommen wurden. Jeder Passagier trat an einem langen Tisch vor einen uniformierten Kontrolleur, der ihn mit einer Verbeugung bat, den Inhalt seines Bordgepäcks Stück für Stück vor ihm auszubreiten. War das geschehen, gab eine weitere Verbeugung das Signal, alles wieder einzupacken. Keine Frage war gestellt, kein Griff nach einem Gegenstand vorgenommen, kein Stück misstrauisch befühlt worden. Es war, als würde ein Händler (der Fluggast) seine Waren vor einem Interessenten (dem Polizisten) ausbreiten, der nach kurzem Augenschein das Angebot dankend ablehnte. Obwohl ich mit den einschlägig Beschäftigten in Schönefeld nie schlechte Erfahrungen gemacht hatte, konnte ich mir einen Erfahrungsaustausch mit den Hiesigen für die Unsrigen bereichernd vorstellen. Turbane mussten ja nicht gegen die Deckelmützen ausgetauscht werden.

Kalkutta empfing uns mit 28 Grad plus und hoher Luftfeuchtigkeit. Schon beim Verlassen des Flugzeugs vermeinte ich, einen feuchten Umschlag verabreicht zu bekommen. Auf dem Boden neben der Landepiste stand Wasser, das, verdunstend, den Eindruck der Schwüle noch verstärkte. Uns erwarteten Kollegen der dortigen Universität. Einquartiert wurden wir vom Zentrum ein wenig entfernt, im weiträumigen Bau eines ehemaligen Klosters. Das Zimmer, das ich mit Olaf Groehler teilte, lag zu ebener Erde und war von einem überdachten Umgang zu betreten, der sich nach einem ruhigen Hof hin öffnete. Verließ man den Gebäudekomplex, gelangte man rasch auf eine beständig von einem wogenden Menschenstrom belebte Straße, die eine Überraschung nach der anderen bereithielt. »Heilige« Kühe, denen wir schon inmitten Neu Delhis begegnet waren, fraßen was ihnen zusagte von den sich türmenden Abfallhaufen der Gemüse- und Obsthändler. Über eine nahe gelegene Eisenbahnstrecke, an der sich ein Vorortbahnhof befand, führte eine Fußgängerbrücke. Nur ein Teil der vielen Passanten benutzte sie jedoch. Andere stiegen über die Geleise, auf denen Händler ihre wenigen Waren zum Verkauf feilboten. Die sammelten sie rasch ein, wenn sie ihren Platz zu räumen hatten, weil ein Zug sein Nahen durch ein hupendes Signal ankündete.

In den Straßen bewegten sich Rikschafahrer, die es in Neu Delhi nicht mehr gab, hier aber allgegenwärtig zu sein schienen – muskulöse Männer meist jüngeren Alters. Geschickt zogen sie ihre Karren durch den Verkehr, der einen chaotischen Eindruck machte. Wir hatten es auf Anraten der DDR-Botschaft schon in der Hauptstadt vermieden, uns von den dreirädrigen Motorrad ähnlichen offenen Taxis befördern zu lassen. Das taten Einheimische vor allem, wenn sie, bepackt mit Kisten und Kasten, keine Aussicht hatten, in eines der total überfüllten öffentlichen Verkehrsmittel hinein zu gelangen.

Die Warnung betraf die Gefahr, der sich aussetzte, wer sich solchem Vehikel anvertraute. Mehr noch widerstrebte uns, einen von Menschen gezogenen zweirädrigen Karren zu besteigen. Jeder hatte die Bilder vor Augen, die britische Kolonialoffiziere auf solchen Fahrten zeigten. Autotaxen brachten uns am nächsten Tag zur verabredeten Zeit in das Universitätsgelände.

Ein dichtes Arbeitsprogramm war für uns in Kalkutta nicht vorgesehen. Es blieb viel Zeit für Gespräche. Eingeladen in die in einem kleinen Haus befindliche Wohnung eines Kollegen gewannen wir einen Eindruck von der Bescheidenheit und Zweckmäßigkeit seiner Lebensverhältnisse. Wir besuchten eine Ausstellung, die in einem Gebäude im Stadtzentrum vor allem Fotos zur Geschichte der indischen Befreiungsbewegung zeigte, die 1947 zu seiner Selbständigkeit geführt hatte. Mehrfach trafen wir dort – und das zu meiner Verwunderung – auf Bilder, die Subha Chandra Bose herausstellten, einen Führer der anti-englischen Bewegung, dessen Namen ich aus Kindheitstagen kannte. Aus Indien geflohen, gelangte er 1941 nach Deutschland, in dem er einen Verbündeten im Kampf um die Unabhängigkeit seines Landes erblickte. Wiewohl ihm Naziführer mit Vorbehalten begegneten, sahen sie in ihm doch einen brauchbaren Verbündeten. Unter seinem Einfluss wurden indische Kriegsgefangene, die in der britischen Armee gedient hatten, für eine der Waffen-SS angegliederte »indische Legion« angeworben und auf Truppenübungsplätzen im Reich militärisch weitergebildet. Doch kam es nicht zu dem ins Auge gefassten Raid nach Indien. Ihn verhinderte das Debakel der Wehrmacht an der Ostfront. Das Feldzugsprogramm für die Zeit »nach Barbarossa« wurde Makulatur.

Bose, den Hitler und Himmler empfangen hatten, ließ sich 1943 mit einem deutschen Unterseeboot bis vor die Südküste Afrikas bringen, wo ihn ein japanisches Boot übernahm. So gelangte er über Singapur bis nach Burma, wohin die Japaner vorgedrungen waren und von wo sie hofften, nach Indien zu gelangen. Auch dieser Plan misslang. Bose galt mir als ein Kollaborateur, und das war er wohl auch. Ich war nicht darauf gefasst, dass er mir hier geehrt und gleichberechtigt mit und neben anderen Persönlichkeiten der Bewegung für ein eigenes freies Indien begegnen würde.

Ein völlig anderes Bild vom Verhältnis der Inder zu ihrer Vergangenheit bot sich mir beim Besuch jenes weiträumigen Geländes, des *Victoria Garden*, das von einem gewaltigen, 1921 eingeweihten Baukomplex beherrscht wird, dem Victoria Memorial. Es ist nicht unzutreffend als eine Melange von Taj Mahal und Washingtoner Capitol bezeichnet worden. Auf dem Wege dahin passierten wir die auf mächtigem Sockel überlebensgroß thronende Queen Viktoria, die »Kaiserin von Indien«. Das Denkmal erinnerte mich an jenes der Maria Theresia in Wien, schien mir dieses aber in seinen Ausmaßen noch zu übertreffen. Dass der Klotz da gepflegt steht, sagt dem viel über die Gelassenheit des Umgangs der Inder mit ihrer Geschichte, der an die Gräuel denkt, die in der Regierungszeit dieser Dame hier in Indien an den Unterdrückten und Versklavten verübt worden waren.

Zu einem Abenteuer besondere Art wurde für mich der Nachmittag und Abend, den Horst Krüger, Olaf Groehler und ich ganz zur freien Verfügung hatten. Zuerst steuerten wir New Market an, eine imponierend große Markthalle, die Horst von früheren Besuchen her kannte. Sie zu besichtigen lag mehr in unserer Absicht als Einkäufe zu tätigen. Olaf wollte jedoch das metallene Abbild einer indischen Göttin kaufen, das nach Hause zu bringen er wohl versprochen hatte. So besaßen wir Grund, einen der vor der Halle wartenden Inder anzuheuern, der sein Geld dadurch verdiente, dass er ortsunkundige Käufer, nachdem sie ihm ihr Begehr mitgeteilt hatten, zu einschlägigen Verkaufsständen schleuste, natürlich zu denen, in deren Auftrag er zudem agierte. Wir bildeten so eine kleine Kolonne, als wir New Market betraten und alsbald in immer engere Gänge gerieten, in denen feilgebotene Kleidungsstücke die Blicke ebenso anzogen wie die Sicht versperrten. Die wechselnden bunten Bilder fesselten mich jedoch nicht so stark, als dass ich nicht wahrgenommen hätte, dass mir, dem letzten im Trupp, Personen auf dem Fuße folgte, die nicht den Eindruck erweckten, hier eigenen Einkäufen nachzugehen. Das beunruhigte mich ein wenig. Später wurde mir deutlich, welches Interesse sie uns begleiten ließ.

In einer der Verkaufskojen angekommen, deren Inhaber jene Waren feilbot, unter denen Olaf Groehler das Gesuchte zu finden hoffte, begann ein Begrüßen und das Ausbreiten und Empfehlen. Alsbald standen auch mit Tee gefüllte Tassen vor uns. Gewünscht wurde ein Abbild der Göttin Kali, die als Urgöttin Indiens, als Todes- und Schutzgöttin und Dämonenbezwingerin gilt. Es war eine solche Nachbildung zur Hand, jedoch ergab Olafs eingehende Prüfung, sie entspräche nicht seinen Ansprüchen und Vorstellungen, sei es in der Gestaltung oder im geforderten Preis. Wir verabschiedeten uns.

Ich liebe schon das Einkaufen nicht, geschweige denn solche Einkaufsverhandlungen, und diese hatte sich nach meinem Urteil obendrein unmäßig hingezogen. Doch wurde das Vorhaben nicht aufgegeben. Rasch fand sich in dem Gewirr eine andere Geschäftsbucht mit ähnlich verheißungsvollem Angebot. Diesmal wurden Coladosen offeriert, für die wir dankten und sie wie vereinbart unberührt ließen.

Das Besichtigen zog sich wieder hin. Dann jedoch gelangte eine Figur auf den Tisch, die mir bekannt vorkam. Ich identifizierte sie mit hoher Sicherheit als jene, die am eben verlassenen Ort schon in engere Wahl gezogen worden war. Jetzt war sie aber, wie unschwer zu erraten, schon bei der ersten Nennung des Preises um einiges billiger als eine halbe Stunde zuvor. Der Kauf kam zustande. Nun dämmerte mir auch, welche Funktion die Männer aus der Eskorte hatten, die uns gefolgt war und uns auch weiter begleiten sollte. Dafür gab es bald eine Bestätigung. Ich hatte im Vorübergehen mir eine Reisetasche nicht mehr als angesehen. Das allein genügte, dass, kaum hatten wir New Market verlassen und unser Führer war belohnt und bedankt, ein neben mir einher gehender Mann mir sagte, er wisse, wo eine Tasche zu kaufen sei, wie ich sie suchen würde. Auch er verdiente sich offenkundig mit dem Herbeischleppen von Kundschaft ein wenig Geld.

Ich war froh, dass wir den »Einkaufsbummel« hinter uns gebracht hatten und innerlich schon ganz auf den zweiten Teil unseres Programms eingerichtet. Horst Krüger kannte sich auch hier aus und wusste, wo sich ein Speiserestaurant befand, das nicht auf Touristen, sondern ganz auf einheimische Gäste eingestellt war. Hier wollten wir unseren letzten Abend in Kalkutta verbringen und taten das genussvoll. Als gezahlt war und wir um die Bestellung einer Taxe baten, erklärte uns der Wirt, zu so später Stunde würde uns niemand mehr zu dieser Adresse bringen. Es seien die Wege doch zu unsicher. Zu unserer Erleichterung stellte sich aber nach kurzen Wortwechsel heraus, dass es sich, was unser klösterliches Ziel betraf, um ein komplettes Missverständnis handelte.

Noch einmal kletterte ich unter das Moskitonetz, das ein freundlicher Mann uns schon vor der ersten Nacht hergerichtet und in dessen Benutzung er uns eingewiesen hatte. Das erwies sich als sehr hilfreich, wie ich am Morgen bemerkte, denn ich hatte schlafend ein Bein aus der nützlichen Umhüllung herausgesteckt.

Die Nacht war kurz und noch nicht vollständig vorüber, als wir zum Flughafen fuhren. Dann brachte uns ein Jumbo zurück in die Hauptstadt. Lange hatten wir während des Fluges freien Blick bis zu schneebedeckten Bergketten. Ich musste entscheiden, ob ich die fernen Bilder oder die nahen mehr bewundern wollte. Letztere boten die in verschieden farbige Saris gekleideten Stewardessen, die in Front eines jeden Segments standen oder saßen und ihre Passagiere unaufdringlich beobachteten, als wollten sie sich von deren Wohlbefinden überzeugen. Sie repräsentierten einen ethnischen Querschnitt des Riesenlandes und taten das ohne einen Anflug von Selbstdarstellung, geschweige denn von Eitelkeit.

Dann waren unsere indischen Tage zu Ende. Zu Hause stand Weihnachten bevor und uns, wie wir glaubten, ein Nachtflug.

Doch Stunden vor dem Aufbruch erreichte uns die Mitteilung, dass die sowjetische Maschine, die zu ihrem Asienflug wegen eines Schneesturms in Moskau verspätet abgeflogen war, sich noch fernab befand und nicht vor dem Morgen würde starten können. Für eine unruhige weitere Nacht im Hotel entschädigte anderntags der bei klarem Himmel absolvierte Flug über die Gebirgsmassive nordwärts.

Nur Karl Drechsler vermochte die Aussichten nicht recht zu genießen und das als Folge eines Leichtsinns, zu dem er, einer der beiden Jaipur-Reisenden, sich dort während der Einquartierung in einem einstigen Maharadscha-Palast, der bis in die vierziger Jahre noch »arbeitete«, nun aber ein Gästehaus geworden war, hatte hinreißen lassen. Leidenschaftlicher Biertrinker, der er ist, wollte er dort – wiewohl wir, wie erwähnt, alle Büchsengetränke zu meiden gleichsam gelobt hatten – den Genuss des Aufenthaltes sich noch erhöhen. Nun kämpfte er gegen die Folgen an. Jetzt kam mein Tablettenvorrat zum Einsatz. Den Rest erledigte eine Flasche Wodka, die ich auf dem Flughafen von Taschkent bestellte, als wir während der unangekündigten Zwischenlandung, die dem Betanken diente, uns in dessen Restaurant begeben mussten. Das notwendige Tempo der Bedienung hatte ich dadurch bewirkt, dass ich dem Kellner in dem leer vorgefundenen Saal erklärte, ich benötigte eine Flasche für mich und eine für ihn.

Die Meldung von der durch einen Schneesturm verursachten Verspätung erwies sich als keine faule Ausrede. Moskau empfing uns eisig und mit der, wie wir aber erst in Berlin verspätet erfuhren, Falschmeldung, durch den als Folge des Unwetters entstandenen Stau sei die gebuchte Maschine nach Schönefeld voll besetzt, unser Weiterflug nicht wie vorgesehen, sondern erst am kommenden Morgen möglich. Im Flughafengebäude lagerten dicht an dicht wartende und übermüdete Personen.

Uns wurde erklärt, wir könnten uns zum nahe gelegenen Hotel begeben. Dahin stolperten und rutschten wir über Schnee- und Eisblöcke mehr als wir liefen. Ich war gegen die empfindliche Kälte und den in dieser Härte doch nicht erwarteten Temperatursturz – total machte er 40 Grad Celsius aus – wenigstens teilweise geschützt. Für diesen Fall hatte ich die Kopf und Hals vollständig einhüllende wollene Arbeitsschutzbekleidung griffbereit, die meinem Schwiegervater beim Bau von elektrischen Freileitungen im Erzgebirge wintersüber gute Dienste tat. Dennoch, in einem viel zu dünnen Mantel fror ich, wie alle zudem unausgeschlafen, auf dem kurzen Weg jämmerlich.

Angekommen, wurden wir in die eben noch vorhandenen Zimmer gewiesen. Horst Krüger sollte einen Raum beziehen, in dem er einen ihm unheimlichen Gast schon einquartiert fand, und so gingen wir zuerst daran, ihm eine provisorische Schlafstatt im Zimmer von Karl Drechsler und Wolfgang Küttler herzurichten. Olaf und ich bezogen einen infolge eines unbehobenen Defekts unbeheizbaren Raum, in dem ich dennoch tief schlief. Am nächsten Morgen ging es nach Berlin. Die Stadt war, was selten genug geschieht, so tief verschneit, dass ich die Langlaufskier anschnallen und beginnen konnte, den Bewegungsmangel der letzten Tage durch einen Ausflug in den Müggelheimer Forst auszugleichen. Dann befiel mich als Folge der Moskauer Nacht eine Ausgabe von Schnupfen, die eigentlich eine härtere Bezeichnung verdient. Mit sehr nasaler Stimme ging es ans Erzählen und Berichten.

PS: Was ist aus der Gruppe der Teilnehmer der Indienreise geworden? Von Horst Krügers frühem Tode war schon die Rede. Früh verstarb auch Olaf Groehler. Anfänglich schien es so, als könne er als einer von wenigen nach der Abwicklung der Akademie-Institute seinen Arbeitsplatz in einem der neu gegründeten Institute in Potsdam behaupten. Dann quälte ihn eine schwere Krankheit, die sich als unheilbar erwies. Wolfgang Küttler, wie Groehler Jahrzehnte am Akademie-Institut für deutsche Geschichte tätig gewesen und dessen letzter Institutsdirektor, ist heute im Rentenalter und eine aktive Kraft in der Leibniz-Sozietät, einer Gesellschaft von Natur- und Gesellschaftswissenschaftlern. Zuletzt gehörte er zum Potsdamer Institut für Zeithistorische Studien.

Karl Drechsler, dessen Arbeitsplatz mit der Wende wie die Tausender Wissenschaftler liquidiert wurde, hat – ebenfalls im Rentnerstatus – seine Forschungen und Publikationen zu Fragen der Geschichte der USA fortgesetzt. Lange war er die Seele eines der vielen kleinen Vereine, die in Ostdeutschland eine Subkultur geschaffen haben und sich in Vortrags- und Diskussionsveranstaltungen mit der Geschichte vergangener und gegenwärtiger Gesellschaften und Staaten befassen.

10. The missing link.
Stuttgart 1984

Das Besondere an dieser Reise in die Landeshaupthauptstadt von Baden-Württemberg war, dass ich zum ersten Mal einer Einladung folgte, die mich von einer wissenschaftlichen Einrichtung der Bundesrepublik erreicht hatte. Ursprünglich war sie an meinen Freund und Jenaer Kommilitonen Wolfgang Schumann adressiert. Der leitete, wovon schon die Rede war, eine Forschungsgruppe im Akademie-Institut für deutsche Geschichte, die mit Arbeiten befasst war, deren Resultat eine nicht wie geplant vier sondern sechs Bände umfassende Publikation »Deutschland im Zweiten Weltkrieg« wurde. Der abschließende Band erschien 1985.

Wolfgang vertrat die DDR-Historiker auch in der im Zusammenhang mit dem Bukarester Historiker-Kongress schon erwähnten internationalen Kommission, die den Kontakt zwischen jenen Wissenschaftler pflegte, deren spezielles Forschungsfeld die Geschichte dieses Krieges war. Die Tagungsofferte, die ihm zugegangen war, betraf ein hochspezielles Thema aus der Geschichte der deutsch-faschistischen Judenverfolgung. Weil mit der Materie vertrauter als er, nahm ich Wolfgangs Vorschlag an, an seiner Stelle zu reisen.

In Stuttgart sollten die Forschungsergebnisse zu einer Frage vorgetragen, verglichen und diskutiert werden: dem Schritt, der von der Politik der Vertreibung der Juden aus dem deutschen Herrschaftsbereich hin zu ihrer Vernichtung geführt hatte, zur Ermordung aller Juden, die sich im Reich und in den eroberten Ländern und Regionen Europas im Zugriff der faschistischen Antisemiten befanden. Kurzgefasst ging es um die »Entschlussbildung« an der Spitze der Diktatur und um ihre Antriebe. Das versprach eine kontroverse Debatte. Umstritten war allein schon der Zeitpunkt des Übergangs auf diese definitive Stufe des Verbrechens und abweichende Standpunkte existierten auch über die beteiligten Personen. Wer sich mit den Fragen je befasst hatte, war schon auf die Schwierigkeiten gestoßen, die dem Gewinn einer schlüssigen und überzeugenden Antwort entgegenstanden. Je mehr Dokumente zum Thema gefunden, studiert und interpretiert worden waren, umso deutlicher trat hervor, dass sich die Historiker in einer Lage befanden, ähnlich jener der Evolutionsbiologen, die sich auf die viel zitierte Suche nach dem *missing link* begeben hatten.

Wer die internationale Diskussion kannte, konnte sicher sein, dass die Stadt am Neckar für einen Moment zum Mekka der Forscher werden würde, die dem grob in das Jahr 1941 zu datierenden Geschehen nachspürten. Erwartungsgeladen machte ich mich auf die kurze Bahnreise, die mich wieder durch den Thüringer Wald führte, nahe vorbei an dem Orte, an dem 1945 mein Weg zum Abitur, zur Universität und von da in die Geschichtswissenschaft begann. Auf dieser Strecke war ich das erste Mal 1964 über die bayerische Grenze gelangt, misstrauisch befragt von bundesrepublikanischen Grenzwächtern. Damals passierten den Übergang nahezu ausschließlich Rentner aus dem Osten und die, drei Jahre nach der Errichtung des strikten und lückenlosen Grenzregimes, auch nicht in Massen.

Meine Reise unterschied sich von der zwei Jahrzehnte zurückliegenden erheblich. Damals war ich im Auftrag der Westabteilung unterwegs, die im Zentralkomitee der Sozialistischen Einheitspartei Deutschlands etabliert war und sich anstrengte, in der Bundesrepublik Kontakte zu mehr oder weniger einflussreichen Politikern zu gewinnen, von denen angenommen wurde, sie würden dem Gedanken der Kooperation der beiden deutschen Staaten und ihrem friedlichen Nebeneinanderleben Sympathien entgegenbringen. Derlei Unternehmung war den Regierungskreisen in Bonn unerwünscht. Ich hatte die aufmerksame Begleitung meines Aufenthalts erwartet und mich über sie nicht zu beklagen. Aus diesen Tagen kannte ich Stuttgart ein wenig. Nun stand mir ein Wiedersehen unter verändertem Vorzeichen bevor. Zudem war ich in der Stadt einer Verwandten angemeldet, bei der ich, meine finanziellen Mittel streckend, Quartier nehmen konnte.

Vorbereitet hatten die Tagung zwei Historiker, die in der Stadt wirkten. Jürgen Rohwer, Direktor der in der baden-württembergischen Landesbibliothek untergebrachten zeitgeschichtlichen

Bibliothek, die weltweit auf die Sammlung von Büchern und anderer Drucksachen zur Geschichte der beiden Weltkriege spezialisiert war.

Rohwer selbst war kein Fachmann der später meist sogenannnten Holocaust-Forschung. Er, in jungen Jahren Marinesoldat, aber dem Krieg glücklich entkommen, widmete sein Forschungsinteresse vorzugsweise Fragen, die eine Beziehung zu seiner frühen Biografie besaßen, insbesondere der technischen Entwicklung und der Rolle des Funkverkehrs während Kriegshandlungen auf See. Doch hatte er auch eine bemerkenswerte Studie über die Versenkung zweier Flüchtlingsschiffe im Schwarzen Meer veröffentlicht, die er später zu einer Arbeit über den Verkehr von Flüchtlingsschiffen im Zeitraum von 1934 bis 1944 erweiterte.

Eberhard Jäckel, Professor an der Stuttgarter Universität, dessen spezielles Forschungsgebiet die Geschichte der Naziideologie, der NSDAP und die Biographie Hitlers bildete, hatte sich zudem Fragen von Antisemitismus und Judenverfolgung zugewandt. Dazu gehörte auch der Kölner Ordinarius Andreas Hillgruber, den ich von einem frühen Besuch westdeutscher Historiker in der DDR flüchtig kannte. Damals, 1975, war eine bunt zusammengesetzte Gruppe von Fachkollegen, zu ihr gehörte auch Wolfgang Abendroth, »aus dem Westen« zu einer Konferenz nach Weimar gekommen, die ebenfalls, aber in einem breiteren Spektrum, Fragen der Geschichte des Zweiten Weltkriegs diskutiert hatte. Das war angesichts der scharfen Kontroversen, die in Artikeln und vor allem in Rezensionen von Büchern zwischen Forschern in Ost und West ausgefochten wurden, ein ungewisses, nahezu abenteuerliches Unternehmen gewesen. Doch führte es nicht zu zusätzlichen Spannungen oder Zerwürfnissen, sondern wurde Auftakt für weitere, zunehmend versachlichte Kontakte. Kurzum: die Stuttgarter Veranstalter bildeten ein hochkarätiges Konsortium. Dieses Prädikat verdiente auch die Gesellschaft ihrer Gäste.

Die Konferenz tagte im Sitzungssaal des Rathauses hoch über der Altstadt, von der das Luftbombardement wenig übrig gelassen hatte. Was an die Stelle von deren einstigen Bauten gesetzt war, sah sich so wenig zusammengehörend oder auch nur aufeinander bezogen, so uninteressant an, wie die Gebäude in wiedererrichteten Zentren anderer kriegszerstörter deutscher Großstädte. Ihnen schien es nach Kiegsende samt und sonders an Stadtarchitekten gefehlt zu haben. Indessen sollte hier ohnehin keine Besichtigungstour absolviert werden. Die folgenden drei Maitage waren gefüllt mit dem Zusammentragen und der Durchmusterung vieljähriger Forschungsergebnisse, der Inspektion von Soll und Haben, der Benennung gelöster und ungelöster Fragen, mit einer Diskussion frei von überflüssiger und selbstdarstellerischer Polemik, einer Arbeitskonferenz also, in der Langeweile nicht einen Moment aufkam. Das ist das Beste, was sich von einer Zusammenkunft dieses Typs sagen lässt.

Die Beschäftigung mit der Menschheitsgeschichte, bei der mit älteren Perioden häufiger als mit jüngeren, bringt Historiker häufig in Lagen, da sie ein einzelnes Ereignis oder eine Aufeinanderfolge von Geschehnissen gut kennen und sicher sind, dass ihnen eine Entscheidung vorausgegangen sein muss. Aber sie wissen nicht, wer – ein Einzelner oder eine Gruppe – sie wann und warum getroffen hat. Kein Dokument gibt ihnen darüber verlässlich Auskunft. Nun lässt sich fragen: Muss das ergründet werden? Genügt es nicht, sich mit der Rolle des Chronisten zu begnügen und zu klären, was geschehen und »wie es wirklich gewesen ist«?

Das allein gibt für das Verständnis von Geschichte und Gegenwart wenig her. Die Neugier der Fachleute richtet sich daher nicht nur auf Personen, Handlungen und Daten, sondern mehr noch darauf, welche Überlegungen und Antriebe den- oder diejenigen bestimmten, die auf den Gang der Geschichte dominierenden Einfluss besaßen.

Die Historiker, die in Stuttgart zusammenkamen, also suchten nach dem Entschluss, der dem Übergang zum »Holocaust« vorausgegangen sein musste und den mit ihm verbundenen Vorstellungen über Zwecke und Ziele. Bekannt war, wann und wo das Massenmorden begonnen hatte und wie es vom besetzten Territorium der Sowjetunion und Polens ausgeweitet worden war.

Aber im Dunkeln lag dessen Vorgeschichte, die hinter die Türen eines Arbeitszimmers und an Schreib- ode Beratungstische führte, an denen entschieden wurde, die Juden nicht länger »nur« aus ihren Wohnorten zu vertreiben, sie zu ghettoisieren, zur Zwangsarbeit zu kommandieren, sich nicht nur nicht um ihr Überleben oder Sterben zu kümmern, sondern sie auszurotten. Dieses Unwissen schuf Beunruhigung und war Herausforderung zugleich.

Nun existierte seit dem Wilhelmstraßen-Prozess, in dem ein US-amerikanischer Gerichtshof in Nürnberg 1948 höchste Staatsbeamte des Nazireiches wegen Kriegs- und Menschheitsverbrechen anklagte, die sie begangen hatten oder an denen sie beteiligt gewesen waren, Kenntnis von jener nach dem Ort ihres Stattfindens so genannten Wannsee-Konferenz. Aufgefunden worden war in der papiernen Hinterlassenschaft der Judenmörder eine Niederschrift, die der SS-Obersturmbannführer und Leiter des Judenreferats im Reichssicherheitshauptamt Adolf Eichmann über deren Verlauf und Ergebnisse angefertigt hatte.

Demnach sprach Reinhard Heydrich, Chef dieses Amtes, der Zentralbehörde der Judenverfolgung, vor Staatssekretären und weiteren hohen Funktionären des Regimes unverklausuliert über die Vernichtung aller Juden, die sich in deutscher Hand befanden oder von denen angenommen wurde, dass sie nach dem siegreichen Kriegsende in sie noch fallen würden.

Die Tatsache, dass ein zweites Dokument von ähnlichem Gewicht nicht bekannt geworden war, hatte bewirkt, dass wieder und wieder gschrieben und gesagt wurde, am Wannsee sei am 20. Januar 1942 die Ermordung der europäischen Juden beschlossen worden. Die Legende scheint, ungeachtet der zahlreichen Literatur, deren Autoren ihr seit Jahrzehnten begründet widersprechen, unausrottbar. Ihre Zählebigkeit bestätigt, dass die meisten Menschen auf ihre Fragen einfache Antworten bevorzugen, die den Vorteil haben, sich leicht einzuprägen und gut merken zu lassen. Zugleich macht sie – nicht allein – deutlich, dass viele Journalisten von Presse, Funk und Fernsehen wenig zu seriöser Literatur greifen und stattdessen mit Vorliebe voneinander abschreiben.

In Wahrheit war das Morden planmäßig bereits mit dem Überfall auf die Sowjetunion in Gang gebracht worden, also mehr denn ein halbes Jahr vor besagter Konferenz am Stadtrande Berlins. Das Verbrechen besaß einen unspektakuläen Auftakt. Am 24. Juni 1941 machte ein Polizeitrupp aus der deutschen Stadt Memel (heute Klaipeda) in Garsden (Gargzdai), einem Grenzort auf litauischem Boden, eine Gruppe von Juden durch Gewehrkugeln nieder.

Der Hergang ist Jahre später, 1958, im Ulmer Einsatzgruppen-Prozess bis in die Details aufgeklärt worden. Die Polizeieinheit hatte als Vorauskommando einer der so genannten Einsatzgruppen der SS und des Sicherheitsdienstes agiert, die auf den Fersen der Wehrmacht in die eroberten Gebiete der Sowjetunion vordrangen und dort alle Juden hinmordeten, derer sie habhaft werden konnten. Dann wurde das Massaker westwärts ausgeweitet und in Polen Auschwitz-Birkenau, Belzec, Sobibor und Treblinka zu Massenmordstätten bestimmt.

Dass der Befehl, dieses Verbrechen ohne Beispiel in Gang zu setzen, allein in der Führungsspitze der SS und dort von Heinrich Himmler gegeben wurde, ließ sich nach allem gesicherten Wissen über die Geschichte der Judenverfolgungen seit 1933 ausschließen. Hitler hatte sich schon auf den frühen Stufen der judenfeindlichen Politik stets die letzte Entscheidung vorbehalten und sich jede ungerufene Einmischung, ja auch nur jeden Ratschlag strikt verbeten. Seine Beteiligung an der »Entscheidungsfindung« konnte folglich nicht nur als wahrscheinlich, sondern als zwingend und unbezweifelbar gelten. Aber: Nichts wies auf das Wann, das Wie und das Wo hin.

Die daran weiter zu knüpfenden Fragen lauteten: Wer war daran noch beteiligt? Wurde die Entscheidung über das Verbrechen sogleich generell gefällt oder erfolgte sie in mehreren aufeinanderfolgen Schritten? Das meinte: Wurde zuerst »nur« über die Tötung der Juden in einzelnen Territorien entschieden oder sogleich mit dem Blick auf das ganze Europa? Wurde zuerst »nur« die Tötung der jüdischen Männer verabredet und befohlen oder sogleich die von Mann, Frau und Kind? Ließ sich annehmen, dass davon bisher unentdeckte Dokumente existierten oder mussten sich die Historiker damit abfinden, dass sich die »Entscheidungsfindung« nur anhand von Indizien rekonstruieren ließ, die gesuchte Antwort also über den Grad hoher Wahrscheinlichkeit nicht hinausführen werde?

Zu diesen Fragen trugen die Forscher in Stuttgart ihre Auffassungen vor und diskutierten sie. Das geschah in einer Versammlung von Experten, in der kaum jemand fehlte, der sich auf diesem Forschungsfeld einen Namen gemacht hatte.

Gekommen war Raul Hilberg, Professor an der Universität in Burlington/Vermont in den USA, der als 13-Jähriger Österreich verlassen hatte und so dem »Holocaust« entkam. Er war Autor der grundlegenden Gesamtdarstellung *Die Vernichung der europäischen Juden*.

In Deutschland war das Buch übersetzt erst 1982 in einem kleinen Westberliner Verlag in einer bibliografisch herausgehobenen, daher nach damaligen Maßstäben teuren Ausgabe erschienen. Ich wollte es rezensieren und machte mich nach einem Arbeitstag in der Westberliner Staatsbibliothek zum Verleger auf. Er überließ es mir zum halben Preis.

Zu den Referenten der Tagung gehörte sodann Yehuda Bauer, der in Prag Geborene, der später das International Centre for Holocaust Studies in Yad Vashem leitete. Zuletzt begegneten wir einander, als er Berlin besuchte und im Bundesministerium für Auswärtiges mit einem Orden bedacht wurde. In Prag geboren war ebenso Saul Friedländer, der an der Universität in Tel Aviv lehrte. Seine Eltern gehörten zu den Opfern des »Holocaust«, während er in Frankreich versteckt überlebt hatte. Karl A. Schleunes, Professor an der University of North Carolina at Greensboro, hatte 1970 die Monographie *The Twisted Road to Auschwitz: Nazi Policy toward German Jews 1933-39* publiziert.

Gitta Sereny, die, wie Hillberg in Wien geboren, sich über Frankreich und Spanien in die USA gerettet hatte, lebte inzwischen in London. Ihre Arbeit war durch ein Aufsehen erregendes Buch über ihre Gespräche bekannt geworden, die sie mit dem früheren Kommandanten der Vernichtungslager Sobibor und Treblinka Fritz Stangl während seiner Haft in Düsseldorf führen konnte, wo er, spät an seinem Fluchtort Brasilien aufgespürt, eine lebenslängliche Strafe verbüßte und 1971 starb. Es erschien zuerst unter dem Titel *In that darkness*. Später publizierte Sereny eine vielfach kritisch beurteilte Speer-Biografie.

Sodann trugen bundesrepublikanische Historiker vor. Eberhard Jäckel umriss einleitend das zu erörternde historische Problem. Zu den westdeutschen Referenten gehörten Helmut Krausnick, Wolfgang Scheffler und Andreas Hillgruber, die in der Sache nicht weniger ausgewiesen waren als die Teilnehmer aus den USA, Großbritannien und Israel, jedoch völlig andere Biographien aufwiesen. Die älteren hatten der Wehrmacht angehört, die jüngeren in Nazizeiten Schulen besucht und waren Hitlerjungen gewesen. Jedoch, vier Jahrzehnte nach Kriegsende, haben weder in Stuttgart noch während eines Zusammentreffens an anderem Orte die unterschiedlichen Lebensläufe der Forscher eine Rolle gespielt. Sie sind nicht einmal angeklungen. Die Personen und ihre Lebenswege traten stets hinter die Sache. Das war vor allem ein Verdienst derer, die selbst oder deren Eltern in das tödliche Räderwerk des Judenmordens geraten waren, ihm jedoch mehr oder weniger knapp entkamen.

Die Reputation derer, die sich an den Diskussionen beteiligten, war nicht weniger eindrucksvoll. Das galt für Adalbert Rückerl, Leiter der Zentralstelle für die Verfolgung von NS-Verbrechen in Ludwigsburg, Martin Broszat, Direktor des Instituts für Zeitgeschichte in München, die Universitätsprofessoren Hans Mommsen (Bochum), Eberhard Kolb (Köln), Uwe Dietrich Adam (Tübingen), Manfred Messerschmidt und Jürgen Förster vom Militärgeschichtlichen Forschungsamt in Freiburg, Heinz Boberach vom Bundesarchiv in Koblenz, Hans-Heinrich Wilhelm und Gerhard Schönberner (Berlin-West) ebenso wie für Otto Dov Kulka aus Jerusalem, Seev Goshen aus Haifa, Walter Laqueur und Yehuda Wallach aus Tel Aviv, Christopher A. Browning aus Tacoma/USA und den polnischen Historiker Czeslaw Madajczyk.

Zu den Zeitzeugen, die das Wort ergriffen, gehörte der frühere israelische Polizeioffizier Avner W. Less, der in Berlin geboren war und inzwischen in Gockhausen nahe Zürich lebte. Er hatte den in Argentinien gekidnappten Adolf Eichmann vor dem Gerichtsverfahren sieben Monate lang verhört.

Der inzwischen nahezu 70-Jährige besaß auch keine entfernte Ähnlichkeit mit jenen Kriminalisten, die allabendlich über Fernsehbildschirme flimmern. Er war nach seinem Äußeren von jenem Typ, den heranwachsende Kinder sich zum Großvater wünschen mögen. 2007, zwanzig Jahre nach seinem Tode, ist die Geschichte des vis-à-vis von Less und Eichmann in Jerusalem in einem Spielfilm dargestellt worden.

Im Verlauf der dreitägigen Debatten traten bei aller unverwechselbaren individuellen Färbung der Beiträge klar die Standpunkte zweier Forschergruppen hervor. Die besaßen bereits vordem ihre Namen, die einen hießen »Intentionalisten«, ihr Widerpart »Funktionalisten«. Zwischen ihnen entwickelte sich ein phasenweise temperamentvoll vorgetragener, sich mitunter zuspitzender Streit. Er betraf die Frage, ob von der judenmörderischen Ideologie zu ihrer Verwirklichung eine mehr oder weniger gerade Linie führte oder ob der Entschluss zum »Holocaust« nicht eine ungleich verwickeltere Vorgeschichte besaß, über Stufen führte und also eher mit dem Bild einer Treppe denn einer Geraden zu beschreiben sei. Die Zentralfigur der ersten Ansicht bildete Hitler. Dessen rassenideologischer Judenhass, so die »Intentionalisten«, habe die Entwicklung von den frühen zwanziger Jahren an planvoll zu jenem Verbrechen hingetrieben, das als Zivilisationsbruch bezeichnet wird.

Das Erklärungsgefüge der »Funktionalisten« war hingegen komplizierter. Sie hoben auf die vielen beteiligten Faktoren ab, so auf Mechanismen und Personen im bürokratischen Apparat der Nazidiktatur, welche die Judenverfolgung seit 1933 von Stufe zu Stufe vorantrieben. Dem Verständnis und der Verbreitung dieses Bildes war nicht förderlich, dass es mit einer akademisch gestelzten Begrifflichkeit – »kumulative Radikalisierung« (Hans Mommsen) – daher kam. Doch erfasste es nach meinem Urteil das Geschehen adäquat, wenngleich manche überzogene Interpretation die Rolle Hitlers wiederum ungerechtfertigt vernachlässigte. Dass das Judenmorden auch durch einen Prozess der »Barbarisierung von Barbaren«, ihrer Gedankenwelt wie ihrer Handlungsbereitschaft, gekennzeichnet war und ihn zur Voraussetzung hatte, stand für mich außer Frage.

Jüngere Forscher mag der Streit heute, da die Wahrheit nicht vollends, doch wie häufig in der Mitte gesehen wird, merkwürdig anmuten. Doch trug er sehr zur Fixierung der zu lösenden Probleme bei und das hilft stets, die Anstrengungen auf das Wesentliche eines Forschungsgegenstands zu konzentrieren.

Und hiermit genug vom Verlauf der Konferenz, der sich ein Jahr darauf in der Publikation *Der Mord an den Juden im Zweiten Weltkrieg* verfolgen ließ, wenn auch nicht zur Gänze. Schade, die Sache wäre es wert gewesen, dass es nicht zum Druck eines wortgetreuen Protokolls kam. Doch der schmale Band mit Referaten und stark verdichteten Diskussionsbeiträgen besaß den Vorzug, dass sich mit ihm ein breiterer Interessentenkreis erreichen ließ, eine Anmerkung, die auch unter dem Eindruck gemacht wird, dass auf dem Büchermarkt immer häufiger Wälzer erscheinen, die nach Anlage und Umfang nicht nur von, sondern auch nur für Spezialisten geschrieben sind. Eberhard Jäckel hingegen ist von anderem Typ. Er wollte, das Wissen »unter die Leute« gelangt.

Als die Konferenzteilnehmer auseinandergingen, ließen sie eine Frage gleichsam im Rathaussaale stehen, die dort formuliert worden war. Sie war nicht marginal, sondern zielte dahin, wo alles geschichtliche Forschen wie auch das vieler anderer Disziplinen eigentlich münden soll ,und lautet schlicht: Warum? Was war das Motiv, was der Antrieb, was das Interesse, was das gedachte Ziel, das mit dem doch alles menschliche Vorstellungsvermögen übersteigenden Verbrechen verfolgt wurde? War es, was sicher ist, eine Ausgeburt des Wahns? Aber war es das allein?

Oder auch, was bis heute umstritten geblieben ist, eine aus mehrfachem kalt berechnetem Kalkül hervorgegangene Untat, Bestandteil des faschistisch umgeprägten Programms imperialistischer Welteroberung und -beherrschung? Ein Verbrechen also, das nicht nur unter Ausnutzung der Kriegszustände begangen wurde, sondern auch zu einem rekonstruierbaren Kriegszielkonzept gehörte?

Ich griff in Stuttgart zweimal mit dem gleichen Anliegen in die Diskussion ein. Einmal mit dem Vorschlag, das Verhältnis von Massenmord und Krieg nicht nur unter dem Aspekt des Kriegsverlaufs zu betrachten, sondern nach dem Platz des »Holocaust« in den Kriegszielvorstellungen zu fragen. In der allgemeinen Schlussdiskussion ließ sich knapp sagen, dass das Judenmorden nicht nur als ein blindes Wüten von mörderischen Rassisten zu sehen ist, sondern eine Beziehung zu den sich zeitig abzeichnenden langfristigen Herrschaftsproblemen der Eroberer besaß. Denen galten die Juden als ihre Erzfeinde, doch nicht als die alleinigen. Ihre Vernichtung war bei allem unvorstellbaren Ausmaß ein Auftakt. Was auf dem Weg in das »germanische Weltreich« folgen sollte, machten Sätze wie der in einer militärischen Weisung vom 29. September 1941 deutlich: »Es existiert kein Interesse an der Erhaltung auch nur eines Teils der Bevölkerung Leningrads.«

In Stuttgart wurden Fragen für eine nachfolgende Tagung formuliert. Dass sie bisher nicht stattfand, mag seinen Grund auch darin besitzen, dass ein Teil der Forscher meint, mit dem Verweis auf den Rassenwahn sei nicht nur eine hinreichende, sondern auch die vollständige Antwort auf die Frage nach dem Warum gefunden, während anderen Fachleuten, die Frage letztlich als nicht beantwortbar gilt.

Ein Vierteljahrhundert nach der Stuttgarter Tagung, nach der sich die Forschungen zur Geschichte des »Holocaust« ungeheuer intensiviert haben, sie werden jetzt von einer dritten Forschergeneration vorangebracht, wissen wir ungleich mehr vom Wie und vom Wo des Geschehens. Es ist eine Topographie des Verbrechens entstanden, die von Ost nach West und von Nord nach Süd durch das faschistische besetzte Europa reicht. Sie wird unablässig vervollständigt.

Auch der in Stuttgart diskutierten Frage nach der »Entscheidungsfindung« wurde weiter nachgespürt. Angebote, deren Autoren glaubten, nun die Antwort gefunden zu haben, wie jene, die Hitlers Totalentscheidung in den Dezember 1941 fixieren wollten, sind von der Zunft nicht angenommen worden. Sie überzeugten meist nur die Anbieter. Und um die Frage nach dem Warum, um die es nie ein Gedränge gab, ist es, wie es scheint, noch einsamer geworden. Wie auf anderen Geschichtsfeldern auch hat die Stunde der großen Vereinfacher geschlagen.

Angeregt und bereichert verließ ich Stuttgart. Zudem hatte ich diesmal, wenn auch nicht gänzlich, den Vorsatz befolgen können: Hören ist seeliger denn reden. Als einziger Teilnehmer aus dem anderen deutschen Staat, solche Anwesenheit hatte Exotisches völlig noch nicht verloren, erregte ich zudem die Aufmerksamkeit eines die Tagung begleitenden Fernsehteams. So machte ich Bekanntschaft mit Lea Rosh, die dessen Operationen dirigierte, eine Begegnung, die später da und dort angenehme Fortsetzung finden sollte. Denn die Regisseurin, Autorin und Moderatorin gehört in der Bundesrepublik zu jenen Aktivisten, die sich ausdauernd und erfolgreich für das Wachhalten des Bewusstseins von den Opfern und den Tätern der Judenverfolgung einsetzt.

Die Stuttgarter Konferenz fand übrigens mehrere, wenn auch als solche nicht deklarierte Fortsetzungen. Im Dezember 1987 versammelten sich in Paris wiederum Experten, um auf einer Tagung das Generalthema *La politique nazie d'extermination: etat des travaux et perspective de recherche* zu erörtern. Veranstalter waren die Universität Paris und das Institut d'Histoire du Temps Present.

So also kam ich das erste Mal nach Paris. Wieder solo und als einziger aus dem ostdeutschen Staat.

Das Konferenzbüro quartierte mich in einem kleinen Hotel nahe dem Hauptgebäude der Universität ein. Ich bezog in dem engen Haus, in dem sich eine schmale Treppe um einen winzigen Fahrstuhl wand, ein Dachzimmer. Ohne von sonderlich ängstlicher Natur zu sein, las ich mir hier doch die aushängende Instruktion für das Verhalten der Gäste durch und entnahm ihr, dass ich im Brandfalle nicht den Abgang benutzen, sondern mich an das Fenster stellen und durch lautes Rufen auf mich aufmerksam machen solle. Ich legte eine Gedenkminute für meine Lehrer in Breslau und im thüringischen Wickersdorf ein, die mich in der Landessprache unterwiesen hatten, wobei ich es infolge der Unterbrechungen durch Krieg und Nachkrieg darin freilich nicht weit, aber doch dahin gebracht hatte, diese Warnung zu verstehen. Doch und glücklicherweise: In die beschriebene Verlegenheit kam ich nicht.

Diesmal referierten und diskutierten die Teilnehmer nicht unter sich, sondern in Anwesenheit eines meist jungen Publikums. Dafür war im Amphitheater der Sorbonne hinreichend Platz, einem Riesenraum, besser geeignet für feierliche Kundgebungen. Darin verloren sich die Zuhörenden. Die jeweils Redenden taten das gleiche hinter einem langen Tisch auf der gewaltigen Bühne, auf der ich mir, an die Reihe gekommen, ein wenig verloren und von der Mehrheit der Teilnehmer viel zu entfernt vorkam.

Mein Tischnachbar war während dieses Pennels übrigens der Hitler-Biograf Joachim Fest, damals Mitherausgeber der *Frankfurter Allgemeinen Zeitung*. Sein eigener Beitrag erschien ihm – und da war ihm zuzustimmen – selbst nicht so bedeutend, dass er ihn zur späteren Veröffentlichung eingereicht hätte. Jedenfalls fehlt er in dem Band, den Francois Bedarida, ein Experte auf dem Gebiet von »Nationalsozialismus und Völkermord« und die Seele des Unternehmens, zwei Jahre darauf herausgab.

Von den »Stuttgartern« sah ich in der Sorbonne Yehuda Bauer, Saul Friedländer, Christopher Browning, Hans Mommsen, Jürgen Förster, Eberhard Jäckel und Lea Rosh wieder.

Der thematische Bogen der Tagung war diesmal ungleich weiter gespannt. Fragen, die in Stuttgart nur berührt werden konnten, wurden hier thematisiert. Es begann wieder mit historiographischen Bestandsaufnahmen, die Bederida einleitete. Dann wurde Ideologie und Wissenschaft im Dienste des Genozids betrachtet.

In diesem Rahmen behandelte der polnische Historiker Jerzy W. Borejsza, dessen Spezialgebiet die vergleichenden Analyse der faschistischen Kräfte in Europa war, das Verhältnis von Rassismus und Antislawismus in Hitlers Denken, worüber er bald darauf eine Monographie vorlegte. Wieder wurden Etappen und Hauptereignisse auf dem Wege von der Verfolgung zur Vernichtung der Juden analysiert.

Mein Beitrag galt der »Reichskristallnacht« unter dem Gesichtswinkel ihrer Verantwortlichen, Akteure und Opfer und mit dem Blick auf die schweigende Mehrheit der Deutschen. Eine weitere Gruppe von Vorträgen erweiterte die Sicht auf die Opfer durch die ermordeten Kranken und die in den »gewöhnlichen« Konzentrationslagern Getöteten.

Am Schluss stand eine Durchmusterung strittiger Themen, darunter ein Beitrag Pierre Aycoberrys, Professor an der Universität Strasbourg, über Nationalsozialismus und Bolschewismus – eine Debatte ohne Ende.

Waren die Diskussionen in der Pariser Universität auch nicht von der Intensität der Stuttgarter, so ließen sich doch auch hier Kenntnisse über die Wege der internationalen Forschungen aktualisieren. Zudem blieb ein wenig Zeit für die Stadt. Notre Dame, der Invalidendom, das Musée de l'Armée, das Anwesen Auguste Rodins mit dem darin eingerichteten Museum, das Musée d'Orsay und das im Centre Pompidou standen auf meiner Liste.

Dieses Programm schaffte ich, ohne in den Sturmschritt des gehetzten Touristen zu verfallen.

Meine Bekanntschaft mit der französischen Küche erneuerte ich mit Eberhard Jäckel und Lea Rosh in einem Restaurant an der Seine, in das wir von einem zu langweiligen offiziellen Empfang gezogen waren. Es lag ein wenig abseits des Besucherstroms. Zudem war Dezember.

Noch einmal zurück in der Stadt am Neckar. Ein Jahr nach der Konferenz über den »Holocaust«, 1985 also, war ich wieder am Orte, diesmal als Angehöriger einer mitgliederstarken Delegation der DDR. Da versammelte sich in Stuttgart, wie in Bukarest beschlossen, der 16. Internationale Historiker-Kongress. Es war das zweite Mal, dass sich Geschichtswissenschaftler aus vielen Ländern und Erdteilen in Deutschland trafen.

Auf den Kongress von 1908 in Berlin folgte sechs Jahre später der Beginn des Weltkriegs. Diesmal wurden Fragen von Frieden und Krieg in einer gesonderten Veranstaltung, einem »Rundtischgespräch«, erörtert. Vierhundert Teilnehmer fanden sich ein. Nicht, dass das große Thema bis dahin bei Zusammenkünften der Historiker ausgespart geblieben wäre. Fünf Jahre zuvor hatte es in

Bukarest eine »Friedenssektion« gegeben. Deren Generalthema lautete *Formes des problèmes de la paix dans l'histoire.*

Diesmal blieb es nicht beim Reden. Nach der Debatte wurde eine Erklärung ausgearbeitet, angenommen und veröffentlicht. Indessen: Wie bescheiden liest sich ihr Text und wie sehr verrät er die Mühen, sich auf ihn zu verständigen. Geäußert wurde Besorgtheit über die »Eskalation des nuklearen Wettrüstens« und appelliert an die Regierungen, die Produktion der Atomwaffen »einzufrieren«. Testexperimente sollten nicht länger stattfinden. Das wurde als Vorbedingung einer effektiven Rüstungskontrolle und für eine »vorsichtige schrittweise Abrüstung« bezeichnet.

Der Schlusssatz machte den Eindruck, die Verlautbarung bedürfe eines besonderen Ausweises. Es wurde gesagt, sie sei gerechtfertigt durch der Historiker Pflicht, vor gegenwärtig drohenden Gefahren zu warnen. Vergegenwärtigte man sich die Konfrontation atomar bewaffneter Mächte auf deutschem Boden, dazu die Luftlinie von Stuttgart bis in die Rheinpfalz mit ihren Atomwaffenbunkern US-amerikanischer Truppen, dann wird sich diese Wortmeldung in ihrer Allgemeinheit schwerlich als Tat von Rang und Gewicht vorweisen lassen.

Zurückhaltend, wie sie formuliert worden war, kontrastierte sie mit den vielen treffenden Urteilen über die Kriege der Weltgeschichte, deren Ursachen und Folgen, die sonst von Historikern in ihren Büchern und Aufsätzen formuliert und auch auf diesem Kongress geäußert wurden. Die rückwärtsgewandte Parteinahme fällt Jüngern der Clio offenkundig leichter als eine in die Gegenwart gerichtete. Bis zu einer Analyse gegenwärtiger Kriegsgefahren wurde die Debatte nicht getrieben. Da lagen die Standpunkte weit auseinander. Und zudem dominierte das Interesse, scharfe Konfrontationen zu meiden.

Natürlich beseitigte dieser Appell auch die Uneinigkeit der Experten über die Frage nicht, ob sich aus der Geschichte überhaupt etwas lernen lasse und, wenn das möglich wäre, wer das dann wolle und wer es zu verhindern suche. Anerkannt wurde hingegen die Pflicht der Zunft, die Heranwachsenden mit den gesichteten Erfahrungen eben jener Generation auszustatten, die auch diesmal noch den Hauptteil der Kongressteilnehmer stellte. Sie besaßen eigene Erinnerungen an den Zweiten Weltkrieg. Die Rede kam auch auf den Platz der Geschichtswissenschaft in den allgemeinbildenden Schulen und die Aufgabe für Fachhistoriker, sich um die Qualität der Schulbuch-Literatur zu sorgen. Kurzum: In Stuttgart ließ sich der Eindruck gewinnen, als wolle ein beträchtlicher Teil der Historiker mit seinem Beitrag zur Propagierung des Friedensgedankens nicht länger weit hinter Physikern und Medizinern zurückbleiben.

Der zweite Eindruck, der sich vom Stuttgarter Kongress mitnehmen ließ, bestätigte, dass in den Teilen der Welt, die Jahrhunderte im Zustand von Kolonien existiert hatten und an selbstbestimmter Entwicklung gehindert worden waren, der Aufbruch auch die Wissenschaften zu erfassen begann. Davon zeugte, dass unter den Teilnehmenden mehr Vertreter aus afrikanischen und asiatischen Ländern waren. Dieser Wandel bereicherte das Programm.

Eines der sogenannten Großen Themen lautete »The Indian Ocean« und eine eigene Sektion, die unter dem Vorsitz der Leipziger Historikerin Thea Büttner tagte, befasste sich mit der Rolle der Religionen in Afrika. Ein anderes Thema bildete der Widerstand gegen Faschismus, Nazismus und den japanischen Imperialismus. Die Kommissionen für Militärgeschichte und für die Geschichte des Zweiten Weltkriegs hatten sich auf einen gemeinsamen Gegenstand verständigt, die Geschichte der Kriegswirtschaft. Daran, dass wirtschaftshistorische Fragen auf den Kongressen einen bedeutenderen Platz gewannen, konnten sich die marxistischen Historiker ein Verdienst zuschreiben. Das galt auch für eine stärkere Konzentration der Forschungen auf Aspekte und Perspektiven, die einen Gegenwartsbezug besaßen. Der konnte sich aus der Debatte über Ereignisse und Entwicklungen ergeben, die Jahrhunderte und selbst Jahrtausende zurücklagen. So lautete ein Generalthema »Das Bild der Anderen, das der Fremden, der Minoritäten, der Ausgegrenzten«.

Aus der Geschichte in die Gegenwart, und das nicht nur gedanklich, führte ein im Rahmenprogramm des Kongresses vorgesehener Ausflug in ein nahe gelegenes Autowerk. Anders als die von Fotos und Filmen vermittelten Einblicke in die automatisierte und Fließbandproduktion, die meist dazu bestimmt sind, für die »Wunderwerke der Technik« Reklame zu machen, ließ sich beim Gang durch das Werk, er führte vom von der Trommel gezogenen ersten Blech bis zur chromblitzenden Karosse, ein Eindruck hochproduktiver Fabrikarbeit gewinnen. Man musste nicht sonderlich genau hinsehen, um zugleich die Intensität wahrzunehmen, in der hier gearbeitet wurde, bis das Band anhielt und eine Verschnaufpause angepfiffen wurde .

In den folgenden fünf Jahren, es wurden die letzten des ostdeutschen Staates, intensivierten sich die Beziehungen zwischen den Historikern der beiden deutschen Staaten jedenfalls in meinem Arbeitsgebiet, der ersten Hälfte des 20. Jahrhunderts und insbesondere auf dem Forschungsfeld Faschismus und Zweiter Weltkrieg. Sie gewannen schließlich neue Qualität. Es ging nicht mehr allein um den Austausch und die Konfrontation von Forschungsergebnissen während gemeinsamer Tagungen und Symposien, die nie, wiewohl alle Beteiligten sich deren politischer Bedeutung bewusst waren, Veranstaltungen zum Fenster hinaus wurden, wovon auch ihr geringer Niederschlag in der Tages- und Fachpresse zeugt. Angestrebt wurde nun, die jeweiligen Aufffassungen in einer gemeinsamen Publikationen interessierten Lesern in beiden deutschen Staaten zur Kenntnis zu bringen. Das hätte der öffentlichen Geschichtsdebatte im ostdeutschen Staat eine neue Dimension gegeben, und im westdeutschen marxistischen Deutungen geschichtlicher Prozesse mehr Aufmerksamkeit verschafft, als das durch die kleinen »linken« Verlage geschehen konnte, die darauf hinzuwirken suchten. Für dieses Vorhaben war in der DDR der Segen der Politik einzuholen.

Das erste Unterfangen dieser Art verband sich mit dem 50. Jahrestag des Beginns des Zweiten Weltkrieges. 1989 sollte ein Band vorliegen, in dem sich Forscher aus West und Ost jeweils zum gleichen oder doch einem verwandten Gegenstand oder Thema äußerten. Das hätte eine unverfälschte Möglichkeit zur Wahrnehmung von Gemeinsamem wie von Unterscheidendem geboten. Die Seele des Vorhabens waren in Berlin-Ost Wolfgang Schumann und, als der durch fortschreitende Krankheit, die zu seinem Tode führte, einer Vertretung bedurfte, Ludwig Nestler und in München Martin Broszat, der langjährige Direktor des Instituts für Zeitgeschichte.

»Hüben und drüben« fanden Zusammenkünfte statt, in denen das Konzept und Aufrisse der gedachten Beiträge vorgetragen und diskutiert wurden. Kein Zweifel kam auf, dass daraus so etwas wie eine Pioniertat erwachsen werde. Angehörige der Historikergeneration, die zum letzten militärischen Aufgebot des Nazifaschismus gehört hatten oder, jünger, noch Flakhelfer oder Hitlerjungen gewesen waren, deren Verhalten und Beziehungen lange der Kalte Krieg prägte, schienen zu grenzüberschreitender Zusammenarbeit gefunden zu haben, gedacht auch als ein Beitrag zu jenem vielbeschworenen »Nie wieder!«. Und das ohne Preisgabe ihrer jeweiligen theoretischen Orientierungen, methodologischen Arbeitsprinzipien und politischen Überzeugungen.

In diesem Prozess hat jeder, das ist nicht erst ein Urteil aus dem Rückblick nach zwanzig Jahren, etwas gelernt. Für die Verfechter des historischen Materialismus, die von Marx und Engels, Kautsky und Mehring herkamen und Lenin studiert hatten, vermag ich diesen Gewinn auch zu beschreiben. Wir haben unseren Blick auf die immer wieder rätselhaft erscheinende Rolle der Volksmassen und ebenso auf das Gewicht herausragender Einzelner in der Geschichte geschärft. Gleiches lässt sich für unsere Urteile über die Rolle des Bürgertums und insbesondere der wirtschaftlichen und geistigen Eliten bei der Installierung des Naziregimes und während seiner Existenz sagen.

Dogmatische Vereinfachungen lagen auf diesen Feldern hinter uns. Geändert, differenziert und von Schablonen befreit hatte sich zudem unser Bild von unseren Opponenten, denn Opponenten blieben die meisten etablierten Historiker der Bundesrepublik doch, mochten wir sie auf dem Felde der Theorie als historische Idealisten, sozial als bürgerlich oder politisch als konservativ oder sozialdemokratisch orientiert wahrnehmen. Nur musste man sie nicht wie Kalte Krieger als Feinde betrachten.

Dass das gedachte Unternehmen mit dem Blick in das Jahr 1989 dann doch nicht an sein Ende gebracht wurde, ging auf eine Intervention der auf anderen und wichtigeren Feldern schon leblos gewordenen Führung der SED zurück. Darüber ist geschrieben worden, als Martin Broszat im Westen und Ludwig Nestler im Osten, da existierte die DDR schon nicht mehr, die Texte gesondert herausgaben, die in einem Bande hatten erscheinen sollen. Broszats Kritik, dass die ostdeutschen Historiker sich dieses Diktat der Politik widerspruchslos auferlegen ließen, traf und schmerzte. Der »Fall« charakterisierte eine Unterwerfung.

Es ist auf das gescheiterte dann noch ein gelungenes Unternehmen gefolgt. 1991 wurde ein Band mit Aufsätzen herausgegeben, verfasst von Historikern aus den »alten Bundesländern« und von Autoren, die einst in der DDR, nun in den «neuen Bundesländern« arbeiteten. Er vereint Texte, die einen Bezug zu dem 50 Jahre zurückliegenden Beginn des Krieges gegen die UdSSR hatten. Er war schon im Zeichen neuer Beziehung entstanden. An der Spitze des Unternehmens agierten nicht mehr wie zwei Jahre zuvor gleichberechtigte Partner. Der Leiter, ein Mitarbeiter des Militärgeschichtlichen Amtes der Bundeswehr, entschied, welche ostdeutschen Spezialisten als Teilnehmer akzeptiert wurden und wer ausgeschlossen blieb.

In der letzten Phase der deutchen Zweistaatlichkeit herrschte zwischen deutschen Historikern in Ost und West ein Zustand des Respekts vor der Arbeit »der Anderen«. Auf deren Forschungsresultate wurde ohne viel Aufhebens zugegriffen. Bücher und Aufsätze nahmen die Fachleute zur Kenntnis und nicht nur mit der Absicht, zu sehen, was sich gegen die Texte einwenden ließ. Kritik bewegte sich im Rahmen des international Üblichen.

1989 wäre folglich keine Idee daran aufgekommen, dass kaum ein Jahr später von der DDR als Wissenschaftswüste gesprochen und der in ihr betriebenen Historiographie angedichtet wurde, sie sei nicht mehr als ein Dienstleistungsunternehmen der führenden Staatspartei gewesen. Die Historiker, mit denen es einst kollegiale und anregende Kontakte gegeben hatte, haben sich zu Sprechern dieser Behauptung nicht gemacht. Ebensowenig erhoben sich aus der Zunft öffentlich Gegenstimmen wider den politischen Chor, der mit Ignoranz die »Abwicklung« der DDR-Geschichtswissenschaft zu rechtfertigen suchte. Sie zielte auf die Ausschaltung einer von historisch-materialistischen Positionen her betriebenen Forschung und Hochschullehre.

Während das durchgesetzt wurde, ließen sich in der Zunft Verhaltensweisen deutlich unterscheiden. Die einen hielten sich von der Operation »Abwicklung« fern, äußerten sich zu ihr weder in Wort noch Schrift und beteiligten sich an keinen Maßnahmen, die ja nicht nur durch das Interesse angetrieben wurden, eine unwillkommene Strömung zu liquidieren, sondern nicht weniger auf die Beseitigung einer Konkurrenz gerichtet waren. Am anderen Ende der Verhaltensskala standen jene, welche den vorgeblichen Erneuerungsprozess für notwendig und unvermeidlich erklärten und sich in staatlichen Gremien als Gutachter an der

Entfernung des ostdeutschen Personals beteiligten. Zu ihnen gehörten jene, die sich auf die freigemachten Lehrstühle berufen ließen.

Beide Verhaltensweisen schlossen nicht aus, dass sich westdeutsche Kollegen für die bedingte Weiterverwendung einzelner Historiker verwandten, die sonst hart von der Liquidierung ihrer Arbeitsstätten oder der Entfernung aus ihnen betroffen worden wären. Einige wurden so, ihren minderen Status verklärend, zu – für eine miese Politik waren noch stets schöne Begriffe zu Hand – »Professoren alten Rechtes« erfunden. Es ließe sich nur von Fall zu Fall entscheiden, ob diese Hilfestellung taktisch bedingt war und dem Gesamtunternehmen lediglich ein gesittetes Bild aufschminken sollte, ob sie der Beruhigung eines nicht ganz reinen Gewissens diente oder ob ihr das teilnahmsvolle Bestreben zugrunde lag, Folgen des rabiaten Vorgehens der Sieger der Geschichte partiell zu mildern.

Dass eine geschichtswissenschaftliche Fakultät oder Sektion sich insgesamt zugunsten ostdeutscher Zunftkollegen eingesetzt hätte, ist nicht vorgekommen. Im Gegensatz dazu haben österreichische Historiker der Wiener Universität, anschlusserfahren wie sie sind, mehreren meiner Berliner Kollegen, die ihre Arbeitsplätze an der Berliner Humboldt-Universität verloren, Gastprofessuren für ein oder mehrere Semester angeboten, die wahrgenommen wurden.

11. Mit einem Film Konrad Wolfs. *Brüssel*

Die Reise in Belgiens Hauptstadt sollte ursprünglich Heinrich Scheel unternehmen. Darum hatte ihn die Kulturabteilung des Außenministeriums gebeten. Das belgische Fernsehen wollte in einer Abendsendung den DEFA-Spielfilm »Ich war neunzehn« ausstrahlen, der eine Geschichte aus der Endphase des Zweiten Weltkrieges erzählt. Darauf sollte eine Diskussion zweier Historiker folgen, der eine aus dem Herstellerland des Films, der andere ein einheimischer. Heinrich Scheels Biografie passte zum Vorhaben. Er hatte zur Widerstandsgruppe Rote Kapelle gehört und nach deren Entdeckung Haft, Zuchthaus, Lager und auch den Zwangsdienst in einem Strafbataillon überlebt. Seine wissenschaftliche Reputation rührte insbesondere von seinen seit Jahren betriebenen Forschungen zur Geschichte der deutschen Jakobiner und der Mainzer Republik her. Zudem war er Vizepräsident der Akademie der Wissenschaften der DDR. Doch konnte er die Belgienreise aus Krankheitsgründen nicht antreten.

Wir hatten einander während meiner Zugehörigkeit zum Akademie-Institut für Geschichte in den Jahren von 1963 bis 1965 kennengelernt, als er dort Ernst Engelberg, dem ich zur Mitarbeit zugeteilt war, auch als Direktor vertrat. Mit dem zweiten dieser Stellvertreter, Horst Barthel, verband mich bald eine lebenslange Freundschaft und da die Wochenendsitze – neudeutsch: Datschen – beider in Neu-Venedig und am Kleinen Müggelsee mit einem Boot leicht zu erreichen waren, trafen wir einander nicht nur in den Institutsräumen, die jeder, hatte er nicht in der Bibliothek zu tun oder an einer Sitzung teilzunehmen, wegen ihrer Enge ohnehin mied. Nun war ich als Heinrichs »Ersatzmann« vorgeschlagen. Ich sagte zu, als ich den Anruf aus dem Ministerium erhielt, so wenig ich Spritztouren, wie mir eine bevorstand, liebte. Da bleibt zuviel Neugier unbefriedigt. Doch es gibt Offerten, die sich nicht ausschlagen lassen.

Diese vor allem nicht wegen meiner Sympathie für Konrad Wolf, der 1982 noch nicht 60-jährig verstorben war, und wegen meiner Bewunderung für seinen Film »Ich war neunzehn«. Den hatte ich bald nach seiner Uraufführung im Februar 1968 in Berlin gesehen. Da waren seit Kriegsende 23 Jahre vergangen.

Durch Erzählungen älterer Kollegen, die als Wehrmachtsoldaten am Krieg teilnahmen, und beim Lesen in Büchern und Dokumente war mir wieder und wieder bewusst gemacht worden, dass ich mit meinem Geburtsjahrgang 1930 ein großes Los gezogen hatte. Fünf Tage vor Kriegsende 15 Jahre alt geworden, war ich nur ein Jahr am Volkssturm, zwei oder drei Jahre an der Einziehung zu Arbeitsdienst und Wehrmacht vorbeigeschrammt. Das verdankte ich denen, die sich auf dem Kampfweg nach Deutschland beeilt hatten. Niemandem mehr als den Soldaten der sowjetischen Armee. Von ihnen und der Geschichte eines Deutschen in ihren Reihen handelte der Film, dessen Wahrhaftigkeit vom eigenen Erleben Konrad Wolfs als junger sowjetischer Soldat im Offiziersrang mitgeprägt worden war.

Der Streifen war prall gefüllt mit Bildfolgen, die sich mir unvergesslich eingeprägt hatten. Eine ist die zum Schluss des Films gehörende Passage mit dem Fluch, den der »Held« der Handlung jenen noch in den letzten Stunden des Krieges mordenden SS-Leuten nachruft: »Wir kriegen euch alle.«

Ein Programm und ein Wunsch, von dem wir zu Zeiten der Aufführung des Films und Wolf natürlich auch, als er ihn drehte, wussten, dass er sich nicht erfüllt hatte. Zu viele von diesen allen waren im Weststaat ungeschoren davongekommen. Unvergessen auch jene andere Filmszene, welche die gespenstische unheildrohende Atmosphäre nahezu körperlich spürbar machte, die während der Kapitulationsverhandlungen in der Zitadelle Spandau, einem Festungsbauwerk aus der zweiten Hälfte des 16. Jahrhunderts, geherrscht haben musste.

Was Deutschland in jenen letzten Tagen des Krieges war, was seine Menschen taten und mit sich geschehen ließen, das wird da mit einer Eindringlichkeit gezeigt, die Dokumente wie Zeitzeugen bestätigten, aber so nicht lebendig zu machen vermögen. Und das in einem Film, der nicht die Geschichte eines »Durchschnittsdeutschen« erzählt, sondern eines Sohnes deutscher Emigranten, aufgewachsen in der Fremde, der in das ihm unbekannte und feindliche Land als Soldat des Staates kommt, der seiner Familie Zuflucht geboten hatte. Das will er als seine Heimat ausmachen. Er geht einen Weg, der für ihn, anders als für die Emigranten der älteren Generation, kein Rückweg ist.

Konrad Wolfs Arbeit war bei allem, was vordem auf diesem Felde auf Leinwänden und Bühnen schon zu sehen war, eine Pioniertat. Dass sie ohne internationalen Filmpreis blieb, ließ sich einzig der Politik zuschreiben, die sich im Herabsetzen und Verächtlichmachen alles dessen gefiel, was im ostdeutschen Staat geschah oder aus ihm kam. Für einen Historiker, dessen Lehr- und Forschungsgebiet Faschismus und Krieg bildeten, war der Film mit seinen Szenen eine Herausforderung zu überdenken, wie er in Vorlesungen und Seminaren über die Kriegszeiten mit jungen Leuten sprach, die so glücklich waren, sie nicht erlebt zu haben.

Kurzum: Zwei Historikern konnte es vor einer Kamera und Zuschauern an Fernsehgeräten, die den Film eben gesehen hatten, nicht an Gesprächsstoffen mangeln, zumal dann nicht, wenn sie durch ihre Biographien und Lebensorte sich doch erheblich voneinander unterschieden. Dessen sicher, genügte mir die lebendige Erinnerung an den Film, den ich mehrfach gesehen hatte, doch nicht.

Zunächst ließ ich ihn mir noch einmal vorführen, diesmal auch mit dem Gedanken daran, was mich an Fragen erwarten könnte. Wieder gefiel mir jene Szene besonders, die Offiziere der sowjetischen Armee im Festsaal eines Schlosses oder Gutshauses, an langen Tischen sitzend und ihrer Uniformröcke entledigt, damit beschäftigt zeigt, Pelmeni für die Siegesfeier zu formen. Haben sie davon wieder eine runde Summe verfertigt, greifen sie zum Glase, sich für ihre weitere Feinarbeit zu stärken. Wieder fragte ich mich: Lässt sich das ausdenken? Muss man da nicht mitgemacht, es mindestens gesehen haben? Die Bilder enthielten eine Botschaft: Wenn Offiziere mit Hackfleisch gefüllte Teigtaschen herstellen, ist der Krieg wirklich zu Ende. Die Filmsequenz atmete den ersten Hauch des Friedens. Das Weiterleben war zurückerkämpft und es würde der fröhlichen Seiten nicht entbehren.

Dann ging ich in das Archiv der Akademie der Künste, wo ich in Konrad Wolfs Nachlass etwas über die Entstehungsgeschichte des Filmes zu finden hoffte. Ich war sicher, dass »Ich war neunzehn« wie andere DEFA-Filme eine kritische Abnahme passiert hatte, bevor er in die Kinos gekommen war. Möglicherweise berichteten davon Aufzeichnungen.

Die Vermutung erwies sich als richtig.

Zwei Szenen hatten in einer solchen Runde Einwände hervorgerufen, wie das Protokoll einer Diskussion überlieferte, an der auch einstige Widerstandskämpfer teilgenommen hatten. Die eine betraf sie selbst und jenen Gefühlsausbruch eines aus dem Konzentrationslager befreiten Häftlings, der, zur Siegesfeier geladen, in einer Ansprache an die versammelten Offiziere allen Nazis Rache schwört und von einem sowjetischen General beruhigt wird.

Im Gespräch über diesen Auftritt eines der Ihren mochte auf Seiten der deutschen Antifaschisten die Erinnerung mitgespielt haben, welche Überwindung es sie nach ihrer Befreiung 1945 gekostet hatte, sich geduldig auf die einstigen »Volksgenossen« einzulassen, die meist frei von jeder Selbstkritik oder gar Bußfertigkeit waren. Sie waren keinem Racheschwur gefolgt.

Die Debatte, die eine andere Szene ausgelöst hatte, überraschte weniger. In die Tür eines spärlich beleuchteten Zimmers, in dem der eben zum Kommandanten von Bernau ernannte deutsche Sowjetoffizier arbeitet, tritt eine junge Deutsche. Deren Begehren weiß er, verlegen, wie ihn die unerwartete Begegnung macht, nicht zu deuten, bis sie ihm sagt: »Lieber mit einem als mit allen.«

Das war nach meiner Erinnerung das erste und einzige Mal, dass in einem DDR-Spielfilm das Thema der Vergewaltigung deutscher Frauen durch sowjetische Soldaten erwähnt wurde.

Verglich man die Einwände mit dem gezeigten Film, war deutlich, dass sich Konrad Wolf von seinem von Grund auf ehrlichen Film nichts hatte abhandeln lassen. Dass er seine Haltung durchzusetzen vermochte, einzig dem Umstand zuzuschreiben, dass er, als der Film gedreht wurde, in der Nachfolge Arnold Zweigs auch Präsident de Akademie der Künste geworden war und es sich Gutachter und Zensoren mit ihm nicht verderben wollten, ist wohl zu einfach.

Wieder und neu informiert, machte ich mich auf den Schienenweg westwärts. Das Flugticket hatte ich ausgeschlagen. Für Strecken, die sich in zehn Stunden bewältigen lassen, bevorzuge ich die Eisenbahn, weil in der sich meist ein Arbeitsplatz finden lässt. In Brüssel warf ich mein Gepäck in einem der ganz und praktisch auf Tagestouristen eingestellten Hotels ab. Dann brachte mich ein Mitarbeiter der Botschaft an den Ort meines Auftritts. Das nun war für mich so etwas wie eine Uraufführung ohne Generalprobe.

Zwar kannte ich mich vor Mikrofonen des Rundfunks aus, doch die einzige an mich ergangene Einladung, vor Fernsehkameras zu agieren, hatte ich ausgeschlagen. Sie betraf die viele Jahre am Sonntagmorgen ausgestrahlte Reihe »Das Professorenkollegium tagt«. Diskussionen, die Streitfragen von Wissenschaft, Kunst oder gar Politik betrafen, fanden nach hoffnungsvollen Anfängen, welche die Sendungen populär gemacht hatten, in dieser Runde nicht mehr statt. Die Teilnehmenden beantworteten zumeist simple Zuschauerfragen. Die ihre Antworten hörten, konnten meist stolz sagen, das wussten wir auch schon, oder zumindest, so ähnlich haben wir uns die Sache schon immer gedacht. Die Veranstaltung banalisierte die Wissenschaft und setzte ihr Ansehen jedenfalls herab. Sie mochte Bildungskleinbürger anziehen. Da musste man nicht mittun.

Mein belgischer Partner traf buchstäblich auf den letzten Pfiff ein und machte den Eindruck eines von der Tagesarbeit eines Hochschulpädagogen abgekämpften Mannes. Kaum blieb Zeit, uns miteinander auch nur flüchtig bekanntzumachen. Dies mag bewirkt haben, dass ich über ihn aus der Erinnerung so wenig zu sagen weiß wie er vermutlich über mich. Dann wurden wir auf einem Podest, das Kameras zunächst probeweise umkreisten, ein- und ausgerichtet und freundlich belehrt, wohin wir nicht zu sehen hätten.

Nachdem der Film ausgestrahlt war, begann unser Gespräch, das nach einer Einführung durch einen Redakteur, anders als es in Sendungen von *ARD* und *ZDF* geschieht, wo wortgewandte Damen die Regie übernehmen, von keinem Moderator dirigiert oder unterbrochen wurde. Wir zwei bestimmten, welche Richtung die Unterhaltung nahm, worüber wir also mit- und gegeneinander reden wollten. Das durfte jeder, wie ihm eben der Schnabel seit Kindheitstagen gewachsen war. In einem kleinen Turm, von dem er auf uns herabblickte, saß und arbeitete ein perfekter Dolmetscher.

Ich überließ meinem Partner, wie vordem rasch vereinbart, den Einstieg. Und er, ich hätte jede Wette über seinen Auftakt verlo-

ren, bezog sich sofort auf eben jene schon erwähnte Szene im halb-
dunklen Zimmer in Bernau, das für einige Stunden Sitz des
sowjetischen Stadtkommandanten war. Sofort steuerte er auf die
Vergewaltigungen deutscher Frauen hin, das Thema, mit dem sich
hinter die These von der Befreiung auch der Deutschen vom
Faschismus ein großes Fragezeichen setzen ließ.

Diese Eröffnung war in einer Hinsicht für den weiteren Ge-
sprächsverlauf vorteilhaft. Flagge war gezeigt. Es entfiel jedwede
tastende, Missverständnisse zu vermeiden suchende Rücksichtnahme. Das mag der Sendung insgesamt zugute gekommen sein.
Nur wollte sich mein Partner bei seinem Thema derart verbocken,
dass ich ihn auch im Interesse der Zuschauer nach einer Weile
fragte, ob ihm in dem 115 Minuten langen Film noch etwas anderes aufgefallen sei, berührt hätte oder einen Kommentar wert zu
sein schien?

Das war dann doch noch der Fall. So redeten wir über die
Deutschen, ihr Verhalten im Kriege, worüber es in Belgien an
noch lebenden Zeugen nicht mangelte, über das Ende der
Schrecken und den Platz des Films in den Darstellungen des
großen Geschichtsdramas. Der Mitarbeiter der Botschaft, der mir
hierher geholfen hatte, sah die Sendung in einem Kontrollraum
des Hauses und meinte, sie sei eine Werbung für die ostdeutsche
Filmkunst gewesen. Das schien mir nicht nur eine vorformulierte
Berichtsfassung für das Berliner Außenministerium zu sein. Auch
das Echo der Hausherren war freundlich. Ich habe mir eine Kon-
serve für selbstkritische Zwecke nicht erbeten. Meine Vorstellung
von meinem weiteren Weg als Vermittler geschichtswissenschaftlicher Kenntnisse, und der war bis dahin schon lang, verband sich
ohnehin nicht mit diesem Metier. Der Gedankenaustausch von
Angesicht zu Angesicht, Auge in Auge, blieb mir lieber. Er ist vor
allem mit eigenem Gewinn verbunden.

Mein Vorsatz erwies sich übrigens als richtig. Nur einmal noch
geriet ich in ein Fernsehstudio und das wenige Wochen vor dem
Ende der DDR. Geladen war ich nach Berlin-Adlershof in eine
Gesprächsrunde von Historikern, die aus Anlass des 50. Jahrestages des Beginns des Zweiten Weltkriegs stattfand. Sie wurde von
Günther Herlt geleitet und von Heinz Grothe dirigiert, zwei ver-
sierten Leuten vom Fach. Da befand sich der Kontrollmechanis-
mus der Tabuwächter schon in einem Schwächezustand. Also ließ

sich über Themen reden, die bis dahin gemieden worden waren. Bald darauf wendete sich die deutsche Geschichte. Nun war für Historiker meines Schlages nicht irgendein Thema, sondern das ganze Fernsehen verschlossen. Dort gehört die Geschichte Guido Knoop und Geistesverwandten. Lebhaft in Erinnerung blieb mir die Mitwirkung in einer Reihe eines österreichischen Rundfunksenders im Jahre 1985. Sie lautete: Vergnügen mit Wissenschaft. Das kann sich selbst ein Historiker des deutschen Faschismus machen und ganz ohne mediales Publikum.

An die flüchtige Begegnung mit meinem belgischen Kollegen schloss sich auch kein kurzzeitiger Kontakt, wiewohl wir am Ende der Sendung nicht wie Kampfhähne hatten voneinander getrennt werden müssen. Auch sehe ich seine Art, mit der Geschichte des Zweiten Weltkriegs umzugehen, für sein Land und seine Kollegen nicht als repräsentativ an. Ich hatte nur durch einen Schlitz in das Nachbarland geblickt, aus dem ich außer Eindrücken von einem Spaziergang durch Brüssel noch die einer Fahrt ins nahe Gent mitnahm, eingeladen von den Genossen der Botschaft, gleichsam als Belohnung für mein Kommen.

Den Gewinn vergrößerte ich auf der Rückreise durch einen Halt in Aachen, der Stadt, die ich bis dahin nicht kannte.

Übrigens: Es wäre mir nicht in einem schlechten Traum vorgekommen, dass Studierende und Lehrende der 1954 in Potsdam gegründete Filmhochschule, die im Jahr vor meiner Belgienreise den Namen »Konrad Wolf« angenommen hatte, als sie eine Einrichtung der Bundesrepublik geworden war, mehrfach Vorstöße einer Namensänderung abwehren mussten. Dazu bemerkte einer ihrer Professoren: »Es wird immer schwieriger, jungen Leuten begreiflich zu machen, wer Konrad Wolf eigentlich war.«

Aus diesem Geiste ließen sich auch Namensänderungen der Johann-Wolfgang-von-Goethe-Universität in Frankfurt a. M. und der Friedrich-Schiller-Universität in Jena debattieren.

12. »L'anschluss«. *Rouen 1988*

Wann ich das erste Mal auf den Namen der französischen Stadt Rouen stieß, vermag ich mit Bestimmtheit nicht zu sagen. Indessen stammen meine frühen erdgeographischen Kenntnisse zumeist von Kriegsereignissen her. Hochwahrscheinlich, dass auch diese Begegnung aus einem Bericht des Oberkommandos der Wehrmacht stammte. In dem vom 30. August 1944 war gemeldet worden, dass die deutschen Truppen bei ihrem Rückzug nach Osten die Stadt, nachdem sie Hafen- und Industrieanlagen zerstört hatten, dem Gegner überlassen mussten. Sie hatten sie »aufgegeben«, lautete die amtliche beschönigende Formulierung. Die Bewohner der Stadt an der Seine waren die deutschen Eindringlinge, deren Vorfahren schon einmal, 1870, dorthin gelangt waren, endlich los.

Inzwischen verband sich mir Rouens Name, Ergebnis späterer Unterweisungen in Schule und Universität, vor allem mit jener Nationalheldin Frankreichs, die Jeanne d'Arc hieß und von den Deutschen mit Friedrich Schiller meist Johanna von Orleans genannt wird. Der hatte man an einem Maitag des Jahres 1431 in eben dieser Stadt den Prozess gemacht und sie als Ketzerin zum Tode bestimmt. Das Urteil war sogleich auf dem Marktplatz vollstreckt worden, und was von der auf einem Scheiterhaufen Ermordeten übrig geblieben war, in die nahe Seine geschüttet. 25 Jahre danach folgte die Revision des Richterspruchs. Doch dauerte es mehr als viereinhalb Jahrhunderte, bis die Katholische Kirche durch Papst Benedikt XV. 1920, in einem zudem diplomatisch kalkulierten Akt, versuchte, ihren Anteil an der Untat dadurch vergessen zu machen, dass das Bauernmädchen aus Lothringen heilig gesprochen wurde. Nicht jede Institution besitzt die Möglichkeit, ihre Geschichte auf diese gottgefällige Weise zu »bewältigen«.

Dass ich eine Einladung in diese Stadt voller Geschichte bekam, stand zu keinem der beiden erwähnten Ereignisse in Beziehung, jedoch zu einem dritten, das sich geografisch weitab, nicht einmal innerhalb von Frankreichs Grenzen, zugetragen hatte. Wir schrieben 1988 und das war ein mehrfach geschichtsträchtiges Jahr. Zu erinnern hatten sich vor allem die Deutschen mehrerer Daten ihrer Vergangenheit, die 50 Jahre zurücklagen. Dieser Abstand besitzt eine Beziehung zum Lebensalter der Zeitgenossen und das bewirkt mehr als nur ein »rundes Gedenken«. Die Alten, die Überlebenden erinnern sich an Eindrücke aus ihren jungen Jahren.

Die Reihe folgenschwerer Ereignisse eröffnet 1938 der Einzug der deutschen Wehrmacht in das benachbarte Österreich, der zum »Anschluss« führte, ein Wort, das unübersetzt in die französische Sprache geriet – »L'anschluss«. Es wurden aber die schrillen Töne der deutschen Kriegsfanfare von den Politikern europäischer Großmächte entweder gar nicht vernommen oder nicht der Melodie zugerechnet, der sie doch zugehörten. Das galt auch für Frankreich. Sonst wäre dessen Regierungschef, Edouard Daladier, nicht wenige Monate später – wiederum ein 50. Jahrestag – gemeinsam mit seinem britischen Amtskollegen Neville Chamberlain nach München gereist, sich mit dem Manne zu verständigen, der soeben einen souveränen Staat von der Landkarte des Kontinents getilgt und aus Deutschland Großdeutschland gemacht hatte. Deutsche wie Österreicher, nun in drei Staaten lebend, aber sie nicht allein, besaßen folglich Anlass und Gründe, auf die dramatischen Tage zurückzublicken. In Österreich wurde nicht nur ein Gedenk-, sondern ein »Bedenkjahr« ausgerufen, was doch wohl besagen sollte, dass mit Gefühlen auch Gedanken mobilisiert werden sollten.

Historiker da wie dort konnten sich herausgefordert sehen, eine Bilanz ihrer Arbeiten zu ziehen, die sich auf dieses Geschehen gerichtet hatten, auf dessen Ablauf wie auf seine Ursachen und Antriebe. Das taten sie in Publikationen und während Konferenzen. Doch nicht in Wien, Berlin oder München – die Wehrmachtstruppen waren aus Bayern nach Linz und weiter zur Donaumetropole marschiert – versammelten sich Fachleute der Zunft, sondern im französischen Rouen.

Dahin luden österreichische Kollegen zu einem Symposium. Nicht, dass sie mit ihrem Anliegen hätten ins Exil gehen müssen. Sie waren in ihrem Lande geachtete Leute, arbeiteten an Universitäten, Hochschulen und weiteren wissenschaftlichen Einrichtungen, so am *Dokumentationsarchiv des österreichischen Wider-*

standes (DÖW). Und hinter ihnen lag ein Forscherweg mit Hindernissen.

Die Gruppe, deren spezieller Gegenstand die Geschichte Österreichs vom Ausgang des Ersten bis zum Ende des Zweiten Weltkriegs bildete, hatte die in frühen Nachkriegsjahren vorherrschende Geschichtsdoktrin zu überwinden, die den meisten politischen Parteiführern ebenso recht war wie Millionen von Österreichern willkommen. Sie erklärte das Alpenland und mithin sich selbst zum ersten Opfer der reichsdeutschen Eroberer. Was für eine zahlenmäßige Minderheit seiner Bewohner galt, dass sie, Kommunisten, Sozialisten, bürgerliche Verteidiger der Souveränität des Staates und vor allem Juden, verfolgt, in Gefängnisse und Konzentrationslager geschafft oder außer Landes getrieben, also Opfer geworden war, wurde wider die historischen Tatsachen zum Generalbefund für das ganze Land und seine Bürger gemacht. Dieses Bild, eine Legende, war erschüttert, von der Bevölkerung Österreichs aber noch keineswegs durchweg aufgegeben.

Von denen, die sich das Verdienst erworben hatten, die über die Geschichte des Landes gebrachte Kruste aufzubrechen, fehlte in der sich in Frankreich versammelnden Forschergemeinde kaum jemand. Das bescherte mir das Wiedersehen mit Zunftgenossen, die ich während meiner Forschungsaufenthalte und bei Vorträgen an Universitäten Österreichs kennengelernt hatte.

Ich traf den Kommunisten und England-Emigranten Herbert Steiner, Direktor des Dokumentationszentrums, wieder und Erika Weinzierl, Professorin an der Wiener Universität, eine Katholikin, die sich leidenschaftlich und unermüdlich für ein aufgeklärtes Geschichtsbild einsetzte. Dieses Anliegen drückte schon der Titel eines ihrer ersten Bücher aus, das 1968 und dann in mehreren Auflagen erschien. Er lautete *Zu wenig Gerechte. Österreicher und Judenverfolgung 1938-1945.*

Sodann begegnete ich dem ebenfalls in Wien wirkenden Karl Stuhlpfarrer, der später einen Lehrstuhl an der Universität Klagenfurt bezog und dessen Forschungen zu einem erheblichen Teil der Geschichte der Bewohner des südlichen Alpenvorlandes, der Slowenen und Italiener, während des Zweiten Weltkrieges galten.

Zu den Organisatoren der Tagung gehörte Winfried Garscha, dessen Engagement in den Reihen der österreichischen Kommunisten ihn trotz aller seiner historiographischen Meriten zwar nicht zur Berufung an eine Universität gelangen ließ, ihn aber auch nicht in eine Sonderexistenz führte, wie sie einem Historiker unter gleichen Umständen in der Bundesrepublik sicher gewesen wäre. Die österreichischen Teilnehmer vervollständigten Gerhard Botz, damals Professor in Salzburg, und Autor mehrerer Publikationen zum »Anschluss«, seiner Vorgeschichte und seinen Folgen, Anton Staudinger, der in Wien Neuere Geschichte lehrte, und Helmut Konrad, der das an der Universität Graz tat, ein Spezialist der Geschichte der Arbeiterklasse und der Arbeiterbewegung Österreichs.

Warum aber diese Reise ins Land der Franzosen? Das hatte tatsächlich etwas mit einer Emigration zu tun. Die lag Jahrzehnte zurück. Es war die von Felix Kreißler, eines gebürtigen Wieners. Zwanzigjährig hatte er Österreich verlassen, nachdem er wegen seiner Parteinahme gegen die austrofaschistische Diktatur verhaftet und von allen zum Abitur führenden Schulen ausgeschlossen worden war. Als das Land seiner Zuflucht 1940 von der Wehrmacht erobert und besetzt war, stand Kreißler in den Reihen der Résistance. Auf Verhaftungen folgten geglückte Fluchten, bis er den Fängern doch nicht mehr entkam. Er überlebte Gestapohaft und -verhöre und das Konzentrationslager Buchenwald. Nach Jahren in Österreich begann er, seinen 30. Geburtstag hatte er hinter sich, in Frankreich zu studieren, erwarb Doktortitel auf Doktortitel, beteiligte sich am Aufbau eines Instituts für germanistische Studien und gründete das *Centre d'Études et de Recherches Autrichiennes* (CERA). Wo? In Rouen. Zu seinen bedeutenden Publikationen gehörte die Monografie über die Herausbildung des österreichischen Nationalbewusstseins *Der Österreicher und seine Nation. Ein Lernprozess mit Hindernissen.* Er rief zu jenem Symposium, auf dem eine internationale Gesellschaft von Clio-Jüngern ihre Scheinwerfer auf den März des Jahres 1938 zurückrichten sollte.

So viel zur Vorgeschichte meiner Bekanntschaft mit der geschichtsträchtigen Stadt in der Haute Normandie.

Der Auftakt der Veranstaltung fand in Paris statt und das machte, dass an ihr das Kulturzentrum der Republik Österreich beteiligt war, was dem Unternehmen zusätzlich eine diplomatische Note gab und dessen Finanzierung gut getan haben dürfte. In der Liaison drückte sich aus, dass Kreißler ein Förderer internationaler Beziehungen war und zu seinen Gründungen eine österreichisch-französische Gesellschaft für kulturelle und wissenschaftliche Zusammenarbeit gehörte. Erst nach diesem Beginn in Frankreichs Hauptstadt zogen wir nach Rouen weiter, wohin uns einer der schnellen Züge des Landes in kaum mehr als einer Stunde brachte. Wir – das waren mit den Österreichern Historiker aus Frankreich, Großbritannien, der Bundesrepublik, der Tschechoslowakei, Ungarn, Jugoslawien, Polen und Bulgarien, aus Staaten also, die sich, da das faschistische Reich durch den »Anschluss« ein Glacis gegen Ost- und Südosteuropa gewonnen hatte, von der veränderten politischen Landkarte Gutes nicht erhoffen konnten.

Das *Journal de Rouen* hatte, als es 1938 seinen Lesern das Ende Österreichs mitteilte, eine treffende Überschrift gewählt. Sie lautete: »Nur noch eine Provinz.« Ein Staat war von der Landkarte Europas gelöscht worden. Wie dessen bisherige nahe und ferne Nachbarn darauf reagierten, ob sie das überhaupt taten oder in einer Art Starre abwarteten, war Gegenstand einer Gruppe thematisch zusammengehörender Vorträge, zu der auch der mit dem Thema Frankreich und die Anschlussfrage gehörte, den Alois Schumacher von der Universität in Paris gab. In dieser Reihe fehlte ein Beitrag über Großbritannien.

Nicht jedoch eine Darstellung des einzigen entschiedenen Protestes, den ein Staat gegen die Liquidierung Österreichs erhob. Der kam aus dem fernen Mexiko. Von da war auch der darüber referierende Christian Kloyber angereist, ein Spezialist für die Erforschung der im mittelamerikanischen Lande entstandenen deutschsprachigen Exilliteratur. Verwandtschaft mit dieser Themengruppe besaß auch der Beitrag Susanne Millers, der gleichermaßen wissenschaftlich wie politisch engagierten Sozialdemokratin. Er behandelte die Kommentare der deutschen Exilpresse zur Annexion Österreichs, eine Materie, in der sie sich nicht nur von Geschichtsstudien her auskannte, sondern schon aus den Jahren ihrer Emigration, als sie in Großbritannien lebte und dort die Bestrebungen deutscher Nazigegner unterstützte.

Diese Berichte boten vielerlei Vergleichsmöglichkeiten. Aus ihnen ging auch hervor, dass die Erkenntnis weit, aber folgenlos verbreitet war, die Tschechoslowakei werde das nächste Objekt deutscher Expansionsgier sein. Wie weit das Interesse am zentraleuropäischen Geschehen reichte, darüber gab ein Vortrag Auskunft, der das Presseecho im nicht japanisch besetzten China darstellte, differenziert nach dem bürgerlichen und dem von der Roten Armee beherrschten Landesteil.

Doch standen die inneren Probleme Österreichs natürlich im Zentrum der Forschungen wie der Debatten und unter diesen wieder die Frage, die der Haltung seiner Einwohner gegenüber dem Zugriff der deutschen Machthaber galt. Wie viele Bewohner des Alpenlandes gehörten zur Partei der »Großdeutschen«, die den »Anschluss« wollten, seinen Vollzug feierten und bejubelten? Dass dies deren Mehrheit gewesen sei, soll das Bild vom Wiener Heldenplatz bezeugen, jene Hunderttausende, die zum »Führer« hinaufblickten, der von einem Balkon herab, der Vorsehung die »Heimkehr« seiner Heimat meldet. Doch wie immer diese Menge geschätzt wird, die Mehrheit der Wiener bildeten jene, die nicht zu diesem Platz kamen, aus Ablehnung, Gleichgültigkeit oder wegen irgendeiner Abhaltung. Das Wochen später von der Reichsregierung triumphierend vorgewiesene Abstimmungsergebnis vom 10. April 1938 konnte die Furcht nicht vollends vergessen machen, die in Berlin vor einem Plebiszit der Österreicher über Selbständigkeit oder Anschluss geherrscht hatte, das ohne Einmischung von außen stattfinden sollte. Es zu verhindern, hatte den Zeitpunkt mitbestimmt, zu dem der Einmarsch der Wehrmacht erfolgte.

Es gibt einen kleinen österreichischen Ort, den hatte die Absage der Abstimmung, die Bundeskanzler Kurt Schuschnigg durchführen wollte, nicht erreicht. Seine Bewohner waren so zweimal und kurz hintereinander aufgefordert worden, ihre Meinung zur Zukunft Österreichs in einer Wahl zu erklären. Zuerst noch in Österreich, sodann in der eben ausgerufenen Ostmark. Die Ergebnisse fielen vollkommen entgegengesetzt aus. So wenig sie für Verallgemeinerungen geeignet sein mögen, die einander widersprechenden Resultate vermitteln einen Denkanstoß zum Thema vox populi.

Was sich aufgrund vieler Befunde einzig mit Bestimmtheit sagen lässt ist, dass die Behauptung, Österreich sei ein bloßes Opfer gewesen, ebenso wie die andere, seine Bewohner hätten der einrückenden Wehrmacht ohne Ausnahme einen »Blumenfeldzug« bereitet, in das Reich der Legende gehört. Die österreichischen Forscher schätzten die Prozentzahl der strikten Nazifaschisten zum Zeitpunkt des »Anschlusses« auf etwa 30 bis 35 Prozent der Bevölkerung. Das liegt nicht weit von der Größenordnung des Wähleranhangs der NSDAP bei den Reichstagswahlen im Juli 1932, die nahezu 38 Prozent betrug. Einmal angeschlossen, funktionierten dann auch die »Ostmärker« im neuen Regime bis an das Ende der Kriegszeiten wie verordnet oder befohlen.

Die »Delegation« der Historiker aus der DDR bestand in Rouen aus zwei Teilnehmern. Dass Dietrich Eichholtz, der am Institut für deutsche Geschichte der Akademie arbeitete, eingeladen worden war, bezeugte das Interesse der österreichischen Kollegen, das Thema Anschluss nicht zu erörtern, ohne dass von wirtschaftlichen Expansionsinteressen gesprochen würde. Sie hatten mit den geostrategischen im Reich jener Politik Antrieb gegeben, die aus dem Alpenlande in den sieben folgenden Jahren für reichsdeutsche Großunternehmen, namentlich der Rüstungsindustrie, ein profitbringendes Terrain machten. Eben davon handelte Dietrichs Beitrag, eines der besten Kenner der deutschen Kriegswirtschaft. Der berührte sich eng mit dem ungarischen von György Ránki, in dem die Konsequenzen der Annexion für die Volkswirtschaften im Donaubecken erörtert wurden.

Als mich die Einladung zum Symposium erreicht hatte, fragte ich mich, was ich in dem zu erwartenden Spezialistenkreis anbieten könne, von dem sich viele meiner österreichischen Kollegen mit dem Antisemitismus in ihrem Lande und dessen gewalttätigem Ausbruch in den Tagen nach dem Anschluss forschend befasst hatten. Ich entschied mich für den Versuch, dieses Hervorbrechen zum einen in die Geschichte der sich steigernden Judenverfolgungen im Reich einzuordnen, die im Pogrom des 9. November gipfelten, und es gleichzeitig in Vergleich mit den frühen antisemitischen Aktionen der deutschen Sturmabteilungen von Februar bis April 1933 zu setzen.

Dieser zweite Aspekt hatte sich mir seit längerem aufgedrängt, weil es auf den ersten Blick so schien, als sei der in Wien im Frühjahr 1938 agierende faschistische Pöbel von viel brutalerem Typ gewesen als der deutsche fünf Jahre vorher. Fotos ähnlich jenen, die Straßen scheuernde Juden zeigen, von Nazis angetrieben und bewacht und umstellt von hohnlachenden Passanten, gab es aus dem Berlin des Jahres 1933 nicht. Alfred Hrdlicka hat die Erinnerung an die schandbaren Demütigungen und Drangsalierungen in Stein gehauen, zu besichtigen in seinem Mahnmal hinter der Wiener Oper auf dem Albertinaplatz. Die Nazis in Wien also eine besondere Spezies?

Bilder sprechen für sich, aber sie sprechen manchmal beirrend und bedürfen der Interpretation. Denn was auf ihnen zu sehen ist, hält nur den Moment fest und schweigt über das Davor und das Danach, mithin über Ursachen und Folgen. Nichts sagen sie über die Interessen, die die Antisemiten in Wien antrieben und über die Gründe der Anderen, die sie gewähren ließen oder gar mit Beifall bedachten. In Berlin waren die eben noch legalen Kommunisten und Sozialdemokraten jene, an denen die Faschisten Hassgefühle und Rachegelüste stillten. In den SA-Lokalen und -Kellern waren Filmoperateure und Fotografen nicht dabei. In Wien hingegen war die Arbeiterbewegung schon von den »eigenen« reaktionären Machthabern in die Illegalität abgedrängt worden. Die 1938 ihre Plätze am Staatsruder räumen mussten, hatten den nun obsiegenden Nazis einen Teil ihrer Arbeit vorweg bereits abgenommen.

Wie die innere Lage, so unterschied sich auch die außenpolitische Situation der Jahre 1933 und 1938 erheblich. Die Judenverfolgungen, die sich während der ersten Wochen der Hitlerherrschaft im nun zum »Altreich« erklärten Deutschland zugetragen hatten, besaßen nachteilige Folgen für Binnenwirtschaft und Außenhandel. Das veranlasste die Regierung zum Einschreiten und ergab 1933 einen sie abbremsenden Effekt, eine Pause. Keine dieser Rücksichten musste 1938 genommen werden. Die österreichischen Nazis durften ihre Triumphgefühle an den Juden Wiens ungezügelt austoben. Und das Ausland, wiederum anders als 1933, hatte sich an den Antisemitismus mit dem Hakenkreuz schon gewöhnt. Wie es die Annexion im Ganzen hinnahm, so auch deren »Begleiterscheinungen«. Zudem regierte der Vorsatz, die Beziehungen zum erstarkten Nazireich schiedlich friedlich zu regeln und Konflikte zu meiden. Kurzum, mein Befund lief drauf hinaus, dass sich die faschistischen Horden weniger unterschieden denn die jeweiligen Situationen. Natürlich, das war gewollt, ergab diese Sicht eine Debatte. Doch verdächtigte mich niemand, die Untaten der braununiformierten Banditen zu relativieren, welche die Juden Wiens aus ihren Wohnungen und Geschäften, in den Tod, zur Flucht über die Grenze getrieben oder ihnen das Leben schon zur Hölle gemacht hatten, bevor sie in die Hölle der Vernichtungslager deportiert wurden.

Felix Kreißler sorgte dafür, dass, was in Paris und Rouen vorgetragen worden war, ein Jahr später in einer französisch- und einer deutschsprachigen Ausgabe gedruckt vorlag, betitelt *Fünfzig Jahre danach. Der »Anschluss« von innen und außen gesehen.* In seiner Einleitung charakterisierte er die Situation, in der das Symposium stattgefunden hatte: »Wir leben ja tatsächlich in einer Zeit, in der viele Historiker – vor allem Zeitgeschichtler – […] der Versuchung unterliegen, die Geschichte nicht nur zu schreiben, sondern auch umzuschreiben. Sei es, um selbst zu einem besseren Verständnis der neueren Vergangenheit, an dem sie echten Mangel leiden, zu gelangen, sei es aus weniger lauteren Beweggründen, etwa, um politische Thesen – der Rechtfertigung oder der Anschuldigung – zu untermauern oder auch einfach deshalb, weil eine Revision der Geschichtsschreibung dem ›Zeitgeist‹ entgegenkommt, der sich in vereinfachenden Verurteilungen oder in ebenso vereinfachenden Absolutionen besser zurecht findet als mit einer differenzierenden und daher auch viel komplizierteren Aufarbeitung und Aneignung der österreichischen Geschichte.«

Diese Beobachtung betraf damals keine neuartige und auf Österreich begrenzte Erscheinung und sie hat sich seitdem wiederholt machen lassen bis in unsere Gegenwart. In der Bundesrepublik Deutschland bis heutigen Tages und das sowohl im Hinblick auf die Geschichte der Nazijahre wie auf das Geschichtsbild, das von der DDR mit Vorliebe, weil mit Herrschaftsnutzen verbreitet wird.

Es soll dieser Bericht nicht enden, ohne eine Episode zu erzählen, die sich während eines wissenschaftlichen Symposiums in der Bundesrepublik so nicht zutragen könnte. In einem kleinen Staat kennen sich die Historiker, deren Interessen auf einem Spezialgebiet liegen, alle. Das schafft Nähe und unterbindet jede Art akademischer Hoffart. Dieses Bekanntsein bestimmt das offene Klima von Gesprächen nicht nur, sondern unterbindet im Umgang miteinander Wendungen, Floskeln und Gesten eitler Selbstdarstellung. Nicht gänzlich, wie überall. Als ein Teilnehmer nach meinem Vortrag eine überflüssige Polemik begann, hatte ich darauf nicht zu antworten. Einer seiner Landsleute sagte ihm, er habe wohl einen anderen Vortrag gehört als jenen, der eben gehalten wurde. Das Thema war erledigt. Da war nichts von Unkollegialität oder Animosität, doch ein Stil, der auf die Sache zielte und obendrein sehr zeitsparend ist. So reich die Tradition des österreichischen Theaters, sie spielt in Unternehmen wie das von Paris-Rouen nicht hinein.

Nach anregenden Tagen verließ ich Rouen auf eben dem direkten Wege, auf dem ich dahin gelangt war und, wie ich heute mir verwundert und bedauernd sage: in die falsche geografisch-historische Richtung. Nicht mehr als 80 Kilometer waren es bis zur Mündung der Seine und nicht viel weiter an jene Küsten der Normandie, an denen die Truppen der Alliierten am 6. Juni 1944 gelandet waren, spät, aber entschlossen und erfolgreich die Zweite Front eröffnend.

Warum ich mir einen Ausflug dahin nicht genehmigt habe, vermag ich nicht zu sagen. Vergnüglich wäre er beim Gedanken an die US-amerikanischen, britischen, kanadischen, französischen und anderen Soldaten und vor den unübersehbaren Gräberfeldern nicht geworden. Irgendwie war das eigentlich ein Pflichtpensum für einen deutschen Historiker. Nur waren wir DDRler mitunter von einer Disziplin, die aus der Rückschau vollends nicht mehr erklärlich ist.

So blieben die Eindrücke von Spaziergängen in Rouen. Der Gang über den Platz, auf dem der Scheiterhaufen für die Ketzerin gebrannt hatte. Und dann der erste und letzte Blick jeden Tages auf die Seitenfront der gotischen Basilika, die lange Jahre zudem den höchsten Turm Europas besaß. Denn dieser steinernen Front direkt gegenüber befand sich der Eingang zum Hotel, in dem ich einquartiert worden war. Auf irgendeine Weise mutete dessen gewaltige Holztür mittelalterlich an. Hatte man sie mit einem Schlüssel geöffnet, den man wegen seiner Ausmaße nicht verlieren konnte, ohne es zu bemerken, betrat man einen mit roten Ziegeln geplasterten Vorraum. Da begrüßte den abendlichen Heimkehrer kein schläfriger Portier, keine Munterkeit vortäuschende Dame vom Empfang, sondern eine miauende Katze, die auf diese Unterbrechung ihres Alleinseins gewartet zu haben schien und Anschluss suchte.

13. Wüstensöhne in der Neuen Welt. *New York und Princeton 1989*

Der Jumbo der *Allitalia* hatte den europäischen Kontinent schon Stunden hinter sich gelassen. In Mitteleuropa zeigten die Uhren Mittagszeit. Über dem Atlantik lag blendender Sonnenschein. Auf dem Wassermeer ließen sich aus der kilometerhohe Entfernung Umrisse von Schiffen erkennen, die das Bild zu beleben schienen. Der Blick ließ keine Idee an Wasser- oder Luftverschmutzung aufkommen. Da fiel mir ein, dass ich heute Geburtstag hatte. Keinen besonderen, es war der 59. So spät am Tage war mir das in keinem Jahr zuvor in den Sinn gekommen. Da waren Gratulationen in der Familie und durch Freunde, die sich am Telefon meldeten, längst ausgesprochen.

Doch musste ich das sich ankündigender Altersvergesslichkeit noch nicht zuschreiben. Die Aufregungen des voraufgegangenen Nachmittags und Abends und dann noch des Morgens hatten das bewirkt. Nun saß ich mit drei Kollegen erleichtert in dieser Riesenmaschine und wurde in die USA geflogen. Es ging auf eine Reise, die vor Jahren oder gar Jahrzehnten noch als Sensation gegolten hätte. Außergewöhnlich war sie auch im Frühjahr 1989 noch. Wie alles besaß sie eine Vorgeschichte.

In den achtziger Jahren waren noch vor der unbetretenen Schwelle offizieller diplomatischer Beziehungen zwischen der DDR und den USA wirtschaftliche, kulturelle und auch wissenschaftliche Kontakte angebahnt worden. Die Geschichtswissenschaft spielte in diesem Prozess der Annäherung eine Nebenrolle, war davon aber nicht ausgenommen. Mehrfach hatten sich Fachleute beider Staaten schon zu Symposien getroffen. Das geschah aufgrund einer Vereinbarung, die zwischen dem Ministerium für Hochschulwesen der DDR und auf Seiten der USA dem sich insbesondere um internationale wissenschaftliche Kontakte Verdienste erwerbenden *International Research and Exchange Board* (IREX) getroffen worden war. Die Konstruktion vermied, dies nebenbei, auch den leisen Anschein einer Anerkennung des ostdeutschen Staates durch die westliche Führungsmacht. Dem Unternehmen tat das keinen Abbruch.

Zuerst hatten sich Spezialisten für Gebiete und Zeiten der Geschichte getroffen, die – wie alle Gegenstände und Themen – zwar methodologischen, aber keinen politischen Sprengstoff boten. Schrittweise ging es chronologisch der Gegenwart zu und die Spezialisten der Geschichte des 20. Jahrhunderts kamen an die Reihe. Vereinbart wurden schließlich auch Treffen von Faschismus-Experten. Deren Vorbereitung brauchte auf jeder Seite einen Leiter. Ich erhielt diese Rolle für die DDR-Seite, Konrad Jarausch, Professor an der *University of North Carolina at Chapel Hill* für unseren Partner.

Der hat sich später über diesen Teil seines Arbeitslebens in einer ihm geltenden Festrede die folgenden Sätze eines ihm befreundeten westdeutschen Kollegen angehört:

»Konrad war, als das Ende der DDR noch kaum vorstellbar war, auch an einer Initiative beteiligt, die Kontakte für Konferenzen zwischen Historikern aus der DDR und den USA knüpfte, obwohl sich das langfristig als Sackgasse herausstellte, weil es die DDR bald nicht mehr gab. Aber das konnte niemand voraussehen. Schließlich gingen damals alle halbwegs aufgeklärten Zeitgenossen von der unabsehbaren Dauer des zweiten deutschen Staates aus, auch wenn das später die wenigsten wahrhaben wollten.

Das ›Normalisierungs-Paradigma‹ der Entspannungspolitik hinterließ auch in der Geschichtswissenschaft seine Spuren. Derartige Kontakte zu erwähnen, erscheint mir wichtig, weil sie später den notwendigen Dialog zwischen Wissenschaftlern aus Ost und West, der in Potsdam mit Erfolg versucht wurde, erheblich erleichtert haben.«

Über diese Deutung der Geschehnisse lässt sich reden, nimmt man die Feststellung im letzten Satz aus. Sie gehört zu den schönenden Legenden, welche das Zusammenwachsen dessen, was angeblich zusammengehört, bis zur Unkenntlichkeit verklären. Jarausch ist auf unser Bekanntsein aus DDR-Zeit nicht zurückgekommen. Es kann darüber gerätselt werden, warum er das vermied. Anfänglich konnte man ob solcher Kontakte ebenso des Beitrags zur Lebensverlängerung der DDR bezichtigt, wie wegen des Anteils an deren Destabilisierung gelobt werden.

Doch zurück in die Achtziger: Mit Konrad Jarausch hatte ich während eines seiner Aufenthalte in Deutschland bei einem Treffen in Berlin in der angenehmen Atmosphäre des Opernkaffees Unter den Linden, wo wir uns gemeinsam mit unseren Ehefrauen zu einem Essen trafen, eine Verständigung über ein Diskussionsprogramm unschwer erzielt. Sprachlich machte das ohnehin keine Schwierigkeit, Jarausch war gegen Kriegsende in Magdeburg geboren und in Bayern aufgewachsen. Die erste Zusammenkunft der beiden Gruppen hatte dann 1987 ebenfalls in Berlin stattgefunden. Für unser Treffen war eigens ein verlängertes Wochenende bestimmt worden, herrschten doch in den Vereinigten Staaten während der Semestermonate für Hochschullehrer ungleich strengere Anwesenheitspflichten als in der DDR. So mussten unsere Kollegen schließlich auch den jeweils im November in US-amerikanischen Familien als hohen Feiertag begangenen Thanksgiving-Day opfern, auf das Problem hatte mich Jarausch schon bei der Fixierung des Termins hingewiesen, um genügend Zeit für Reise und Tagung zu gewinnen. Den Teilnehmern war von ihren Familien offenkundig Sonderurlaub gewährt worden. Wir begrüßten eine fünfköpfige Gruppe von Wissenschaftlern.

Unsere Gäste hatten es vorgezogen, sich in Westberlin einzuquartieren. Also empfingen wir sie am Checkpoint in der Friedrichstraße und geleiteten ihren Kleinbus zur Universitätsmensa in die Reinhardtstrasse vis-à-vis dem Deutschen Theater. Vom Trubel des Hauptgebäudes unbelästigt, diskutierten wir dort drei Tage lang und mit hoher Konzentration. Dazu trug bei, dass die Vorträge der Gäste und die unsrigen zueinander jeweils thematisch engen Bezug besaßen und die Gefahr des Abschweifens ins Uferlose nicht entstand. So wurde auch bei unserem Gegenbesuch verfahren. Konrad Jarausch hielt zudem in der Universität einen Vortrag vor Studenten, die sich auf den Zeitraum unserer Forschungen zu spezialisieren im Begriff waren.

Die Tage, denen ich nicht ohne Spannung und Bedenken entgegen gesehen hatte, verliefen unkompliziert. Es fehlte nicht an Stoff für Information über die jeweiligen Forschungsunternehmen, noch an kontroversen Sichten auf deren Ergebnisse. Daran besaß einen besonderen Anteil, dass die Gruppe der amerikanischen Kollegen in ihren Forschungsinteressen und auch in ihren methodologischen Herangehensweisen weit gefächert war. Zu ihr gehörte Gerhard L. Weinberg, der als Zehnjähriger mit seiner jüdischen Familie aus Deutschland emigriert und via Großbritannien in die USA gelangt war. Er besaß einen herausragenden Anteil an der Ordnung und Bewahrung der Beutedokumente aus deutschen Archiven und Schriftverwaltungen, die 1945 nach dem Sieg über Deutschland in die USA gebracht worden waren und war folglich einer der besten Kenner der Materie. Als Historiker hatte er auf dem Felde der deutschen Außenpolitik und Diplomatie während der Nazijahre bahnbrechend gewirkt und ein Standardwerk vorgelegt, das zur obligatorischen Lektüre für alle gehörte, die sich mit der Vorgeschichte des Zweiten Weltkriegs befassten. Weinberg lehrte wie Jarausch in Chapell Hill.

Der am stärksten durch kontroverse Positionen geprägte Teil unserer Begegnung war in der Debatte mit Henry Ashby Turner jun., dem Professor an der Yale University in New Haven, zu erwarten. Er hatte es in einer viel beachteten kleinen Schrift, die Aufsätze versammelte, unternommen, das von der marxistischen Geschichtsforschung geschaffene Bild der Beziehungen zwischen Kapital und Naziführung in der Endphase der Weimarer Republik zu widerlegen. Dem lagen archivarische Studien zugrunde, die ihn u. a. auch in das Potsdamer Zentrale Staatsarchiv der DDR geführt hatten. Joachim Petzold und Kurt Gossweiler, der sich vordem schon in kritischen Besprechungen zum Gegenstand geäußert hatte, widersprachen der These, dass die NSDAP so etwas wie eine Partei sui generis gewesen und den bürgerlichen politischen Parteiformationen nicht zuzurechnen wäre.

Erörtert wurde auch das weitläufige Thema der Massengefolgschaft der NSDAP in den Phasen vor und an der Macht, wozu Fragen nach deren Umfang, Zusammensetzung und Rolle gehörten. W. S. Allan und Teilnehmer der DDR referierten Ergebnisse ihrer Regionalstudien, die in Sachsen und Mecklenburg angestellt worden waren und insbesondere dem Verhältnis von Industrie- und Landarbeitern zur faschistischen Partei und Diktatur galten. Ungeachtet aller Meinungsverschiedenheiten verlief die Tagung in einer sachlichen, und, nachdem anfängliche Steifheit sich gelegt hatte, in kollegialer Atmosphäre. Jarausch meinte am Ende, es sei gelungen, das Eis zu brechen, ein Feststellung, die ich teilte. Unverkrampft verabschiedeten wir uns nach getaner Arbeit in einer Runde im Keller des am Märkischen Ufer gelegenen Ermeler-Hauses, der so genannten Raabe-Diele, einem der wenigen exklusiven Etablissements im DDR-Teil der Stadt. Wer zeigt sich Gästen nicht von seiner besten Seite, en famille nicht anders denn auf einem quasi Staatsparkett. Auf eine Fortsetzung in der Neuen Welt waren wir verabredet.

Nun also, Mai 1989, waren wir auf der Reise zum Gegenbesuch. Unsere ebenfalls fünfköpfige Gruppe unterschied sich vom Altersdurchschnitt her von den üblichen »Westreisenden« ein wenig. Ich hatte noch sechs Jahre bis zum Ende meiner »Dienstzeit«, Wolfgang Meinecke, der jüngste in ihr, sein Studium etwa um die gleiche Zahl an Jahren hinter sich. Er befand sich bereits im Rahmen eines Austauschprogramms für junge Wissenschaftler in den USA. Sein Forschungsinteresse richtete sich auf die Überwindung der Folgen von Faschismus und Krieg in Ostdeutschland und namentlich auf die Integration der Millionen Umsiedler aus den einstigen deutschen Ostgebieten.

Manfred Weißbecker, der an der Jenaer Friedrich-Schiller-Universität Neuere und Neuste deutsche Geschichte lehrte, war in der Geschichte der deutschen Parteien und namentlich der NSDAP gleichsam beheimatet. Er rief alljährlich zu in der Saalestadt stattfindenden Faschismus-Kolloquien, zu denen sich die Spezialisten aus Instituten der DDR und gelegentlich auch Gäste einfanden. Werner Bramke, der an der Karl-Marx-Universität in Leipzig lehrte, war mit seinen Forschungen auf den bürgerlichen Widerstand gegen Hitler fixiert. Sein »Held« war der Leipziger Oberbürgermeister und zeitweilige oberste Preiskontrolleur des Naziregimes Carl Goerdeler, hingerichtet als einer der Verschwörer des 20. Juli.

Rolf Richter schließlich, Professor an der Akademie für Gesellschaftswissenschaften, einer zur Sozialistischen Einheitspartei gehörenden Forschungseinrichtung, hatte sich als intimer Kenner der deutschsprachigen wie der angelsächsischen Faschismus-Historiographie ausgewiesen.

Unsere Route, bestimmt von der Reisestelle des Hochschulministeriums, führte via Rom, weil die italienische Gesellschaft Allitalia günstige Flugpreise nach New York anbot. Das trug uns einen hochwillkommenen Zwischenstopp ein und die Gelegenheit einer wenn auch nur flüchtigen Bekanntschaft mit der »ewigen Stadt«. Dort trafen wir mittags ein, konnten jedoch erst am nächsten Morgen weiterfliegen.

Einquartiert wurden wir im Hotel »Forum«, das mit seinem Namen nicht flunkerte. Von seiner Dachterrasse ließ sich auf das historische Forum Romanum blicken. Ungesäumt machten wir uns auf, die frühlingshafte Stadt entlang ihrer berühmten geschichtlichen Zeugnisse soweit zu durchwandern, wie uns die Füße eben tragen konnten. Wir bewunderten die mächtige Engelsburg, deren ursprünglich zum Mausoleum bestimmter und dafür zeitweilig auch genutzter Bau mich wieder auf Hadrian verwies, auf dessen Geheiß seine Entstehung zurückgeht. Von ihm und der nach ihm benannten Säule war im Bericht über meine Bukarest-Reise schon einmal die Rede. Natürlich besuchten wir den Petersdom, in dem mir damals wie bei späteren Besuchen nichts mehr Eindruck machte als die Pieta des Michelangelo.

Auf unserem Weg passierten wir die von den Einheimischen sogenannte »Schreibmaschine«, das Monument für Viktor Emanuel II., und blickten aus wieder anderer Perspektive auf den Ruinenkomplex des Forum Romanum, von dem ich freimütig gestehe, dass es mir an historischer Detailkenntnis fehlte, die meiner Phantasie so hätten aufhelfen können, dass ich in ähnliche Verzückung geraten wäre wie Werner Bramke.

Bei sich ankündigender Dunkelheit strebten wir dem Kolosseum zu, der letzten Station, die wir zu erreichen uns vorgenommen hatten. Auf dem Weg passierten wir eine der souverän oder gedankenlos, das wagte ich nicht zu entscheiden, belassenen Hinterlassenschaft des Duce, Abbildern seines in Stein gehauenen Größenwahnsinns, die, hätte es eine ähnliche Erbschaft seines Freundes Hitler in Deutschland gegeben, das Jahr 1945 nicht überdauert haben würde.

Auf diesem Wege umtanzte uns eine aufdringliche Gruppe von vier oder fünf Kindern verschiedenen Alters, die, wie wir meinten, einen Zeitungsverkauf, sie wedelten mit einem Exemplar einer erkennbar alten Ausgabe, nur vortäuschten, uns aber in Wahrheit anbetteln wollten. Wir schüttelten sie im buchstäblichen Sinne ab.

Dann befanden wir uns am Ziel unseres Weges. Die Tore waren schon verschlossen, doch noch ließ sich ein Blick ins Innere des Amphitheaters werfen. Auf dem Rückweg übernahm ich zum ersten Mal die Rolle des *head of delegation* und lud zum Ende unseres gelungenen Starts zu einem Glase Wein ein, wofür eine angemessene Lokalität in der Nähe unseres Quartiers sich leicht würde finden lassen.

Während ich mich in meinem Zimmer erfrischte, erschien, aufs höchste erregt, Werner und erklärte, er besitze keinerlei Personalpapiere mehr. Die Ursache war im rasch zusammengerufenen Quartett unschwer geklärt. Während wir uns vor dem Bau des Kolosseums auflösten, jeder sich eine ihm zusagenden Perspektive gewählt hatte, war jene Kindergruppe wieder aufgetaucht, deren Absicht wir falsch gedeutet hatten. Sie war inzwischen übereingekommen, den körperlich Kleinsten von uns für eine Attacke auf dessen Brieftasche auszuwählen. Mit vollem Erfolg. Das Opfer, das vom Blick auf das grandiose Bauwerk nicht weniger gefesselt gewesen sein mochte wie vordem bei jenem auf das Forum, hatte sie nicht einmal bemerkt. Der Abend war geschmissen.

Ich telefonierte nach Berlin und erreichte zu meinem Glück meinen Historikerkollegen Gerhard Engel, mit dem ich aus gemeinsamer Arbeit an der Humboldt-Universität bekannt war. Er arbeitete damals als einer der stellvertretenden Minister für das Hochschulwesen. Ihn bat ich, alle Hebel in Bewegung zu setzen, damit wir unseren Pechvogel mit auf unseren Weiterflug nehmen konnten. Und Gerhard bewerkstelligte in der Tat binnen einer Nacht das Unmöglich-Erscheinende.

Die DDR-Botschaft stellte bis zum folgenden frühen Morgen die notwendigen Personalpapiere aus. Auf dem Flughafen war eine Order über die Ausfertigung eines Ersatztickets eingegangen. Wir gelangten vollzählig an Bord und zum Flug über den »großen Teich«. Uns standen fünf Tage bevor. Drei davon waren ganz für die Arbeit in Princeton bestimmt. Soviel zu meiner Rolle am Beginn meiner einzigen Dienstreise als Maitre de plaisir.

Vor ihr hatten schon die Anstrengungen bei der Herstellung zweier englisch-sprachiger Manuskripte gelegen, mit denen ich mich vor US-amerikanischen Hörern in Princeton mit Anstand sehen lassen konnte.

Darüber ein paar Worte mehr.

In der Breslauer Mittelschule erhielt ich vierundeinhalb Jahre Unterricht in der englischen Sprache, die längste Zeit von einem Lehrer, der aus dem Militärdienst, den er in einem britischen Kriegsgefangenenlager absolvierte, krankheitshalber entlassen worden war. Dazu trat dann nahezu zwei Jahre lang ein ebenfalls intensiver Französisch-Unterricht. In den unmittelbaren Nachkriegsjahren im Wickersdorfer Internat folgte darauf, abhängig vom häufigen Lehrerwechsel, ein Mix von Fremdsprachenunterricht, dem jede Kontinuität fehlte: Latein, Französisch, Englisch und – dies währte am längsten – das von mir ungeliebte Russisch. Obendrein konnte uns keiner unserer Pädagogen davon überzeugen, dass wir je in die Lage kommen würden, eine der modernen Sprachen aktiv zu gebrauchen. Deutschland in seinen Besatzungszonen war ein mit tausend Gründen geschmähtes Land. Seine Ausländer waren Besatzer und so würde es nach unserem Urteil auf lange Zeit bleiben. Jahre später habe ich mein Englisch zwar aufgefrischt, doch es nie sprechen müssen, ausgenommen Reisen, die mich nach Indien und ins britische Liverpool führten. Dann beneidete ich eine Enkeltochter, die eine Schulklasse und vier Studiensemester in Frankreich, zwei weitere in Schottland absolvierte. Soviel also zu der Hürde, die, schwacher Trost, nicht nur ich, sondern viele meines Jahrgangs und Bildungsweges in ähnlichen Situationen zu nehmen hatten.

Es begann jeweils mit dem Schriftlichen. Indessen, wo die Not am größten, war Dianas Hilfe am nächsten. Das meint nicht jene Dame aus der römischen Mythologie, die, bevor sie zur Göttin der Jagd erhoben wurde, schon als Helferin in vielen anderen Lebenslagen galt, so auch bei einer Niederkunft, sondern eine leibhaftige Person. Die hatte mit ihrer berühmten Namensvorgängerin eines gemein, ihren Bekanntheitsgrad, jedoch in verschiedenen Gegenden. Di, die mit vollem Namen Diana Löser hieß, eine gebürtige Engländerin und durch Heirat ins Ostdeutsche geraten, gehörte zu den, sieht man von Schauspielerinnen und Sängerinnen ab, bekanntesten Frauen im Lande DDR. Im Fernsehfunk bestritt sie mit unverwechselbarem Charme die Sendung »English for you«. Deren Folgen eröffnete sie mit einem ermutigenden, zwischen ihr und den Mitmachenden augenblicklich Nähe schaffenden »Halloh, Viewers«. Kennengelernt hatten wir einander an der Universität, wo sie Englische Sprache und Literatur

unterrichtete. Sie sah meine für den Vortrag in Princeton bestimmten Texte durch und gab ihnen einen Schliff, den sie zwar
nicht als den letzten ansah. Doch wurde ich mit dem Bemerken
auf die Reise geschickt, ich könne mich damit hören lassen. Das
nächste Mal freilich würden wir gemeinsam eine Fassung verferti-
gen, die den Einheimischen wie ihre eigene anmuten solle. Dazu
kam es nicht mehr. Di starb früh. Sie malte in ihrer Freizeit. In
meinem Zimmer hängt eines ihrer Bilder, entstanden an einem
brandenburgischen See.

Zurück zum 3. Mai 1989: Landung auf dem Internationalen
Flughafen New York, der einen Monat nach dem tödlichen
Anschlag auf den 35. Präsidenten der USA auf den Namen J. F.
Kennedy getauft worden war. Schon die erste Erfahrung bestätigte
mir eine mitgebrachte Vorstellung. Hier wurden Zeit- und
Kraftaufwand errechnet und, wenn möglich und schicklich, mini-
miert. Der sowjetische und von da in der DDR importierte Stil
der mehr oder weniger großen »Bahnhöfe« für ausländische Gäste
lag den US-Amerikanern so fern wie Omsk oder Tomsk von ihren
Wohnsitzen. Uns empfing im Flughafengebäude der freundliche
Fahrer eines geordeten Taxi-Unternehmens, der durch ein Schild
auf sich aufmerksam machte. Dann verstaute er uns und unser
Gepäck in seiner mächtigen Karosse. Nach etwa einer Stunde
Fahrt war das Ziel, Princeton, und dort inmitten der berühmten
Universitätsstadt das Nassau Inn erreicht. Das Hotel unterschied
sich durch Ausmaß und Atmosphäre angenehm von jenen Rie-
senbauten, in deren Foyers es zuzugehen pflegt wie auf einem
belebten Großstadtbahnhof in der Hauptverkehrszeit.

Einige unserer Gastgeber waren schon eingetroffen. Wir wurden im *University Colonial Room* zu Tische gebeten. Auf die kurze
Begrüßung durch Konrad Jarausch antwortete ich ebenso knapp.
Mein Appetit hielt sich in Grenzen. Anders als meinen Kollegen,
die sich mit den »Einheimischen« wieder oder neu bekannt machten, stand mir die Arbeit des Tages noch bevor. Ich hatte in der
zur Universität gehörende Woodrow Wilson School einen öffentlichen Vortrag zu bestreiten.

Nach kurzem Fußweg stand ich, nach mitteleuropäischer Zeit
war es eben 3 Uhr nachts geworden, hinter einem Pult und vor
einem etwa 80 Personen zählenden Auditorium, das den Hörsaal
nahezu füllte und sprach zum Thema »Deutschland in der Vor-

kriegskrise 1939«. Ich entsann mich nicht, bis dahin je zu solcher Stunde referiert zu haben. Immerhin kannte ich meinen Text gut genug, um nicht am Blatt zu kleben. So bemerkte ich eine aufmerksame Zuhörerschaft, die vor allem auch mein Englisch zu verstehen schien. An den Vortrag schloss sich eine Fragenserie. Jetzt, doch ein wenig ausgelaugt, bat ich Jarausch, die Übersetzung meiner Antworten zu übernehmen. Auf den offiziellen Teil folgten persönliche Anfragen und Anliegen, wozu sich die Besucher zu einer Art Schlange aneinanderreihten. Meine Gesprächspartner waren Studenten wie interessierte Bürger der Stadt, darunter solche deutscher Herkunft, die Faschismus und Krieg in die Staaten verschlagen hatten. Bei allen Fragen und Bemerkungen war das Interesse an der Sache erkennbar.

Ich konnte den Verlauf des Abends mit ähnlichen an westdeutschen Universitäten vergleichen. Dort hatte ein Vortragender aus dem anderen Teil Deutschlands, wenn er obendrein des Verdachts verdächtig war, Marxist oder gar Kommunist zu sein, obligatorisch mit mindestens einer Wortmeldung zu rechnen, die ihn in dieser oder jener Weise »entlarven«, jedenfalls aber in Verlegenheit bringen sollte. So erlebte ich es in Saarbrücken, wo ich auf sanften Druck von Studenten zum Vortrag in ein Seminar ihres Professors für osteuropäische Geschichte eingeladen worden war, nicht anders nach einem Vortrag bei einer historischen Lehrveranstaltung der Universität Bremen, der auch nicht auf Initiative meines Fachkollegen, sondern auf einen an ihn gerichteten Vorschlag des Prorektors Christian Marzahn zurückging und auch in einem Auditorium der Universität Bielefeld, vor dem ich ebenfalls aufgrund eines Vorschlags eines Studenten sprach. Nur an der Universität Marburg, wohin mich Reinhard Kühnl in sein Kolleg geladen hatte, war die Begegnung frei von derlei ideologischen Sticheleien, denn mit dem eigentlichen Thema hatten diese Interventionen meist nichts zu tun.

Ich fiel erleichtert ins Hotelbett. Am nächsten Morgen begann das Colloquium, zu dem nahezu zwei Dutzend unserer Fachkollegen als offizielle Teilnehmer gekommen waren. Zudem stellten sich gelegentlich Interessenten der Harvard Universität als Zuhörer ein. Ich freute mich Sybil Milton wieder zu sehen, die leitende Wissenschaftlerin am Holocaust-Museum in Washington. Wir kannten uns von Begegnungen da und dort bei Konferenzen und hatten u. a. im inzwischen der Abrisswut geopferten Palasthotel in Berlin nicht nur über wissenschaftliche Gegenstände miteinander gesprochen. Für sie besaß Geschichte immer Bezug zur Gegenwart und zur Politik und die Beschäftigung mit ihr richtete sich auf Menschen. Zudem war sie eine leidenschaftliche Anhängerin einer Grenzen gleich welcher Art ignorierenden wissenschaftlichen Kooperation. Mit ihrem Ehemann, Henry Friedlander, trat sie entschieden dafür ein die Geschichte aller Menschengruppen zu erforschen, auf deren Ausmordung die deutschen Faschisten gezielt hatten. Herzlich war die erneute Begegnung mit Renate Bridenthal. Sie konnte mit ihrem Lachen ansteckende Freundlichkeit in einem Grad ausstrahlen, als hätte es in ihrem Leben nie etwas Bedrohliches gegeben. Dabei gehörte sie zu jenen USA-Bürgern, die als Kind rechtzeitig den deutschen Antisemiten entkommen war. Renate lehrte damals am Brooklyn College der *City University of New York*. Unsere Bekanntschaft war bei einem Studienaufenthalt entstanden, der sie nach Berlin geführt hatte. Von da rührte unser brieflicher Kontakt her, den auch meine Kollegin Erika Schwarz unterhielt, die sie damals, wie üblich, ein wenig betreut und ihr an den Klippen der Bürokratie vorbei geholfen hatte.

Den Auftakt des Colloquiums lieferten Vorträge von Rolf Richter und Robert Gellately von der University of Western Ontario im kanadischen London, die unter historiographischem Aspekt über Terror und Widerstand sprachen. Die Mobilisierung von Massen am Ende der Weimarer Republik durch die NSDAP bildete den Gegenstand des Beitrags von Thomas Childers, Professor der University of Pennsylvania in Philadelphia, während Manfred Weißbecker das Thema fokussiert auf die Kriegsjahre erörterte.

Am zweiten Tag trug Werner Bramke Ergebnisse seiner regionalgeschichtlichen Studien über Terror und Widerstand in Leipzig vor, worauf Claudia Koonz von der Duke University in Durham über Kollaboration und Opposition sprach und dabei die Perspektive auf Geschlecht, Religion und Eugenik richtete.

Gemeinsam mit Christopher Browning von der Pacific Lutherian University Tacoma bestritt ich am Schlusstag die einführenden Beiträge zum Thema Judenverfolgung und Sybil Milton ergänzte sie durch die Einordnung in die großen Zusammenhänge des Holocaust. Die zuletzt gegebenen Statements wiesen über das

Jahr 1945 hinaus und signalisierten den Entschluss, die wissenschaftlichen Kontakte auf die Geschichte Nachkriegsdeutschlands auszudehnen, wofür sich Jarausch nachdrücklich einsetzte. Im abschließenden Gespräch hat er dafür auch thematische Ideen und Vorschläge unterbreitet. Wolfgang Meinecke referierte über die Verfolgung der Nazi- und Kriegsverbrechen in der DDR und Robert Herzstein von der University of South Carolina in Columbia über die Rolle des österreichischen Bundespräsidenten Kurt Waldheim und deren späte Erörterung, die er als einen »Fall« unbewältigter Vergangenheit charakterisierte.

In diesen drei Tagen fanden wir unsere Berliner Eindrücke bestätigt. Stärker noch als bei unserem ersten Treffen war es nicht nur zu Debatten zwischen Gastgebern auf der einen und Gästen auf der anderen Seite gekommen, sondern die jeweiligen Standpunkte und Interpretationen wurden ohne Lagermentalität freimütig erörtert. Wir machten deutlich, dass wir die Sicht Bramkes auf Goerdeler nicht uneingeschränkt teilten, und schon am Beginn des Treffens löste Gellately mit seinen Darlegungen über die Denunziation in Nazideutschland, der er eine eigene Monographie gewidmet hatte, unter amerikanischen Spezialisten eine Diskussion über ihre Erfahrungen und Erkenntnisse aus der Ära des McCarthy aus. Offen wurde auch über Defizite der Forschungen im eigenen Lande gesprochen.

Das tat ich im Hinblick auf die unsrigen zu Antisemitismus und Judenverfolgung und Jarausch mit Bezug auf Forschungen zum Arbeiterwiderstand und der dazu nötigen Kenntnisnahme einschlägiger Arbeiten aus der DDR. Deutlich empfanden wir einen Rückstand an Breite in unseren Fragestellungen verglichen mit Forschungen in den USA. Da stützten sich historisch-soziologische Recherchen immer mehr auf Massendaten, wobei die Computertechnik die Aussicht hoher Produktivität eröffnete. Deutlich geweitet hatte sich das wirtschaftsgeschichtliche Interesse, jedoch erkennbar erstreckte es sich auch auf sekundäre und Nebenfelder. Unverkennbar war, dass in den USA die nachdrängende Generation der Historiker, das mochte ein aus der Konkurrenzsituation erwachsender Profilierungszwang verstärken, auf eine thematische Emanzipation von ihren Lehrern drängte, während bei uns im Verhältnis der Forschergenerationen die Betonung noch stärker auf der Kontinuität, denn auf der Diskontinuität lag.

Ganz am Ende sprachen wir, wie erwähnt, über die Frage »Wie weiter«. Die Gastgeber, namentlich George Iggers (*State University of New York at Buffalo*), ein hervorragender Kenner der Geschichtsschreibung in beiden deutschen Staaten, warfen die Frage auf, ob wir beabsichtigten, die Geschichte des Staates DDR als einzige »Erfolgsgeschichte« zu schreiben oder, wie es westdeutsche Forscher täten, uns zu ihr auch kritisch äußern wollten. Unsere Antworten und Entgegnungen mochten in der Sache nicht sehr überzeugend gewesen sein und das Beste daran war wohl, dass Jarausch zusammenfassend feststellen konnte, dass wir miteinander auch offen über »heikle« Fragen sprechen konnten.

In Princeton blieb uns neben den Sitzungen eben noch Zeit, uns von einem Kundigen für zwei knappe Stunden durch die Stadt führen zu lassen, die offenbar ausreichten, uns Sehenswertes zu zeigen. Eindruck machten mir jedoch nicht so sehr jene ansehnlichen Gebäude, deren Architekten ihre Anregungen erkennbar aus dem viktorianischen England bezogen hatten, sondern vor allem das Haus, in dem Albert Einstein gelebt hatte, ein ortstypisches gepflegtes, durch keinen Zaun von der Straße abgetrenntes, überwiegend aus Holz gebautes Wohnhaus, das Raum für eine Familie bot. Dessen einstiger weltberühmter Bewohner hatte sich verbeten, daraus nach seinem Tode ein Museum zu machen.

Das erschien mir weniger überraschend als die Tatsache, dass dies respektiert worden war. Das Gebäude wurde vermietet oder von späteren Nutzern gekauft. Einzig eine unaufwändige Tafel erinnerte an den weltberühmten Mann, der dort ein und ausgegangen war und von dessen Fotos mir dasjenige das liebste ist, das ihn auf einem Fahrrad zeigt und von ihm mit dem Rat versehen wurde »Fahre nicht schneller, als dein Schutzengel fliegen kann«.

Etwas mehr Zeit, total wohl 36 Stunden, blieb uns nach dem Ende des Colloquiums, um New York kennen zu lernen. Ein Gefährt des uns nun schon bekannten Typs brachte uns wieder in die Stadt und nach Manhattan, wo wir in einem jener edlen Hotels, es hieß Lexington, untergebracht waren, die sich weltweit gleichen. Es befand sich auf Höhe der 42. Straße. Von da begannen wir vier, Wolfgang Meinecke hatte sich von uns schon getrennt, die Stadt in Augenschein zu nehmen, zu Fuß und in Richtung auf die Spitze des hochberühmten Stadtteils. Das ins

Auge gefasste Ziel bildeten die Türme des Welthandelszentrums. Wir hatten einen angenehmen Maitag erwischt und legten den Weg entlang von Hochhausschluchten, dann wieder durch sich öffnende Stadtquartiere flott und ohne eine Pause einzulegen zurück. Nachdem wir in einer Menschenschlange von Touristen die Tickets erworben hatten und nach der Fahrt mit einem Schnellaufzug standen wir auf der Aussichtsplattform des berühmten Gebäudes.

Das Gedränge war erträglich und die sich bietenden Ausblicke derart ungewöhnlich und überwältigend, dass selbst ich, der nicht schwindelfrei ist und schon in viel geringeren Höhen ein unwohles Gefühl zu bekämpfen hat, die Bilder fast ohne jede Beklemmung zu genießen vermochte. Freilich, die bankähnlichen Sitzgelegenheiten, die direkt hinter den Scheiben sich befanden, überließ ich gern anderen Besuchern. Von Sattsehen konnte nicht die Rede sein. Wir brachen ab und auf.

Bis dahin hatte ich alle Vorschläge akzeptiert, die meine auf diese Begegnung mit New York ungleich besser als ich vorbereiteten Kollegen unterbreitet hatten. Nun, die mir leichtgemachte Rolle des Delegationsleiters noch einmal übernehmend, gab ich die Parole »Chinatown« aus. Mit erheblichem Appetit und mit ebensolchen Durst landeten wir im oberen Stock einer der vielen Gaststätten. Das *Beer bottled in the Peoples Republic of China*, in Flaschen serviert, schmeckte köstlich, wenngleich ich mich wieder fragte, wie lange sich ein Teil der Menschheit derlei im Grunde überflüssige, Mengen von Energie verschlingende Herantransporte von Waren auf dem Luft- oder Seewege über Tausende von Kilometern noch würde leisten können. Indessen war das nicht der Moment, darüber lange Betrachtungen anzustellen.

Der Rückweg zum Hotel wurde uns lang, die Beinmuskulatur wurde härter. Auf dem letzten Stück unseres Gewaltmarsches belebte uns Rolf Richter mit der Mitteilung, dass er noch eine mitgebrachte Flasche Wodka besäße. Die leerten wir gemeinsam, womit wir uns von ihm zugleich verabschiedeten. Er konnte zu Bibliotheksstudien einige Tage länger in New York bleiben.

Uns Heimkehrenden blieb noch der Vormittag des Rückflugtages.

Früh schon belebten sich die Straßen mit dahin eilenden Menschen, Angestellten zumeist, die ihren Büros zustrebten. Später dort Eintreffende beobachteten wir in einem Bistro, in dem wir frühstückten. Sie versorgten sich nahezu im Vorbeigehen und wurden von einer eingespielten Mannschaft in einem an sportliche Wettbewerbe erinnernden Tempo mit dem Verlangten bedient. Time ist money – oder war es nur das Interesse, dem strafenden Vorgesetztenauge zu entgehen, das Säumige treffen konnte, wodurch sich die Leute zur Eile antrieben?

Unser diesmal unfernes Ziel war das Gebäude der UNO und das meinige im Besonderen die Plastik des Bildhauers Jewgeni Wutschetitsch »Schwerter zu Pflugscharen«, die den Vereinten Nationen 1957 von der Sowjetunion zum Geschenk gemacht worden war.

Dann blieb noch Zeit, ein Warenhaus aufzusuchen, was wir weniger in Kaufabsichten taten, sondern weil uns gesagt worden war, wir könnten auch dort einen das Leben in der Stadt charakterisierenden Eindruck gewinnen. Im Bloomington, wenn ich mich des Namens richtig erinnere, fand ich indessen nur eine noch etwas gehobenere, um nicht zu sagen, völlig überkandidelte Ausgabe des Berliner Kaufhaus des Westens vor, von dem mir mein Schwiegersohn einmal gesagt hatte, man solle jeden Bewohner der Dritten Welt zur Besichtigung von dessen Lebensmittel-Schlemmerabteilung veranlassen. Dann würde er wissen, was die Europäer ihnen zu danken hätten und ihnen schuldig wären. Der Gang durch die Etagen des New Yorker Etablissements erinnerte mich mehr noch an das Sokrates zugeschriebene Wort, der, als er über einen Markt gegangen war, gesagt haben soll, nun wisse er, was er alles nicht brauche.

Am Ausgang hatten wir einer gemischten Gruppe von uniformierten Bediensteten zu entgehen, die ihre Zerstäuber auf alle Vorübergehenden richteten und derart Reklame für eine neue Parfümsorte machten, die nach einem französischen Schauspieler (oder war es eine Schauspielerin?) benannt war, dessen (oder deren) Name angesichts meines begrenzten Wissens, es handelte sich weder um Gilbert Becaud noch um Jean Gabin, weder um Brigitte Bardot noch um Anni Girardot, mir wieder einmal nichts sagte.

Gegen zwei Uhr am Nachmittag saßen wir, nun zu dritt, im Hotelfoyer und warteten auf das Taxi, das uns zum Kennedy Airport bringen sollte. Bis zur im Plan angegebenen Zeit taten wir das vergeblich und mit den verstreichenden Minuten auch schon ein wenig nervös werdend. Manfred hielt vor dem Hotel gelegentlich Ausschau nach einem Gefährt jener Firma, mit der unsere Beförderung vereinbart war. Er fand es. Erst während der Fahrt über den Hudson ergab mein Gespräch mit dem Fahrer, dass wir für ihn die Falschen ebenso waren wie er für uns. Ein Telefonat mit seiner Zentrale bestätigte ihm das. Umkehren war weder möglich noch von uns erwünscht. Die Lösung wurde gefunden. Der Preis der Fahrt war rasch ausgehandelt. Ich besaß eine Geldreserve für Notfälle. Wir gelangten rechtzeitig zum Flughafen. War das Ganze ein geübter Trick, mit dem sich doppelte Bezahlung erreichen ließ? Das war nicht auszuschließen, später nicht aufzuklären und am Ende auch von geringem Interesse.

Ob erst in der Halle des Flughafens oder schon vorher, Werner Bramke eröffnete mir, dass er in Rom nur für die papierne Neuregelung seines Hinflugs gesorgt hatte. Das verlängerte, da Manfred und ich ihn nicht strafweise, das Nötige zu erledigen, allein lassen wollten, unsere Abfertigung so sehr, dass wir beide im Airbus nur Platzkarten für die letzte Sitzreihe erhielten, in der sich die Sitze gegen die abschließende Trennwand auch kein bisschen abkippen ließen. Aufrecht sitzend ging es während des langen Nachtflugs zurück nach Europa. In Rom Fiumicino, dem nach Leonardo da Vinci benannten Flughafen, blieb uns diesmal nur Zeit zum Umsteigen.

Was während des Rückfluges wohl niemandem aus dieser Gruppe beim Nachsinnen über das Erlebte und dem Sortieren neu gewonnener Eindrücke und Kenntnisse in den Sinn kam, war das nahe Ende der DDR und damit auch der wissenschaftlichen Beziehungen, die wir als Abgesandte des ostdeutschen Staates mit US-amerikanischen Wissenschaftlern erneuert und geknüpft hatten.

In Princeton war mir eine Ausgabe der *New York Times* in die Hände gekommen, auf deren Frontseite das Foto eines ungarischen Soldaten gezeigt wurde, damit beschäftigt, den Grenzzaun zur benachbarten Republik Österreich einzurollen. Damit war die lückenlose Kontrolle des Grenzverkehrs zwischen den beiden Systemen in Europa aufgehoben. Die Folgen, wenn auch nicht die Konsequenzen für die DDR lagen zutage. Ein halbes Jahr später geschah die Öffnung der Grenze in Berlin und vom Fichtelgebirge bis an die Ostsee. Von da an verging kein Jahr, bis die DDR der Geschichte angehörte. Für deren Eliten aus dem Bereich der Wissenschaften war in der Bundesrepublik nur ausnahmsweise Platz. Wer anderes erwartete, hatte von solchen Wenden in der Geschichte nichts verstanden.

Überrascht hat nur die Unverfrorenheit, mit der die Arbeit der Fachleute von der Medizin bis zu den Rechtswissenschaften herabgesetzt wurde, um Entlassungen und die Abwicklung von Instituten sowie die Abschiebung ihrer Mitarbeiter in die Arbeitslosigkeit zu rechtfertigen. Und ebenso, dass dies ohne Widerspruch derjenigen geschehen konnte, die um die Lügenhaftigkeit des Standardarguments wussten. Der angeblich bankrotte ostdeutsche Staat hieß es alsbald nach dem »Anschluss«, sei auch eine Wissenschaftswüste gewesen. So gelangten mit Tausenden auch Historiker in den Rang von deren Bewohnern und konnten sich fragen, ob sie – wie wir – zur Vorführung als Exoten in die USA und in viele andere Länder eingeladen worden waren und ob deren Experten, als sie, umgekehrt, unserer Einladung folgten, auf der Suche nach Beduinenstämmen sich befunden hätten.

Oder – anders gefragt – ob unsere Partner auf ein historisch verbrämtes politisch-agitatorisches Geschwätz erpicht gewesen wären, als sie sich mit uns in Tagungssäle und an Colloquiumstische setzten. Längst will niemand mehr an die Diffamierungen erinnert sein ebenso wenig wie an die gegen Mediziner erhobene Beschuldigung, sie hätten lebensfähige Frühchen nach ihrer Geburt in irgendwelchen Behältern umkommen lassen.

Das Bild von der Wissenschaftswüste, auch wenn das Schlagwort aus dem Verkehr genommen ist, erfreut sich inzwischen subtiler Pflege. Die wissenschaftliche Literatur aus DDR-Zeit, man sehe sich beispielsweise Bibliografien in geschichtswissenschaftlichen Monografien an, wird nahezu vollständig unterschlagen. Das Verfahren ist nicht originell und stellt in deutscher Geschichte kein Novum dar.

PS: Was ist aus den Teilnehmern unserer Reise in die USA nach jenem Wende genannten Untergang der DDR geworden?

Rolf Richters Arbeitsstätte wurde wie andere wissenschaftliche Einrichtungen der SED geschlossen. Danach schlug er sich in prekären Arbeitsverhältnissen durch, ohne seine historiographischen Spezialkenntnisse je wieder zur Geltung bringen zu können.

Als die Rosa-Luxemburg-Stiftung über finanzielle Mittel verfügte, wurde er in deren Berliner Zentrale ihr für Geschichte zuständiger Mitarbeiter. Dann zwang ihn fortschreitende schwere Erkrankung diese Tätigkeit aufzugeben. Rolf ist 2009, da hatte er das Rentenalter noch nicht erreicht, verstorben.

Manfred Weißbecker wurde 1992 von der Jenaer Friedrich-Schiller-Universität entlassen. Über Arbeitslosigkeit und Vorruhestand erreichte er das Rentenalter und die auch ihm strafweise bemessene Altersversorgung. Eine Vielzahl von Publikationen bezeugen seine auch unter widrigen Bedingungen bewahrte ungebrochene wissenschaftliche Produktivität.

Werner Bramke konnte sich an der Leipziger Universität als einer der wenigen Hochschullehrer aus DDR-Zeit behaupten, eingestuft in die mindere Kategorie »Professor alten Rechts«. Er kandidierte als Parteiloser auf der Landesliste der Partei des Demokratischen Sozialismus (PDS) in Sachsen mit Erfolg und befasste sich als Abgeordneter in dessen Parlament von 1994 bis 2003 mit Angelegenheiten von Wissenschaft und Hochschulen, Kultur und Medien, soweit sie der Verantwortung und dem Dirigismus des Landes unterstanden.

Wolfgang Meinecke gelangte mit der Kündigung aus seiner Arbeitsstelle, der Berliner Humboldt-Universität, an das frühe Ende einer hoffnungsvoll begonnenen Karriere als Wissenschaftler. Seitdem schlägt er sich wie viele irgendwie durch.

Meine eigene Anstellung an dieser Universität endete mit dem Jahr 1992.

14. Mamita mia. *Madrid 1990*

Spanien?! Das war für mich einmal die frühe Lektüre des Don Quichote, genauer: einer für Heranwachsende bestimmten Ausgabe des weltberühmten Romans des Miguel de Cervantes, dessen vollständiger Titel in deutscher Übersetzung lautet *Der sinnreiche Junker Don Quijote von der Mancha.* Ich las davon also einen Verschnitt, über dessen Qualität ich nichts zu sagen weiß. Der Band ist mit wenigen anderen, die meine Bibliothek ausmachten, in den letzten Tagen des Zweiten Weltkriegs im Haus in der Brunnenstraße in Breslau verbrannt.

Sicher bin ich jedoch, dass mich, einen Burschen von kaum mehr als zehn Jahren, mit dem Ritter eine heimliche Sympathie verband. Von jeder Ahnung über den Platz des Romans in der Geschichte der Weltliteratur, einen Begriff, den ich nicht kannte und der mir in der Breslauer Gustav-Freytag-Mittelschule zu Nazizeiten auch nicht nahegebracht worden wäre, hätte ich da selbst noch die letzte Klasse erreicht, war ich weit entfernt. Und sonst?

Im Kino hatte ich eines Nachmittags während einer für Jugendliche bestimmten Vorführung den italienisch-spanischen Spielfilm «Alkazar» gesehen, der 1941 – ganz im Sinne der deutschen nach dem 22. Juni wiederbelebten antibolschewistischen Propaganda – den Widerstand der «Roten» gegen die putschenden Generale unter dem Befehl Francos als gemein und mörderisch darstellte.

Spanien! 1945, als es mich nach Weimar verschlagen hatte, begegnete ich dort Menschen, zu deren Biografie der Kampf in den Internationalen Brigaden gehörte. Lebenslang verbunden blieb ich Kurt Goldstein, der von seinem ersten Fluchtort Palästina in das Land auf der westeuropäischen Halbinsel gereist war, die Republik retten zu helfen und so einen weiteren Sieg der Faschisten in Europa zu verhindern. Doch es war nicht die Zeit, dass er und andere mit uns jungen Leuten in der kleinen Gruppe der antifaschistischen Jugend, die sich in der Stadt an der Ilm wie vielerorts in Deutschland gebildet hatte, über ihr Leben gesprochen hätten. Aber das wohl populärste Lied der Spanienkämpfer, das »Los cuatros generales«, lernten wir früh und sangen es in der von Ernst Busch geschaffenen deutschen Version und ebenso das Lied des Thälmann-Bataillons, für das Paul Dessau im französischen Exil die Musik und seine Frau den Text geschrieben hatten: »… doch wir sind bereit«. Glücklicherweise ging es für uns nicht ans Kämpfen und Sterben, sondern vor allem ans Um-und Neulernen.

Allmählich kamen in den folgenden Jahren und Jahrzehnten weitere Bilder vom Land zwischen der Biskaya und dem Mittelmeer, seinen Menschen und ihrer Geschichte hinzu. Als wir im Deutschunterricht in unserer Schule im Thüringer Wald Schillers »Don Carlos«-Drama und darin den Eröffnungssatz des Beichtvaters des Königs »von den schönen Tagen in Aranjuez« lasen, die nun zu Ende wären, verschwendete ich nicht den Moment eines Gedankens darauf, dass ich ihn eines Tages am Orte, dem Palacio Real de Aranjuez, dem Schloss, das Spaniens Königen lange als Sommersitz gedient hatte, würde zitieren können.

Spaniens Geschichte in der Zeit, da es eine Weltmacht war, besetzte sodann einen besonderen Platz in den Vorlesungen, die ich bei Karl Griewank in Jena zur Allgemeinen Geschichte vom 16. bis ins 19. Jahrhundert hörte. In jenen späten vierziger Jahren war der Caudillo gemeinsam mit dem portugiesischen Diktator Antonio de Oliveira Salazar der meist karikierte Politiker auf den Titelseiten der Zeitschrift, die in Bukarest vom Kominformbüro herausgegeben wurde.

Und dann waren da die Bilder der Dolores Ibarruri, des Pablo Picasso und seiner »Friedenstaube«, aber auch der freiwilligen spanischen Faschisten, die in der sogenannten »Blauen Division« am Einfall in die Sowjetunion teilgenommen hatten. Später las ich Eduard Claudius' Bericht *Grüne Oliven und blaue Berge*, der zuerst 1945 in der Schweiz gedruckt worden war, und Ernest Hemmingways *Wem die Stunde schlägt*.

Spanien 1990! Dahin, genauer in die Hauptstadt des Landes, hatte das Internationale Historiker-Komitee (*Comité International Scientifique Historiques, CISH*) gerufen, das im Abstand von fünf Jahren die Weltkongresse der Historiografen organisiert. Wieder war der August zum Monat bestimmt worden, in dem der Kongress, der gewöhnlich eine volle Woche dauerte, stattfinden sollte.

In diesem Hochsommermonat befanden sich die Studenten auf Wanderungen, erholten sich auf Berggipfeln, an Meeresstränden oder Seeufern, verdienten sich mit verschiedenen – meist – Gelegenheitsarbeiten einen Teil oder den gesamten Unterhalt für das bevorstehende Semester oder begaben sich auf Studienfahrten. Die Historiker, die an Universitäten und Hochschulen tätig waren und sie bildeten die Mehrheit der Zunft, sahen, von der Alltagsarbeit in Hörsälen und Seminarräumen befreit, mithin kein Hindernis, den Einladungen zu folgen und sich auf den Weg in die vielsprachige Versammlung zu machen. Vorausgesetzt, das Programm erregte oder beanspruchte eigenes Interesse.

Und das tat es meist allein schon durch die Spannweite seines Angebots. Chronologisch reichten die erörterten Themen von den frühesten Zeiten der Menschheitsgeschichte bis nahe an unsere Gegenwart. Vorgetragen wurde zu allem und jedem, was Geschichtsschreibung ausmacht, zur Geschichte der Staaten wie der Ideen, der Wirtschaft wie der Kultur, des Militärwesens wie der Geschlechter. Wieder und wieder nahmen Fachleute auch die Geschichte der eigenen Zunft kritisch ins Visier. Folglich gliederte, um nicht zu sagen: zerfaserte sich das Programm in eine Vielzahl von Arbeitskreisen und Debattiergruppen. Gesprochen wurde daher mitunter auch von einem Warenhaus-Kongress.

Und wie es nicht jedermanns Sache ist, in diesen Konsumtempeln einzukaufen, so auch nicht die jedes Historikers, sich in das Gewimmel seiner Kollegen zu begeben. Ich hatte schon gelernt, dass von Veranstaltungen, in denen ein überschaubarer Kreis von Kennern einige Tage hintereinander, am besten an einem abgeschiedenen Ort, zu einem Thema referierte, diskutierte und stritt, ungleich mehr an Informationen und Anregungen zu gewinnen waren. Mit solchem Gewinn hatte ich deutsch-deutsche Treffen in Sellin auf Rügen und in Bad Homburg besucht und verlassen.

Aber Madrid? Und das im Jahre 1990? Damit hatte es eine besondere Bewandtnis. Die Tage der DDR waren schon gezählt, der 3. Oktober des Jahres zum definitiven Ende des ostdeutschen Staates bestimmt. Das war zweifelsfrei die letzte Reise, die sich in Sachen Geschichtswissenschaft gemeinsam mit so vielen meiner Kollegen unternehmen ließ. In dem Staat, dessen Bürger ich demnächst werden würde, dürfte für mich kein Platz als Hochschullehrer sein. Ich gehörte nicht zu denen, die sich über das Kommende Illusionen machten. Geschichtliches Scheitern war noch stets »bezahlt« worden. Solches bevorstehende Ende ließ auf Anfänge zurückblicken.

Historiker aus dem ostdeutschen Staat fuhren das erste Mal 1955 zu einem vergleichbaren Kongress. Da lag das Studium eben zwei Jahre hinter mir. Einer der Rom-Reisenden war mein Lehrer in mittelalterlicher Geschichte Friedrich Schneider. Als er im Begriff war, in das Land aufzubrechen, dessen ferne, auch glanzvolle Vergangenheit ihn seit langem beschäftigte, trafen wir einander zufällig. Auf meine Frage, wie es ihm ginge, sprach er von seinem Vorhaben und, das war ernst nicht gemeint, fragte: »Wollen Sie, Herr Kollege, nicht mitkommen?« Auf meine Bemerkung, ich hätte gerade keinen dort interessierenden Beitrag parat, entgegnete er: «Das machen wir doch im Zug auf der Fahrt.« Der Mann beherrschte noch, was man bei uns meint, wenn vom blühenden Flachs die Rede ist. Und mit seinen Kenntnissen war es der von ihm gepflegte Umgangsstil und Verkehrston, der ihm unter den Studenten viel Sympathie verschaffte.

Die Italien-Delegation der DDR war 1955 klein und nicht anders die fünf Jahre später nach Stockholm reisende. Als wiederum ein Jahrfünft vergangen war, tagten die Historiker in Wien. Ihr nächster Treffpunkt war Moskau. Dann folgte San Francisco. Das verkleinerte die entsandte Gruppe von DDR-Historikern mit Rücksicht auf die erforderlichen Devisen von vornherein. Sie bestand nur aus Experten, die mit Vorträgen beteiligt waren. 1980 versammelten sich zweieinhalbtausend Historiker in Bukarest. 1985 fand das Treffen in Stuttgart statt. Von beidem war die Rede schon. In Stuttgart bereits lud mich Eberhard Jäckel ein, in Madrid, dem vereinbarten nächsten Kongressort, in einem Spezialistenkreis, den er zusammenstellte, über meine Sicht auf den deutsch-sowjetischen Nichtangriffsvertrag vom August 1939 zu referieren. Aufmerksamkeit für das Ereignis, die besonderer Anlässe und Anstöße nicht bedurfte, zumal es zum Repertoire aller antisowjetischen Publizisten gehörte, würde zusätzlich durch seinen 50. Jahrestag dann schon geweckt sein.

Das war in der Tat der Fall. In Madrid wurden in dieser Kommission eine Reihe von Vorträgen nebeneinander gestellt. Niemand zeigte jedoch besondere Neigung, die seit Jahrzehnten geführten Kontroversen noch einmal auszutragen. Mir war, als die Aufforderung zu einem eigenen Beitrag erging und sie den Segen unseres »nationalen« Vorbereitungs-Komitees erhalten hatte, klar, dass ich dort – und das nicht zum ersten Mal – eine Exportversion vortragen würde. Das bedeutete, dass ich Rücksichten auf jene nicht nehmen müsste, die unsere veröffentlichte Sicht auf das Abkommen stets schielend mit der »Linie« der sowjetischen Deutung in Übereinstimmung brachten und wachten, dass niemand sie verließ.

Das Zusatzabkommen, das die UdSSR und Deutschland am 23. August 1939 mit ihrem Nichtangriffsvertrag schlossen und dessen Inhalt sich in die Worte *Finis Poloniae* zusammenfassen lässt, war in der Fachliteratur wie in den Medien des ostdeutschen Staates ein Tabu geblieben. In unserer Berliner Sektions-Freihandbibliothek ließ es sich in einem bei einem westdeutschen Verlag erschienenen Dokumentenband lesen, den der Marburger Historiker Reinhard Kühnl zusammengestellt hatte. Und die Studenten machten davon, wie der Zustand des Exemplars bezeugte, regen Gebrauch. Auch in Vorlesungen galt kein Erwähnungsverbot. Doch jenseits der Universitätsgrenzen wurde das Beschweigen eisern gewahrt. Auch die sympathische Parole »Glasnost« hatte in Moskau einen Wandel noch nicht bewirkt.

Wer an einer Hochschule lehrte, musste diesen Zustand zunehmend als unerträglich empfinden. Denn was die Studenten, die später als Lehrer arbeiten sollten, hörten, lasen und diskutierten, hatten sie später im Unterricht nicht zu »verwenden«. Vor dem Historikerkongress Anfang 1989 in Berlin, der sich aus Anlass des 50. Jahrestages des Beginns der Zweiten Weltkrieges in einer Sektion, deren Leitung mir übertragen worden war, auch mit dessen Vorgeschichte befassen sollte, hatten wir, der Osteuropa-Historiker Günter Rosenfeld und die Spezialisten für britische und französische Geschichte, Siegfried Bünger und Heinz Köller, vereinbart, auf diesem – ein anderes Wort fällt mir nicht ein – Zirkus um den Hitler-Stalin-Pakt (oder auch: das Molotow-Ribbentrop-Abkommen) ein Ende zu setzen und Situationen und Interessen zu erörtern, die ihn hervorbrachten, samt seiner Folgen. Das taten wir dann auch vor großem Publikum. Doch war in der Presse noch immer dafür gesorgt, dass davon über die Mauern der Kongresshalle am Haus des Lehrers nichts hinausgelangte.

Von da an ging es in der marxistischen Historiografie nicht mehr um die im Ernst seit 1945 doch nicht zu bezweifelnde Tatsache, dass es mit dem Nichtangriffsvertrag eine zusätzliche Vereinbarung gegeben hatte, sondern um die Bestimmung seines Platzes und seines Gewichts in der Vorgeschichte des Zweiten Weltkriegs.

Während die einen erklärten, dass Stalin Hitler damit für dessen Krieg grünes Licht gab und folglich die »beiden Diktatoren« Verantwortung und Schuld für den Krieg trügen, vertraten andere, denen ich mich zuzähle, die Auffassung, dass der Hauptvertrag die sowjetische Antwort auf das Scheitern der von Moskau betriebenen Politik der kollektiven Sicherheit war und den Versuch darstellte, dem eigenen Land solange wie möglich und am besten auf Dauer den Frieden zu erhalten.

Was zusätzlich vereinbart wurde und zur militärischen Besetzung Ostpolens durch die Rote Amee und dessen Vereinnahmung führte, war eine Verletzung des Völkerrechts und – mehr noch – allen Prinzipien einer Außenpolitik zuwider, die sich ein sozialistischer Staat vorsetzen konnte. Im uneingestandenen Bewusstsein dieses mehrfachen Bruches lag letztlich der Jahrzehnte lange groteske Versuch auch aller auf Stalin folgenden Führer, einschließlich Gorbatschow, begründet, eine kritische Auseinandersetzung zu meiden und sich selbst hinter dem Argument zu verstecken, es sei in den Archiven des eigenen Landes ein solcher Zusatzvertrag nicht aufzufinden.

Nun also: Mein Vortrag in Madrid war für die Sektion bestimmt, die sich mit der Zeitgeschichte befasste, zu der damals auch die Vorgeschichte und Geschichte des Zweiten Weltkriegs noch gezählt wurden. Das Generalthema, in das er sich einordnete, hieß: Neue Forschungen zu den Verträgen am Vorabend und während des Zweiten Weltkrieges. Dazu lieferten Historiker aus Italien, Israel, Jugoslawien, Großbritannien, der Bundesrepublik und drei Spezialisten aus der UdSSR Beiträge. Sie behandelten das Gesamtgeflecht der internationalen Bündnisbeziehungen und insbesondere die der USA, die jugoslawisch-sowjetischen, die Japans und da wiederum vor allem den japanisch-sowjetischen Nichtangriffspakt vom April 1941, der eine böse Überraschung für die Absichten der deutschen Führung darstellte, die sich auf den Krieg gegen die UdSSR schon festgelegt hatte.

Ins Zentrum trat jedoch die Erörterung des deutsch-sowjetischen Vertrages. Schon die für den israelischen, den italienischen und die beiden deutschen Beiträge gewählten Titel signalsierten Unterschiede in den Betrachtungsweisen. Der Kollege aus Italien sprach von der nazi-sowjetischen Allianz und der israelische vom Ribbentrop-Molotow-Pakt.

Klaus Hildebrandt, Ordinarius in Köln, und ich bevorzugten die Formulierung vom deutsch-sowjetischen Nichtangriffsvertrag, mithin eine Bezeichnung, die der für vergleichbare Verträge zwischen Staaten üblichen folgte.

Natürlich hatte niemand die Illusion, dass die vorgetragenen Deutungen auch nur annähernd zur Deckung gebracht werden könnten. Das mag ein einziger Vergleich anzeigen: Während Klaus Hildebrandt die missliche Lage erwähnte, in der sich die sowjetische Außenpolitik 1939 befand, aber die Frage, wer sie dahinein manövriert hatte, beiseite ließ, verwies ich auf das Scheitern der Politik der kollektiven Sicherheit, die Maxim Litwinow an der Spitze der Moskauer Außenpolitik verfochten hatte. Jedoch war der Außenminister damit über im Jahre 1935 erzielte Anfangserfolge vor allem wegen der Sabotage der britischen Konservativen nicht hinausgelangt und defintiv gescheitert, als die Westmächte 1938 das Münchener Abkommen mit Deutschland schlossen. Dies berührte ein unter bürgerlichen Geschichtsschreibern bis heute ungeliebtes Thema, zumal es an Thomas Manns Wort vom Antikommunismus als Grundtorheit unserer Epoche erinnert.

Differenzen wie die auch in Madrid zutage getretenen existieren indessen nicht nur fort, weil in die Forschungen und Darstellungen zur Vorgeschichte des Zweiten Weltkrieges nach wie vor und in besonderem Grade politische Überzeugungen und Interessen hineinspielen. Es bleibt zudem ein Rest von Mutmaßungen, wenn auf die Frage geantwortet werden soll: Hätte Hitler den Befehl zum Überfall auf Polen mit seinen absehbaren Folgen auch ohne diesen Vertrag gegeben?

Tatsachen sprechen dafür, dass er das getan haben würde. Er und seine Führungsgruppe gehorchten ebenso dem selbst geschaffenen Zwang ihres einmal eingeschlagenen imperialistischen Kurses, wie sie von der verächtlichen Gesinnung beherrscht wurden, mit der sie auf ihre Gegner herabsahen. Doch Fragen, die sich auf denkbare, aber ungeschehene Geschichte richten, sind mit letzter

Sicherheit nicht zu beantworten. So bleibt Raum für den Streit der Meinungen auch mit Forschern, die nicht der Fraktion wilder Antikommunisten zuzurechnen sind und nicht wie diese im Vertrag vom August 1939 vor allem einen unerschöpflichen Vorrat ihrer ideologischen Munition erblicken.

Von den meisten Veranstaltungen des Kongresses habe ich mich in den Tagen vor und nach meinem Auftritt ferngehalten. Wenn mich schweißtreibende hochsommerliche Temperaturen auch nicht lahmlegen, so rauben sie mir doch viel von dem Vergnügen, das geistige Betätigung meist bietet. Mit Beklemmung erinnere ich mich des Eröffnungsvortrags in einem Amphitheater auf dem Universitätscampus. Im weiten Rund trachteten mehr oder weniger alte Damen und Herren mit ihren Teilnehmerkarten oder anderem Gerät, das einen Fächer ersetzen konnte, sich etwas Erleichterung – vergeblich – zuzuwedeln. Ich reduzierte in den folgenden Tagen meine Anwesenheit in den gelehrten Gremien auch deshalb auf ein Minimum, weil Madrid und seine Umgebung lockten. Das tat die Stadt ungeachtet der in seinen Hauptstraßen weithin abzulesenden Temperaturanzeigen, die gegen Mittag und noch lange danach von 38 auf 39 Grad umschlugen. Fiel der Blick darauf, und das geschah wegen deren Platzierung hoch über der Straßenmitte unvemeidlich, kam mir das wie ein Hitzeverstärker vor.

Es gab einen Ort, der klimatisiert mehr als ein Fluchtpunkt war: der Prado. Dorthin ging, nein pilgerte ich zwei Tage. Als ich vor Francisco de Goyas Gemälde *Die Familie Karls IV.* stand, schienen sich mir die Personen plötzlich zu bewegen. Das machte die lebendige Erinnerung an jene Szene aus Konrad Wolfs 1971 fertiggestellten Goya-Film, in der Karl sich und seine Familie vor der Staffelei des Malers so sortiert, wie er sie selbstherrlich verewigt sehen wollte.

Als ich das spanische Nationalmuseum verließ, stand ich etwas ratlos herum und fragte mich: Und wohin nun? Vordem hatte ich Bildergalerien in Paris, Moskau, Leningrad, Amsterdam, Warschau, Wien, Budapest und anderen Orten besucht. Gut. Jeder Mensch, der der Kunst vergangener Jahrhundete Interesse entgegenbringt, tut das auch mit seinen Vorlieben, die sich in den Bildenden Künsten nicht anders geltend machen wie in der Musik. Meine verbinden sich, nicht erst seit jenem Tage, mit dem Schaffen von Greco, Velazquez und Goya und dem des Niederländers van Gogh.

Zunächst und unmittelbar fiel die Antwort auf die Frage sehr profan aus. Es blieb noch Zeit für einen Sprung ins Becken eines Freibades, das zu den Sportanlagen der Universität gehört. Dahin war es vom Studentenwohnheim, in dem wir billig untergebracht waren – es erschien mir ohnehin wie ein Wunder, dass der DDR-Staat im Zustand der Abwicklung die Kosten für unsere Teilnahme aufgebracht hatte –, nur einen kurzen Fußweg.

Zweimal ging ich mit Kollegen auf Reisen in Madrids nähere Umgebung. Die eine führte nach San Lorenzo de Escorial, dem in Ausmaß und Schönheit überwältigenden Schloss, das Philipp II. hatte erbauen lassen. Es zählt heute auch offiziell nach einem UNESCO-Beschluss zum Weltkulturerbe. Der Baukomplex, zu dem Kirche und Kloster, eine berühmte Bibliothek und weitere Einrichtungen gehören, diente als eine der königlichen Residenzen und auch zur Grabstätte spanischer Könige. Deren Sarkophage, darunter der Karls V., stapeln sich in einem Raum in Fächern über- und nebeneinander. Dessen außergewöhnliche Innenarchitektur beeindruckte mich mehr, als dass ich hier ehrfurchtsvoll der Verblichenen hätte gedenken können. Dafür gab es auch zu wenig Anlass.

Von da führte unser Ausflug zum Santa Cruz del Valle de los Caídos, zum Heiligen Kreuz des Waldes der Gefallenen, einem Ort, den ein Historiker wohl nicht ohne den Gedanken besuchen und verlassen konnte, was das Nach-Franco-Spanien an Geschichte noch durchzuarbeiten hatte. Hier war auf des spanischen Faschistenführers Befehl von zur Zwangsarbeit verurteilten politischen Gefangenen in 18 Jahren, zwischen 1940 und 1958, eine Basilika erbaut, nein, in ein Bergmassiv gehauen worden, den ein 150 m hoch gen Himmel weisendes Christenkreuz aus Beton überragte. In ihrem Inneren befinden sich in besonderen Grabkammern die Särge von Primo de Riviera, des Gründers der Falange, und des Caudillo. Mit ihnen beherbergt die Höhle Gebeine von Kämpfern der antirepublikanischen Putschisten.

Jahrelang diente die Anlage, das Regime Francos gehörte schon der Geschichte an, äußersten Rechtskräften für Kundgebungen. Dann wurde darüber nachgesonnen, gerade hier ein Sinnbild der Versöhnung zu gestalten. Dass das, ohne an die Inszenierung des

Erbauers kräftig Hand anzulegen, gelingen könnte, ist schwer vorstellbar. Zunächst verständigten sich die politischen Parteien des Landes darauf, an diesem Ort nicht länger politische Demonstrationen zuzulassen. Wallfahrtsort für Faschisten wird er dennoch bleiben. Dafür gibt er eine ganz andere Kulisse her als es das Grab des deutschen Faschistenführers und Hitler-Stellvertreters Rudolf Heß in Wunsiedel in der Oberpfalz tat. (Das übrigens, wie ich las, 2011 eingeebnet wurde.)

Meine letzte Dienstreise zu einem Kongress ähnelte so in Phasen einer der von einschlägigen Büros angebotenen Bildungsreisen, was den Tatbestand des Missbrauchs wohl nicht erfüllte. Und Skrupel fochten mich wegen dieser Transformation nicht an. Einige in Madrid gewonnene Eindrücke und Erfahrungen waren indessen von anderer Natur. Dazu gehört die Begegnung mit der Siegermentaliät, die sich in jenem Jahr in Bonn geltend machte und keineswegs nur triumphierende konservative Politiker wie Kohl und Genscher beherrschte und sie bei ihren Entscheidungen leitete. Im Führungskreis der westdeutschen Historiker war sie ebenso und deutlich spürbar.

Demnach sollte unser Vertreter im Internationalen Komitee, wiewohl er dahinein als Person aufgrund seiner wissenschaftlichen Reputation und nicht als Vertreter des Staates gewählt worden war, seinen Platz in vorauseilendem Gehorsam zu räumen. Was Joachim Hermann, der Ur- und Frühgeschichtler, zu tun sich, Unwillen erregend, weigerte. Mehr noch: Er wurde in Madrid für weitere fünf Jahre in das leitende Büro der Organisation wiedergewählt und das mit einem vorzüglichen Stimmergebnis.

Namentlich der Vorsitzende des westdeutschen Historikerverbandes, Wolfgang J. Mommsen, spuckte darob Gift und Galle. In seinen und seiner Gesinnungsfreunde Plänen war eine Vereinigung der beiden deutschen Historiker-Organisationen, des westdeutschen Verbandes und unserer Gesellschaft, nicht vorgesehen.

Bald nach dem Madrider Kongress lehnten sie deshalb auf ihrem Historikertag in Bochum den Gedanken eines Zuammenschlusses ab. Dabei halfen ihnen die Hilfsdienste eines kurzlebigen ostdeutschen Historikerverbandes, der sich während der sogenannten Wende gebildet und als unabhängig deklariert hatte, was er bei seiner Gründung auch gewesen sein mochte. Alsbald aber wollte er mit seinen wenigen Mitgliedern Aufmerksamkeit erregen, ordnete sich ganz und gar dem Kurs und dem Wohlwollen der neuen Beherrscher der geschichtspolitischen Szene unter. Er flankierte die Politik der »Erneuerung« der ostdeutschen Universitäten.

Mommsen und die seines Sinnes waren oder wurden, wünschten uns schon in Madrid nicht einmal kurzzeitig noch gleichberechtigt auf diplomatischem Parkett dritter Staaten zu sehen, wie ich bei einem Zusammentreffen erfuhr, zu dem eine Einladung geführt hatte, die mich von der Ungarischen Botschaft in Madrid erreichte. Das schloss nicht aus, dass wir allesamt Gäste eines Empfangs im Garten der Bundesrepublikanischen Botschaft waren, die bereits die Geschäfte der ostdeutschen übernommen hatte. Deren Mitarbeiter saßen gleichsam schon auf ihren Koffern.

Der ostdeutsche Staat befand sich im Zustand der »Abwicklung«, und einige unserer westdeutschen Zunftgenossen bereiteten sich mindestens gedanklich vor, die Universitäten und Hochschulen zwischen Elbe und Oder nicht nur von Marxisten »zu säubern«, sondern die Konkurrenz generell zu liquidieren, die wir bis dahin auf geistigem Felde darstellten. Zudem lockten Karriereaussichten, die sich auf den freigemachten Lehrstühlen von der Soziologie bis zur Medizin in Berlin-Ost, Leipzig, Jena und weiteren Universitätsstädten boten.

Dass wir eine solche Konkurrenz darstellten, hatte sich auf dem Kongress in Spaniens Hauptstadt eindrucksvoll gezeigt. Gemessen an der Zahl unserer Fachleute war der Anteil bedeutend, den sie an den Referaten und Interventionen hatten. Das Bild, das sich so ergab, stützte die dreisten, abfälligen Urteile nicht, mit denen die Politik der »Abwicklung« wenige Monate später ihre Rechtfertigung erhalten sollte. Zu ihm gehörte die Fälschung, wonach die Historiker im ostdeutschen Staat vor allem politische Dienstleister der führenden Partei gewesen wären.

In Madrid hatten – hier folgt eine gegenüber manchen meiner Kolleginnen und Kollegen ungerechte Auswahl – Joachim Hermann die Einführung in das Große Thema *Revolutionen und Reformen und ihr Einfluss auf die Geschichte der Gesellschaft* gegeben und mein Berliner Kollege an der Sektion Geschichte, Günter Vogler, über die *Dialektik von Reform und Revolution im Hinblick auf Reformation und Bauernkrieg* gesprochen.

204

Der Leipziger Historiker Manfred Kossok, herausragender Kenner der Geschichte im spanisch-sprachigen Raum diesseits und jenseits des Atlantik, stellte einen Vergleich zwischen dem europäischen und dem iberisch-amerikanischen Revolutionszyklus an.

Walter Schmidt lieferte eine weitere vergleichende Studie über die europäischen Revolutionen von 1848/1849. In die methodologischen Vorträge reihte sich der Beitrag von Ernst Engelberg und Hans Schleier über die Biografie in der Geschichte des 19. und 20. Jahrhunderts ein.

Der Hallenser Rigobert Günter referierte in der Sektion für die Alte Geschichte über den Mythos vom Goldenen Zeitalter im Römischen Reich als historische Quelle.

Zu den Berichten über die Beziehungen zwischen Judentum, Christentum und Islam steuerten Johannes Irmscher, Gotthard Strohmaier und Heinrich Loth Ergebnisse ihrer Forschungen bei.

Thea Büttner referierte in einer Spezialistengruppe, deren Gegenstand die Geschichte der Staaten und Reiche in Afrika vor 1800 bildete, über die trans-saharische Region und den Ursprung des sudanesischen Staates.

Evamaria Engel gab die Zusammenfassung einer Sektion, deren Thema »Le mouvement communal et la monde rural« lautete. Genug, um zu erkennen, wie lächerlich das Argument war, die Geschichtswissenschaft sei ganz auf die Legitimation der Staatspolitik in der DDR ausgerichtet worden.

Am letzten Tage unseres Madrid-Aufenthaltes schlenderten wir im schon sinkenden Abend durch das kühler gewordene Stadtzentrum, in dem auf Straßen und in Parkanlagen Einheimische wie wir auch gleichsam nach Luft schnappten. In diesem Gewoge mobilisierte mich ein Aufschrei von Evamaria Engel. Ihr war ebenso wie der neben ihr gehenden Helga Schultz von einer mit genauer Rollenverteilung vorgehenden Gruppe von Straßenräubern die Umhängetasche von der Schulter gerissen worden.

Ohne viel zu Bedenken folgte ich den Banditen in eine Nebenstraße, in der sie verschwanden, bis mir der letzte des Trupps, sich umwendend, ein Messer vor den Bauch hielt. Niemand rechts und links auf den Bürgersteigen hatte den Davonlaufenden ein Bein gestellt oder eine Hand gerührt.

Dann hielt ein Auto und brachte uns zu einer nahen Polizeistation. Beamte hörten sich unseren Bericht ungerührt an. Wir hatten ihnen offenkundig nichts gesagt, was sie so oder ähnlich nicht aus anderen Meldungen längst kannten.

Dann begann, am folgenden Tage wurden ja bei der Ausreise für die Passkontrolle die Ausweise gebraucht, das Telefonieren mit der Botschaft. Am Morgen, rechtzeitig vor dem Abflug, waren sie besorgt. Vollzählig flogen wir, wie wir gekommen waren, via Budapest nach Berlin zurück.

Diese Route war unter den Angebotenen als die billigste festgestellt worden.

15. An den Stätten der Mörder. *Theresienstadt und Lidice 1991*

Wann und wo wir einander zum ersten Mal begegnet sind, vermag ich nicht mehr zu sagen. Es könnte das während eines Treffens der Lidice-Initiative gewesen sein, von der später noch berichtet werden soll. Wo wir aber entdeckten, dass sich aus unserem zuerst wie meist zufälligen Zusammentreffen eine Verbindung machen ließe, die dann zu einer Freundschaft gedieh, daran erinnere ich mich auch nach Jahrzehnten noch genau. Mirek und ich saßen nach einem Spaziergang in der Nähe des Pulverturms im Zentrum Prags sonnenbeschienen vor einem kleinen Café.

Die Stimmung des Sommertages und unser Gesprächsgegenstand hätten schärfer nicht kontrastieren können. Wir redeten über die Ergebnisse unserer Arbeiten in Archiven, und die galten einem gemeinsamen Thema, dem Massenmord an den europäischen Juden. Was für mich seit Jahren ein Forschungsgegenstand war, war für ihn, bevor er das wurde, Teil seiner Biografie. Miroslav Kárny war ein »Überlebender des Holocaust«.

Dass er der Gaskammer in Auschwitz-Birkenau entgangen war, besaß seine Ursache in seiner körperlich noch guten Verfassung, die ihn für die schon in schwere Bedrängnis geratenen deutschen Faschisten als brauchbaren Zwangsarbeiter erscheinen ließ. Er wurde zur Vernichtung durch Arbeit bestimmt und – überlebte.

Miroslav Kárny, in Prag in einer assimilierten jüdischen Familie geboren, entschied sich noch als Schüler eines Gymnasiums, ein politischer Mensch zu werden. 18-jährig fand er seine Heimat auf der Linken, er trat der Kommunistischen Partei bei. Jude und Kommunist, das genügte, um, als die deutschen Eroberer 1939 nach Prag kamen, in die unterste Kategorie der »Protektoratsangehörigen« eingestuft zu werden.

Im November 1941 gehörte er zum ersten Transport eines »Aufbaukommandos«, das nach Theresienstadt gebracht wurde. Die Festung in Nordböhmen, unter Joseph II. errichtet und nach seiner Mutter Maria Theresia benannt, sollte der Abwehr preußischer Begehrlichkeiten dienen. Aus dieser ihrer Stadt wurden bis 1942 alle tschechischen Bewohner verwiesen, die Gemeinde für aufgelöst und erledigt erklärt und zunächst zum zwangsweisen Aufenthaltsort für die Juden des Protektorats bestimmt. Zudem sollten die ältesten Juden des »Großdeutschen Reiches« hierhin deportiert werden. Die zeitgenössische Bezeichnung, die sich auch in der Literatur erhalten hat, lautet Ghetto Theresienstadt oder gar mit Bezug auf die dahin verschleppten deutschen Juden Altersghetto.

Kárny hat mehrfach auseinandergesetzt, dass die eine wie die andere Benennung falsch und irreführend ist. Theresienstadt war von 1941 bis zur Befreiung durch die sowjetische Armee 1945 ein Konzentrationslager besonderer Art, eine Durchgangsstation auf dem Weg zu den Mördern in Auschwitz und zugleich ein Ort, dessen Existenz und Name die allen Juden Europas bestimmte Liquidierung verschleiern sollte. 38.000 Insassen dieses Lagers kamen allein am Ort infolge der unmenschlichen Bedingungen, des Mangels an Nahrung, medizinischer Fürsorge und ihrer psychischen Leiden um, 90.000 wurden in Vernichtungslager weiter verschleppt und dort umgebracht. Auch für Kárny führte der Leidensweg von Theresienstadt nach Auschwitz.

An keinem anderen Tag hat Mirek mir wieder so von diesen seinen Tagen und Jahren erzählt, dem Eintreffen und dem Dasein in dem Ghetto-KZ, seiner offiziellen und seiner illegalen Arbeit, der Begegnung mit Margita Krausova, die 1942 in das Lager verbracht worden war. Dort heirateten sie 1944. Dann, als Hoffnungen auf Befreiung schon keimten, wurden sie erneut deportiert, nach Auschwitz, dem Ort, von dem sie wussten, dass ihre Überlebenschancen dort um ein Vielfaches geringer sein würden.

Unvergesslich wird mir Mireks Schilderung der Szene bleiben, als er von seinem Bruder auf der Rampe von Birkenau getrennt wurde, von seinem entdeckten Versuch, sich beim Sortieren wieder in dessen Reihe zu schmuggeln, um dem Schwächeren womöglich beizustehen. Es war jene Reihe, deren Weg direkt in das erstickende Gas führte. Was mir diesen Bericht, den ich mit dem

Blick auf den Prasná brána hörte und der mich an ähnliche erinnerte, vor allem einprägte, war die ihn begleitende Frage Mireks, was man von diesem Erleben, insbesondere dem Innenleben Theresienstadts, erzählen und schreiben solle und was besser noch nicht, weil es so oder so politischem Missbrauch dienstbar gemacht werden konnte.

Da war an die Art, wie nach 1990 beispielsweise die Geschichte des KZ Buchenwald und namentlich die Rolle der dort gefangenen Kommunisten von dem nach Jena berufenen Historiker Lutz Niethammer geschrieben wurde, noch nicht zu denken.

Auch in Theresienstadt hatte es unter den Insassen, Angehörigen unterschiedlicher Anschauungen über Gott und die Welt, Verfechtern kontroverser Ansichten über die aussichtsreichste Strategie des Überlebens, Auseinandersetzungen gegeben. Auch dort waren Transportlisten nach Auschwitz zusammengestellt worden. Auch dort gab es eine von den deutschen Wächtern gewollte, bestimmte und kontrollierte Hierarchie. Mit Berichten darüber Antikommunisten zu bedienen, war Mireks Sache nicht, eines Mannes, den seine Partei 1951 und dann erneut 1969 unter fadenscheinigen Beschuldigungen ausgeschlossen hatte. Er, der 2001 in Prag gestorben ist, gehörte zu den Leuten, deren Überzeugung mit und ohne Parteibuch sehr fest sitzen.

Vom bloßen Zeitzeugen zum Historiker war Miroslav Kárny, nun seinem viel älteren Interesse folgend, erst vollends geworden, als er von der hauptberuflichen politischen Publizistik, der Arbeit als Chefredakteur und zuletzt als Leiter der Presse-Abteilung des Zentralkomitees der kommunistischen Partei, gleichsam ausgemustert worden war. Da war er gerade 50 Jahre alt und hatte noch etwa 32 vor sich. Die waren angefüllt mit Forschungen zur Geschichte des »Protektorats« und der Machthaber an seiner Spitze, Konstantin Freiherr von Neurath und Reinhards Heydrich, mit der Genesis der »Endlösung« unter besonderer Berücksichtigung der Juden in Böhmen und Mähren und der Geschichte Theresienstadts.

Kárny verließ sich nicht auf die eigene Erinnerung. Er leistete die Kärrnerarbeit des Historikers in Archiven und durchmusterte vor allem die Akten der Protektoratszeit, die Dokumente der Besatzer. Mit einem scharfen analytischen Verstand stellte er sich den daran zu knüpfenden Fragen, die nach den Zwecken der

Judenverfolgung eingeschlossen. In ihr erblickte er nicht nur das Toben eines Wahns. Er spürte den sich damit verbindenden realen politischen und wirtschaftlichen Interessen nach, insbesondere auch den direkt von der SS verfolgten. Diese Perspektive hat uns auch auf unserem gemeinsamen weiten Forschungsfeld eine Sinnesverwandtschaft beschert.

Seit unserer ersten Begegnung hatten wir einander an der Moldau und der Spree sowie bei einem Kurzbesuch, den wir den Kárnys bei ihrem Kuraufenthalt im slowakischen Piestany abstatteten, mehrfach gesehen. Dann kam die geschichtliche »Wende« des Jahres 1990.

Mirek und ich blieben bei unseren Leisten. Zwei Jahre später erreichte Erika Schwarz und mich, unser Dasein an der Humboldt-Universität hatte das Endstadium »Abwicklung« schon erreicht, Kárnys Einladung zu einer Konferenz zum Thema *Theresienstadt in der »Endlösung der Judenfrage*. Damals beschäftigte uns mit dem Blick auf deren 50. Jahrestag die Geschichte der Wannsee-Konferenz, die am 20. Januar 1942 stattgefunden hatte, eine Arbeit, die ihren Niederschlag in einer Monografie fand, der ersten Publikation über das Treffen Heydrichs mit Staatssekretären und hohen SS-Führern. Aus diesen Forschungen ging auch mein Konferenzbeitrag hervor, der das spezielle Interesse behandelte, das zum Stattfinden der Tagung geführt hatte. Zudem und en passant setzte er sich mit der in Deutschland schier unausrottbaren Legende auseinander, am Wannsee sei die Endlösung beschlossen worden.

Das war nicht meine erste Bekanntschaft mit der Stadt an der Eger, die tschechisch Ohre heißt. Mehrere Jahre auf der Autofahrt zum Urlaub am Balaton hatte Barbara, Armin und mich unser Weg durch die Stadt geführt: Wir hatten an der Kleinen Festung haltgemacht, in der sich eine museale Gedenkanlage befand, erinnernd an das 1940 errichtete Gestapo-Gefängnis, in dem während der Okkupationszeit tschechische Widerstandskämpfer gefangen gehalten und ermordet wurden oder von dem sie in Konzentrationslager verschickt worden waren.

Hier erinnerte auch eine Zelle an einen berühmten Gefangenen aus K.u.K.-Zeiten, den Attentäter, der 1914 aus einer Schar serbischer Nationalisten in Sarajewo den österreichischen Erzherzog bei einem Anschlag getötet hatte, Gavrilo Princip mit Namen.

Blumen darin bezeugten, dass ihn seine Landsleute nicht vergessen hatten. Auch mit einer vorwiegend aus westdeutschen Antifaschisten bestehenden Gruppe, aus Kladno und Lidice kommend, war ich hierher gekommen. Da führte uns durch die Stadt und in die Kleine Festung, den Ort seiner einstigen Gefangenschaft, ein tschechischer Widerstandskämpfer. Zu seinem Bericht gehörte die Erzählung, wie die hier herrschenden Barbaren sich ein Vergnügen daraus gemacht hatten, Gefangene um Tod oder Leben gegeneinander kämpfen zu lassen.

Erika und ich trafen am 24. November 1991 in Theresienstadt ein. Es war auf den Tag genau ein halbes Jahrhundert her, dass die deutschen Faschisten Kárny mit dem »Aufbaukommando« hierher gebracht hatten. Nicht nur deshalb ließ sich von *seiner* Konferenz sprechen. Er hatte Teilnehmer aus Israel, Österreich, den Niederlanden, Dänemark, Polen, der Schweiz und den USA mit 35 tschechischen und slowakischen Spezialisten zu einer Veranstaltung zusammengeführt, die keinen Blickpunkt auf die Geschichte des Konzentrationslagers Theresienstadt und dessen Platz im Judenmord-Programm der deutschen Faschisten ausließ. Gekommen waren Fachleute von nahezu allen renommierten Forschungseinrichtungen und Gedenkstätten, so aus *Yad Vashem* und *Beit Theresienstadt* im Kibbuz Givat Haim-Ichud (Israel), dem Londoner *Leo-Baeck-Institut*, dem Washingtoner *Holocaust Memorial Museum*, dem Berliner *Zentrum für Antisemitismusforschung* und dem *Dokumentationsarchiv des österreichischen Widerstandes*.

Den Auftakt gaben Vorträge, mit denen eine gestrenge Inspektion des Forschungsstandes vorgenommen wurde. Sie enthielten auch einen kritischen Rückblick auf Hindernisse, die in der Tschechoslowakei lange der vorurteilsfreien und ungehemmten Erforschung der Geschichte der Juden und insbesondere ihrer Vertreibung, Deportation und Ausrottung entgegenstanden. Die waren – 1991 – beseitigt, nicht aber ihre Folgen. Davon ließ die Tagung selbst wenig erkennen, sie bezeugte das hohe Niveau der weit in die Details vorgedrungenen internationalen Forschungen zur Geschichte Theresienstadts.

Referiert wurde in biografischen Skizzen sowohl über die Rolle der drei Judenältesten wie über die der drei aufeinander folgenden SS-Offiziere, die das Lager kommandiert hatten. Gegenstand eingehender Erörterungen waren die zu unterscheidenden Gruppen der Insassen Theresienstadts (Tschechen und Deutsche, sie bildeten die zahlreichsten, Slowaken, Österreicher, Dänen) und ihre Schicksale nach der Deportation, die nach Auschwitz, Majdanek, Treblinka und in Arbeitsstätten im Reich und dort in das System der Konzentrationslager führten.

Ein mehrfach betrachtetes Thema bildete der Widerstand unter den Bedingungen eines Ghetto-KZ und dessen Gruppen. Anderen Beiträgen lag die Untersuchung der Biographien herausragender Persönlichkeiten zugrunde, die in Theresienstadt gefangen gehalten wurden. Keine Wortmeldung, die nicht von Barbarei auf der einen und dem Willen zu Widerstehen und zum Überleben auf der anderen Seite gezeugt hätte. Das Schlimmste waren die Berichte, gestützt zum Teil auf eigenes Erleben, über die Existenzbedingungen der Kinderhäftlinge und die unternommenen Anstrengungen, in ihr elendes Gefangenendasein etwas Licht zu bringen, ihnen Wissen und Bildung zu vermitteln, gar ihnen Mut zu geben und sie unter diesen Bedingungen Kinder sein zu lassen.

Zu den bleibenden Eindrücken der Konferenzarbeit gehörten Kontroversen, die sich aus unterschiedlichen Sichten ergaben, aber auch aus noch bruchstückhaftem Tatsachenwissen, das immer Raum für unterschiedliche Deutungen lässt. Von verschiedenen Ansätzen her wurde die Frage diskutiert, wie der hohe Anteil österreichischer SS-Offiziere, alle drei Kommandanten und weiteres Personal kamen aus dem »Anschluss«-Gebiet, zu erklären sei. Auseinander gingen vor allem Befunde und Urteile über die Haltung der tschechischen Exilregierung unter Edvard Benes in London zur Verfolgung der Juden und deren Ermordung.

Der Bogen der Themen spannte sich bis zu den letzten Stationen Theresienstädter Juden, die überlebten, weil sie als noch brauchbare Arbeitskräfte für die deutsche Rüstung wiederentdeckt wurden. Einige befanden sich, bevor sie von den US-amerikanischen Truppen befreit wurden, bei Schwerstarbeiten in Bayern, wo als freilich insgesamt hilflose Antwort der deutschen Machthaber auf den Luftkrieg unterirdische Produktionsstätten errichtet werden sollten. Dorthin war Kárny aus Auschwitz verbracht worden und erlebte da die Befreiung.

Nach Prag zurückgekehrt, traf er seine Frau Margita wieder, die in einer Rüstungsfabrik in Schlesien hatte schuften müssen. Von Mireks Verdiensten als Forscher, Autor, Organisator wissenschaftlicher und anderer Veranstaltungen, dann auch als ein Gründervater des Theresienstädter Museums zu sprechen, ohne ihren begleitenden und ganz eigenen Anteil zu erwähnen, würde seinen Protest noch aus dem Grabe hervorrufen.

Einmal noch bin ich in den folgenden Jahren in Theresienstadt gewesen. Ich reiste, schon gegen Ende meiner Arbeit an der Universität, mit einer Gruppe von Studenten in die Stadt, im Rahmen eines Seminars, in dem sie sich mit Rassismus und Antisemitismus als Ideologie und in der Praxis der deutschen Faschisten befasst hatten. Als sachkundigen Führer durch die Stadt hatte ich Vojtech Blódig, den Leiter des Museums, gewonnen, der die Konferenz 1991 organisiert hatte und mit den Kárnys an der Herausgabe des Protokollbandes beteiligt war.

Dieser Studienausflug wurde für mich zum Abschied vom Nachbarlande für lange Zeit. Mit ihm hatte mich in den siebziger und achtziger Jahren eine Initiative verbunden, die ihren Ursprung in Bremen besaß. Von ihr soll nun, denn sie ging der bis hierhin erzählten voraus, in aller Kürze berichtet werden.

Eines Tages trug mir der Prorektor für Gesellschaftswissenschaften der Humboldt-Universität an, in einer Gruppe westdeutscher Antifaschisten mitzuarbeiten, die sich den Namen des von den Faschisten ausgelöschten tschechischen Dorfes Lidice gegeben habe. Dort sei der Professor der Theologie Heinrich Fink als einziger DDR-Bürger schon beteiligt, und er habe auch vorgeschlagen, einen Historiker an der Arbeit zu beteiligen. So kam es zu meinem »Eintritt« in eine kleine Gesellschaft, die Tschechoslowaken und Deutsche aus der Bundesrepublik, nahezu ausschließlich Bremer, bildeten. In der Hansestadt besaß diese Lidice-Initiative, ein Zusammenschluss von Frauen und Männern unterschiedlicher politischer Richtungen, auch ihren Ursprung. Diese traten für bessere Beziehungen der Bundesrepublik mit der Tschechoslowakei ein.

Deren miesen Zustand bestimmten Kräfte, die – konzentriert in Bayern – sich in der Sudetendeutschen Landsmannschaft organisiert hatten. Sie sahen und präsentierten sich als Opfer der »Vertreibung« und bestanden darauf, dass die Bundesregierung gegenüber dem »kommunistischen Prager Regime« ihr feindliches Verhältnis beibehielt, gegen die Bestrebungen zum Wandel der staatlichen Ost-West-Beziehungen. Dass die Masse der »Vertriebenen«, total mehr als 90 Prozent, 1938 für ihren schon vollzogenen Anschluss an das Nazireich gestimmt hatte und damit die Vernichtung des tschechoslowakischen Staates einleiten half, worauf die langen Leidensjahre der Tschechen im besetzten »Protektorat« Böhmen und Mähren folgten, zählte in dieser Erinnerungspolitik nicht, die sich mit handfesten materiellen Ansprüchen verband.

Uninteressant war für deren Verfechter auch die Tatsache, dass es nicht die Kommunisten, die damals nicht regierten, gewesen waren, von denen die Initiative für die Beschlüsse über Aussiedlung und Enteignung der Deutschen ausgegangen waren. Es dominierte gegenüber Prag eine Mischung von neudeutschem Nationalismus, altem antislawischen Hochmut und Antikommunismus.

Dagegen als Bundesbürger aufzutreten, erforderte Zivilcourage und die Entschlossenheit, sich gegen diffamierende Angriffe abzuhärten. Beides besaßen die Leute an der Spitze der Bremer Initiative. Die Seele des Unternehmens war der Bremer Pfarrer Dr. Ernst Uhl, den einige seiner Amtsbrüder unterstützten.

Zu den Mitbegründern der Initiative gehörten Hans-Günter Sanders und Hartmut Drewes, dessen Gemeinde sich im Arbeiter-Stadtteil Bremen-Oslebshausen befand. Mit Hartmut und seiner Frau Fredeke, einer Lehrerin, die aus der großen Familie derer von Bismarck stammte, verband mich bald eine herzliche Freundschaft.

Eine unersetzliche Rolle spielte in dieser Gruppe deren Ältester, Willy Hundertmark, Vorsitzender des rührigen Bundes der Antifaschisten in der Hansestadt. Der kleinwüchsige kräftige Mann mit einer noch in hohem Alter unverwechselbaren Bassstimme, die er im Dialekt seiner Heimat, dem Ruhrpott, hören ließ, besaß mit dem Faschismus aus den Tagen des Widerstandes seine eigenen Erfahrungen. 1933 hatte er sie in Konzentrationslagern gesammelt. Dass es ihn nach Bremen verschlug, war Folge des Aufenthaltsverbots, das ihm die Nazis für Essen erteilt hatten. Zu den Stützen der Initiative gehörten Frauen und Männer aus der Gewerkschaft, der sozialdemokratischen und der kommunistischen Partei, sowie aus der Universität.

Diese Initiative, zu der tschechische und slowakische Geistliche und nicht nur der evangelischen Kirchen gehörten, traf sich in der Regel zweimal im Jahresverlauf. Das geschah in der nahe

Lidice gelegenen Stadt Kladno, auch in Prag und einmal im slowakischen Banska Bystrica.

Neben dem Kreis ständiger Teilnehmer wurden stets Gäste als Redner oder Zuhörer geladen. Fanden die Zusammenkünfte in Kladno statt, trafen wir uns mit den wenigen Frauen des Dorfes, welche die Jahre der Konzentrationslager überlebt hatten. Sie nahmen es auf sich, Besuchern, die aus aller Welt hierher kamen, ihre und ihrer toten Mitbewohner Geschichten zu erzählen, ihnen so eine Erfahrung und eine Warnung übermittelnd. Von den 493 Einwohnern des Ortes hatten die Faschisten 339 umgebracht, darunter befanden sich 88 Kinder. In Lidice ließen die deutschen Besatzer buchstäblich keinen Stein auf dem anderen. Nichts sollte mehr an die Existenz des Dorfes erinnern.

Dieses Zeugnis der Barbarei ist nicht getilgt worden. Wo seine Häuser und die Kirche einst gestanden hatten, wuchsen Gras, Bäume und Sträucher. Überreste waren einzig von den Grundmauern jenes ein wenig abseits gelegenen Gehöfts erhalten. Dort waren die Männer des Ortes ermordet worden. Jetzt befand sich hier ein Hain, den ein Holzkreuz überragte. Wo die Baumstämme sich kreuzten, symbolisierte ein aus Stacheldraht geformter Kranz das Sterben und die Leiden der Frauen und Kinder, die in Ghettos und Konzentrationslager gebracht worden waren.

Hinter der Anlage lag das »neue Lidice«, eine modern anmutende Siedlung, die in nichts mehr an das alte Kleinbauern- und Bergarbeiterdorf erinnerte. Unweit der Wohnhäuser befand sich ein Museum. Hier ließ sich fragen, ob die Generation der ausgesiedelten Deutschen jemals einen Gedanken darauf verwendet hatte, welchen Anteil ihre Entscheidungen und das Siegheil, mit dem sie den »Führer« begrüßte, an diesem und anderen Verbrechen besaßen. Wie viele von ihnen hatten je hier gestanden? In einer Ausstellung in einem Gebäude in der Prager Altstadt sahen wir das damals noch nur in einem Entwurf existierende Denkmal der Bildhauerin Marie Uchytilová für die Kinder von Lidice, das in den Jahren 1995 bis 2000 errichtet wurde.

Der Gewinner des Eintritts in diese Gruppe war in dreifacher Hinsicht ich selbst. Gebeten, während der Zusammenkünfte, die in der Bundesrepublik fanden meist in Bremen, einmal auch in Marburg statt, über geschichtliche Themen zu sprechen, die einen Bezug zur Tragödie Lidices besaßen, erweiterte ich mein Wissen über die Geschichte des »Protektorats«, die Biografien des Reichs-protektors und seiner Stellvertreter, die Aktion und die Akteure, die Reinhard Heydrich getötet hatten, dessen politisches Konzept zur Mobilisierung der tschechischen Arbeitskräfte für die kriegs-verlängernde Rüstungsproduktion sowie über die deutsche und internationale Historiografie und Publizistik, die diesen Gegen-ständen galt.

Der zweite Gewinn bestand in der Bekanntschaft mit Men-schen, Antifaschisten der Tat, die miteinander Toleranz lebten. Ob ihr antifaschistischer Humanismus seine Wurzel in religiösem Glauben besaß oder in einer materialistischen Weltauffassung interessierte nur insofern, als jeder Beweggründe und Antriebe des Anderen achtete und tolerierte. Dass Atheisten, als Ernst Uhl in Banska Bystrica in einer Kirche vor slowakischen Gläubigen pre-digte, zur Stelle waren, gehörte zu den Selbstverständlichkeiten.

Und ein Glücksfall war diese Begegnung drittens dadurch, dass er mich Heinrich Fink näher brachte und eine freundschaftliche Verbindung schuf, die ich bis heute mit dem nunmehrigen Vor-sitzenden des Bundes der Antifaschisten in der Bundesrepublik pflege.

Mitunter muss man auf Reisen gehen, um Gelegenheiten für Lebensbündnisse zu finden.

Und dann sind da die Stunden des Besuches in dem Minia-turhaus bei Willy Hundertmark, der 2002 verstarb. 1989 hatte er als erster Kommunist das Bundesverdienstkreuz der ersten Klasse verliehen bekommen.

Miroslav Kárny wegen seines herausragenden wissenschaftli-chen Verdienstes zum Ehrendoktor der Berliner Humboldt-Uni-versität zu machen, blieb Idee. Ich war da schon nicht mehr vor-schlagsberechtigt.

Vom Wirken der Lidice-Initiative ist in Bremen der Name einer 1987 gegründeten Jugendbildungsstätte geblieben. Dieses Lidice-Haus behielt den Namen des tschechischen Ortes auch 2007 nach einem Umzug in der Stadt.

16. Mit Fliege. *Rom 1991*

Der Brief enthielt eine Überraschung. Seine Absender luden zu einem Gedenk-Kolloquium für den zwei Jahre zuvor verstorbenen Martin Broszat ein – nicht nach München, seiner langjährigen Wirkungsstätte, sondern nach Rom. Angeregt wurde ich zu einem Beitrag, der die Beziehungen des Frühverstorbenen zur DDR-Geschichtswissenschaft zum Gegenstand haben solle.

Dass ich dem folgen würde, stand nicht infrage. Die Achtung, die Broszat in meinem wissenschaftlichen Umfeld genoss, hatte ihre Ursache in seinem herausragenden Beitrag zur Erforschung der Geschichte des Naziregimes. Wer sich mit ihr befasste, kannte zumindest seine Schrift *Der Nationalsozialismus: Weltanschauung, Programm und Wirklichkeit*, die 1960 erschien. Sie hatte Generationen von Schülern und Studenten bei ihrer Beschäftigung mit der Vergangenheit ihrer Eltern und Großeltern geleitet. Sie bezeugte den Aufbruch einer neuen Generation von Historikern zu einer Auseinandersetzung mit dem Nationalsozialismus – das war und blieb der in der Bundesrepublik vorherrschende Begriff für die deutsche Ausprägung faschistischer Ideologie, Bewegung und Diktatur – auf eine Weise, die wissenschaftlichen Anspruch erheben konnte und der noch dominierenden verlogenen Memoirenliteratur der einstigen Minister und Generale Hitlers entgegengesetzt wurde.

Wenn in diesem Staat, nicht so selten geschieht das obendrein laut, von Bewältigung der Vergangenheit gesprochen wird, dann müsste unter denen, die sich darin wirklich ein Verdienst erwarben, Broszats Name an vorderer Stelle genannt werden und mit ihm das Institut für Zeitgeschichte in der bayerischen Landeshauptstadt, jedenfalls in den Jahren seines Direktorats, das bis zu seinem Tode 1989 währte. Er selbst besaß zu dem Geleisteten und Erreichten ein durchaus kritisches Verhältnis, wie sich noch in einer seiner letzten Publikationen nachlesen lässt. Sie erschien 1987 unter dem Titel *Nach Hitler: der schwierige Umgang mit unserer Geschichte*.

Wir in der DDR galten lange als Leute, die sich in der westdeutschen Geschichtsliteratur besser auskannten als deren Autoren in der unsrigen. Lassen wir Vermutungen über die Ursachen dieses Sachverhalts beiseite. Wer an der Berliner Humboldt-Universität oder der Friedrich-Schiller-Universität in Jena als Historiker etwas auf sich hielt, las die Publikationen, die westwärts jenseits der Staatsgrenze erschienen und sprachlich so leicht zugänglich waren. Anfänglich häufig mit dem Vorsatz, zu ermitteln, was an ihnen auszusetzen war.

Ohne dass der je ganz verloren gegangen wäre, trat er doch mit den Jahren hinter dem Interesse daran zurück, was sich ihnen an unbekannten Tatsachen und neuen Erkenntnissen entnehmen ließ. Dies stieß indessen auch auf Hindernisse, verband sich zumindest mit Wartefristen. Denn es dauerte, bis die Bücher von der nächstgelegenen wissenschaftlichen Bibliothek angeschafft und eingeordnet waren. Das ließ sich umgehen, ergatterte man bei der Redaktion der *Zeitschrift für Geschichtswissenschaft* ein Rezensionsexemplar. So kam ich zum ersten Band der Reihe *Bayern in der NS-Zeit*. Sie wuchs unter der Leitung Broszats auf insgesamt acht Bände an und die bildet ein wissenschaftliches Denkmal, das er sich selbst setzte. Getan war damit ein anregender und wegweisender Schritt zur regional- und lokalgeschichtlichen Erforschung der Jahre von 1933 bis 1945.

Schade, dass die Idee, dazu ein Pendant für Norddeutschland zu schaffen, nicht verwirklicht wurde, weil, der sie fasste und dabei an eine Gemeinschaftsarbeit von Historikern aus beiden deutschen Staaten dachte, der Leiter der Forschungsstelle Nationalsozialismus in Hamburg, Detlev Peukert, auch früh verstarb.

Broszat hatte dem Eröffnungsband, der vor allem vertrauliche Berichte zur sozialen Lage und dem politischen Verhalten der Bevölkerung Bayerns bot, die Erörterung einer prinzipiellen Frage vorangestellt. Sie zielte auf eine differenziertere Sicht und mit ihr auf ein gerechteres geschichtliches Urteil über die Haltung der als Gefolgschaft der Nazidiktatoren summierten Deutschen. Dass es zwischen den Teilnehmern am Widerstand gegen das Regime und der Masse der funktionierenden »Volksgenossen« einen dritten, als Gruppe eigentlich nicht zu charakterisierenden Volksteil gab, ließ sich der schriftlichen Überlieferung ebenso entnehmen wie den Zeitzeugenberichten.

Broszat bezeichnete dessen Verhalten mit dem Begriff Resistenz, dem er, ihn so als einen Oberbegriff deklarierend, auch die bewussten Widerständler zurechnete. Das schien mir kein Gewinn, sondern auf andere Weise doch wieder Unschärfe zu erzeugen. Ich bevorzugte, von Menschen zu sprechen, die das regimekonforme Verhalten ganz oder partiell verweigerten. Dessen Charaktere und Motive fächerten sich weit. Sie konnten etwa bei der Bezeugung von Solidarität mit Kriegs- oder Zivilgefangenen den Aktionen des Widerstands verwandt sein, aber auch – beispielsweise bei der Verweigerung von gesetzlich geforderten Wirtschaftsleistungen durch das sogenannte Schwarzschlachten von Schweinen oder Rindern – mit irgendeiner Art von politischem Protest nicht entfernt etwas zu tun haben und Antrieben der Bereicherung entspringen. Mochte man also Broszat zustimmen, oder, wie ich es tat, partiell Einwände erheben, Forschungen und Analysen anregend war, was er schrieb, allemal. So begann also unsere noch unpersönliche Bekanntschaft.

Später sahen wir uns da und dort während Tagungen. Als es während des Stuttgarter Internationalen Historiker-Kongresses 1985 in einer Phase nichts von Interesse zu hören gab, schlug der gebürtige Leipziger vor, dass wir uns zu einer Brotzeit aufmachten. Dabei bestimmte ihn das Interesse für die Arbeit des und der anderen und der Wunsch, die Beziehungen zwischen den Historikern der beiden deutschen Staaten mindestens bis hin zum Normalen zu bessern. Zuletzt sahen wir einander bei Zusammenkünften, die einem gemeinsamen publizistischen Ost-West-Unternehmen anlässlich des 50. Jahrestages des Kriegsbeginns galten, jenem Vorhaben, von dessen Scheitern an anderer Stelle schon berichtet wurde. Aus gleichem Anlass erhielt ich aus München eine Einladung zu einer Konferenz, die in Pforzheim, der gegen Kriegsende bei einem Luftangriff noch schwer zerstörten Stadt, stattfand. Dass wir dort nicht aufeinander trafen, lag daran, dass sich seine Kräfte schon erschöpft hatten. Kurz darauf, im Oktober 1989, kam die Nachricht von seinem Tode.

Nun also sollte in Rom seiner und seiner Verdienste gedacht werden. Ich hatte mich kaum in meinem Hotelzimmer orientiert, als es klopfte und Saul Friedländer, der an der kalifornischen Universität in Los Angeles und in Tel Aviv lehrte, eintrat. Der Mann gehört in die erste Reihe der verkürzt »Holocaust-Forscher«

genannten Spezialisten und ist nach dem Tode des großen Beginners Raul Hilberg und in dessen Nachfolge auch als Doyen der internationalen Forschungen zur Geschichte der Ermordung der europäischen Juden bezeichnet worden. Ihn hatte mit Broszat das gemeinsame Anliegen verbunden, das sie auch in einer öffentlich gemachten Debatte dargetan hatten, in der sie Gemeinsames und Unterscheidendes erörterten. Friedländer nutzte mit seinem Besuch einfach die Gelegenheit, einen aktuellen Bericht über die Situation an den einstigen Universitäten der DDR – Jahre später hat er an einer von ihnen, in Jena, gastweise gelehrt – zu hören, die jetzt in den Neuen Bundesländern lagen und deren Personal wechselte.

Wen Brüche und Katastrophen in der Geschichte selbst umgetrieben haben, besitzt meist auch einen gedanklichen und emotionalen Zugang zu jähen Wenden, die andere betreffen. Das galt für Friedländer, der mit verfälschtem Namen als Kind den Judenfängern, versteckt in einem katholischen Internat in Frankreich, entgangen war, während seine Eltern ergriffen, deportiert und in Auschwitz ermordet wurden. Damals ging es für Menschen um Leib und Leben, diesmal um gescheiterte Lebensentwürfe. Das machte den gewaltigen Unterschied. Gemeinsam war beidem »nur«, dass die Geschichte im Großen und Ganzen in das Leben der Einzelnen so eingegriffen hatte, dass sich den Folgen nicht oder schwer entrinnen ließ.

Im Dezember 1991 hatte an den ostdeutschen Universitäten das große Ausräumen der dort Tätigen noch nicht begonnen. Doch schon wurde über die effektivsten und zugleich gesetzeskonformen Methoden nachgedacht, wie es bewerkstelligt werden könnte. Ich war nicht im Zweifel, dass das Ziel erreicht werden würde. Es brauchte die Aktion nur Zeit. Wie viel, würde sich zeigen.

Für offizielle Veranstaltungen von Wissenschaftlern gab es namentlich für die Männer eine unkodifizierte, aber im Allgemeinen von allen Beteiligten eingehaltene Kleiderordnung. Ein Rektor der Humboldt-Universität, Pädagoge vom Fach, hielt es in den achtziger Jahren für erforderlich, seine Kollegen auf deren strikte Einhaltung hinzuweisen, wenn sie in den Hörsälen vor Studenten traten, deren Aufzug allerdings, jedoch keineswegs mehrheitlich, zunehmend abenteuerlich wurde. Und nun erst bei einer

Tagung mit internationaler Beteiligung! Ich hatte, wie ich beim Ordnen meiner Sachen für den kommenden Tag feststellte, ein obligatorisches Kleidungsstück einzupacken vergessen.

Ich rief Viviane, eine italienische Germanistin, an, die ohnehin an der Veranstaltung teilnehmen und mich an deren Ort, das Deutsche Historische Institut, bringen wollte, um ihr zu sagen, wir müssten einander etwas früher treffen, um einen »Schlips« zu kaufen. Als wir einander am folgenden Tag am vereinbarten Ort begrüßten, tat sie das mit den Worten *Schon erledigt* und über- reichte mir ein Päckchen. Das enthielt eine mit Bedacht und Geschmack ausgewählte blaufarbene Fliege. Ich hatte Vivianes Deutsch-Kenntnisse, die sich bis ins Umgangssprachliche erstreck- ten, um ein Geringes überschätzt. Binder hätte sie vielleicht, Kra- watte gewiss verstanden. Nie hatte ich derlei Accessoire am Halse getragen. So kam ich zum Ehren-Kolloquium für Martin Broszat ein wenig verfremdet.

Von den Veranstaltern, dem Goethe-Institut, dem Deutschen Historischen Institut und der Historischen Fakultät der Univer- sità di Roma »la Sapienza«, wurden Historiker aus Großbritan- nien, Polen, den USA/Israel und der Bundesrepublik begrüßt. Christian Meier, Broszats Kollege an der Münchener Universität, ein Althistoriker, aber von breitem Interesse für verschiedenste Zeiten und Fragen der Weltgeschichte, die Gegenwart inbegrif- fen, eröffnete die Reihe der Vorträge mit einer Biographie des Geehrten.

Klaus-Dietmar Henke, Mitarbeiter am Münchener Institut, folgte mit einem Beitrag über die Geschichte dieses Institut unter der Ägide Broszats.

Ian Kershaw, der an der Universität Sheffield lehrte, später die profunde zweibändige Hitler-Biografie vorlegte und von Königin Elisabeth II. zum Ritter geschlagen wurde, sprach über Broszats Beitrag zur Erforschung des Staates, an dessen Spitze der Dikta- tor stand.

Widerstand und Dissens im Dritten Reich lautete die Über- schrift, die Hans Mommsen, der zum Lehrkörper der Ruhr-Uni- versität Bochum gehörte, für seine Rede gewählt hatte.

Die Tendenzen in der Widerstandsforschung in Deutschland und in Italien stellte Claudio Natoli von der römischen Univer- sität »la Sapienza« dar.

Ein grundlegendes methodologisches Thema der Faschismusforschung behandelte Gustavo Corni, Professor an der Universität Chieti in den Abruzzen, der über den Weg von der Totalitarismusdoktrin zur Analyse der deutschen Gesellschaft im Dritten Reich sprach, ein Text, der sich zwanzig Jahre später fortsetzen und im Titel durch die Worte und zurück ergänzen ließe.

Auf benachbartem Feld bewegte sich Saul Friedländers Studie über Martin Broszat und die Historisierung des Faschismus.

Franciszek Ryszka, Professor an der Universität Warschau, würdigte Broszats Beitrag zur Aufnahme kultureller Beziehungen der Bundesrepublik mit Polen und zur Versöhnung, der sich vor allem mit dessen Büchern über die zwölf Jahre »nationalsozialistische« und die zweihundert Jahre deutsche Polenpolitik verbindet, beide in den sechziger Jahren erschienen.

Mein eigener Beitrag ging am Beispiel der Beziehungen, die Broszat zur Geschichtswissenschaft in der DDR gesucht und hergestellt hatte, auf deren Probleme ein und begann mit dem ersten Zusammentreffen von Spezialisten aus Ost und West auf einer Konferenz in Weimar 1975, die sich mit Problemen der Erforschung des Zweiten Weltkriegs beschäftigt hatte. Ich sprach von Fremdheit, Annäherung, Übereinstimmungen und unüberbrückbaren Differenzen, von denen diese Treffen geprägt waren.

Zu reden hatte ich auch über die Anfänge unserer eigenen kritischen Bestandsaufnahme, die diese Beziehungen einschloss. Sie gehörten inzwischen der Geschichte an. In einem Punkte blieb das Gesagte hinter dem Gedachten zurück. Ich schloss mit dem Bemerken, noch sei ungewiss, wo die Grenze pluralistischer Vielfalt im Wissenschaftssystem des nun einheitlichen Deutschlands verlaufen werde. Ungewiss sei, was von jener einstigen Disziplin, die DDR-Geschichtswissenschaft heißt, bleiben werde, deren Vertreter begonnen hatten, auch über ihre eigene Arbeit kritisch zu Gericht zu sitzen.

Mit offenem Visier war das nicht gesprochen. Mir war durchaus nicht ungewiss, was der Kern dessen war, was jetzt als »Erneuerung« der ostdeutschen Universitäten ausgegeben wurde. Die Grenzlinie würde so gezogen werden, dass der historische Materialismus des Karl Marx vor ihr lag, ihm aber ein Platz »draußen«, außerhalb der staatlich verordneten Einfriedung, blieb. Doch erstens liegt mir die Rolle der Kassandra ebenso wenig wie das

Absingen von Klageliedern, und zweitens besaßen die westdeutschen Zuhörer ja in den kommenden Monaten noch eine Chance, sich in dieser Sache zu Worte zu melden. Warum sollte ich die Angelegenheit da schon als erledigt darstellen?

Es wäre Broszat, schreiben die Herausgeber im Vorwort zur Sammlung der Beiträge, wovon eine deutsche und eine italienische Ausgabe erschienen ist, schon die Idee zu dieser Form Hommage nicht ganz geheuer gewesen; gefreut hätte er sich aber trotzdem darüber. Nun ist jedem, der solches oder ähnliches Erbe hinterlässt, zu wünschen, das es angenommen wird. Davon zeugte die Tagung, von der weiter geschrieben wurde, sie habe eine fruchtbare Reflexion über den gegenwärtigen Stand der NS-Forschung, vor allem über deren interpretatorische Verfeinerung und gesellschaftsgeschichtliche Ausweitung vorgenommen.

Zu meinen Eindrücken gehörte zudem eine gewisse Schwierigkeit, die meine westdeutschen Kollegen, ich war der einzige Teilnehmer aus den Neuen Bundesländern, im Umgang mit mir hatten. Nun war ich einer von ihnen und es doch nicht. Uns verbanden wissenschaftliche Arbeitsgebiete und uns trennten vierzig Jahre Arbeit in konkurrierenden Gesellschaften und Staaten. Doch schien mir die Last des Vergangenen es nicht allein zu sein, die ein Klima des Nebeneinanderher schuf, während es doch ein solches des Aufeinanderzu gegeben hatte.

In jenem Dezember 1991, ein reichliches Jahr nach dem fortan als »Tag der Einheit« gefeierten Anschluss, hatte die Wissenschafts- und Hochschulpolitik der Sieger der Geschichte Fahrt aufgenommen. Gemeinsam mit Politikern waren Historiker dabei, die »Erneuerung« der Geschichtswissenschaft von Greifswald und Rostock bis Jena und Dresden zu betreiben. Schon waren die ersten Berufungen westdeutscher Wissenschaftler auf neu geschaffene Lehrstühle an ostdeutschen Hochschulen erfolgt. An der Humboldt-Universität entstand eine Doppelbesetzung, die nicht von Dauer sein konnte. Mein »Nachfolger« war eingetroffen, ohne dass ich eine Kündigung erhalten hatte. Das war es wohl, was den Kollegen aus München und Bochum, anders als dem interessierten Saul Friedländer, mit mir schlicht den Gesprächsstoff ausgehen ließ.

Eine Episode am Frühstückstisch des Hotels am Tage meines Rückflugs illustrierte das. Ich saß mit Christian Meier zusammen.

Gesprochen wurde über Belangloses. Wenige Tage später veröffentlichte er in der *Frankfurter Allgemeinen* einen als Leitartikel erscheinenden Text mit der Überschrift *Lieber abwickeln.* Er plädierte für die Politik des *Tabula rasa*, für die Entfernung des ostdeutschen Lehrpersonals von seinen bisherigen Plätzen. Dessen Arbeitsstellen sollten als nicht mehr existent erklärt werden, worauf deren Neueinrichtung folgen könne. Jedes andere Verfahren werde umständlicher, aufwändiger und zeitraubend sein.

So wurde an der Humboldt-Universität im Fall der Historiker und anderer Gesellschaftswissenschaftler auch vorgegangen. Doch scheiterte das Unternehmen aus juristischen Gründen und weil ein Protest des neu gewählten Rektors, des Theologen Heinrich Fink, bei Gericht Erfolg hatte. Es mussten individuelle Kündigungsgründe ausgeklügelt und formuliert und dann mitunter sich hinziehende Arbeitsgerichtsprozesse bestanden werden.

War Meiers Weg jedenfalls in Berlin auch ungangbar, eine gewisse Denkwürdigkeit besitzt unser zufälliges morgendliches Beisammensein in Rom dennoch. Meier verweigerte den ostdeutschen Brüdern und Schwestern, was Naziprofessoren in seinem Staat einst zugestanden worden war, die Einzelfallprüfung.

In Rom blieb noch Zeit, in den Petersdom zu pilgern, ein Weg, ohne den ich mir einen Besuch in der Ewigen Stadt nicht vorstellen kann. Dann besuchte ich das Museum in dem Gebäude, in dem die Gestapo sich etabliert hatte, als Italien vom verbündeten zum besetzten Land geworden war. Von da ging es zur Gedenkstätte in den Ardeatinischen Höhlen. Dort waren 1944 in einem blutigen Racheakt 335 Zivilisten erschossen worden, darunter viele jüdische Geiseln. Die für das Verbrechen Verantwortlichen und an ihm Beteiligten wurden nach dem Krieg von Gerichten in Italien angeklagt und abgeurteilt. Während der Verfahren kam es zu langwierigen und widerwärtigen Debatten darüber, wie viele Geiseln rechtens niedergemacht werden dürfen, wenn Menschen sich gegen den Terror einer Besatzungsmacht gewehrt haben.

Dann flog ich zurück nach Berlin. Doch wurde das, anders als geglaubt, kein Abschied von Italien für immer, nicht einmal von langer Dauer.

17. Was denken Sie über Haider? *Milano, Torino, Venezia, Bologna, Pisa*

Meine Reise in fünf norditalienische Städte, die mich aus einem schon unwirtlich gewordenen Frühherbst Berlins in die Sonne führte, besaß eine lange Vorgeschichte. Sie umfasst nahezu ein Jahrzehnt.

Nach dem 3. Oktober 1990 zeichnete sich alsbald ab, dass meine Tätigkeit als Hochschullehrer an der Berliner Humboldt-Universität nicht anders als diejenige vieler meiner Kollegen zu Ende gehen werde. Ob sich uns fernerhin Forschungs- und Publikationsmöglichkeiten noch bieten würden, war ungewiss. Aufgeben wollten wir nicht. Wann meine Kollegin Erika Schwarz und ich uns verständigten, eine Arbeit in Angriff zu nehmen, die sich mit der Konferenz befassen sollte, die am 20. Januar 1942 in einer Villa am Berliner Wannsee stattgefunden hatte, ist mir nicht erinnerlich. Sicher jedoch ist, dass wir uns dazu auch mit dem Blick auf den bevorstehenden 50. Jahrestag des Ereignisses entschlossen.

Ins Zentrum unserer Arbeit rückte die Frage, welchen Platz diese Beratung Reinhard Heydrichs, des Chefs des Reichssicherheitshauptamtes, mit Staatssekretären von Reichsministerien und hohen SS-Offizieren in der Geschichte des Massenmords an den europäischen Juden einnahm. Dass da der »Holocaust« nicht beschlossen worden war, bildete in Fachkreisen – im Gegensatz zu der in der Öffentlichkeit wieder und wieder anzutreffenden Behauptung – keinen Streitpunkt. Warum aber hatte Heydrich diesen und gerade diesen Kreis um sich versammelt?

Warum über die Zusammenkunft Adolf Eichmann eine Niederschrift anfertigen lassen, von deren Exemplaren sich ein einziges erhielt, das im sogenannten Wilhelmstraßen-Prozess, einem Verfahren vor einem US-amerikanischen Gerichtshof gegen hohe Ministerialbeamte des Nazireiches zu den Schwergewichten des

Anklagematerials gehörte? Seitdem war das Stattfinden einer Beratung über die Fortführung des Judenmordens, die so niemand für möglich gehalten hatte, öffentlich gemacht.

Als unsere Arbeit am Text, das Auffinden und Sammeln von Dokumenten, die dem Buch beigegeben werden sollten, sowie an den Biographien der Beteiligten fortgeschritten war, wandten wir uns an den Leiter des Zentrums für Antisemitismusforschung an der Technischen Universität Berlin, Wolfgang Benz. Er sagte uns ohne Zögern und Umschweife zu, dem Manuskript zum Druck zu verhelfen. Das war nötig angesichts der Tatsache, dass die »Ostverlage« um ihre Existenz kämpften, dabei früher oder später entweder unterlagen und verschwanden oder von westdeutschen Unternehmen aufgekauft und dann häufig auch in ihrem Profil umgestaltet wurden. Alte Beziehungen erledigten sich, neue mussten her. Wir lernten den Begriff *Druckkostenzuschuss*.

Tagesordnung Judenmord, so der Haupttitel unseres Buches, erschien Ende 1991. Es wurde von dem damals in den Anfängen seiner Existenz stehenden, sich bald einen Namen erwerbenden Metropol-Verlag in Berlin herausgegeben und in dessen Reihe Dokumente, Texte, Materialien aufgenommen, die das Zentrum für Antisemitismusforschung bis heute herausgibt. Mit dem Verlagsleiter Friedrich Veitl lernten wir einen Mann kennen, der mehr ist als ein Manager auf dem Büchermarkt.

Um das Erscheinen des Bandes wurde in der Presse trotz des Jahrestages nicht viel Aufhebens gemacht. Das lag an der Ostberliner Autorenschaft, gehörten wir doch zu der Gruppe von Mitarbeitern an den Universitäten der DDR, deren Liquidierung eben erfolgte. Das Verfahren sollte mit dem Argument gerechtfertigt werden, dass es sich um Mitarbeiter wissenschaftlich unproduktiver Einrichtungen handele, auf die gut verzichtet werden könne. Ein Lob für das publizistische Ergebnis einer Forscherarbeit, ja selbst nur dessen Erwähnung, passte in dieses Bild nicht.

Einzig ein in Westberlin lebender Historiker, Götz Aly, nahm sich des Textes in einer Rezension in der Tagespresse an und schrieb, die Verfasser hätten sich, zumal da die für die Würdigung dieses Jahrestages zuständige Zunft geschwiegen habe, ein Verdienst erworben. Eine Einladung, das Buch in der Villa am Wannsee vorzustellen, die eben als Gedenkstätte eingerichtet worden war, ist an uns nicht ergangen. Besucher konnten den Band eine

Zeit lang dort jedoch erwerben. Das trug dazu bei, dass er in mehreren Auflagen gedruckt wurde.

Zwischen dem Erscheinen von *Tagesordnung Judenmord* und dem Anruf Friedrich Veitls, ob wir der Absicht eines italienischen Verlegers zustimmten, der das Buch übersetzt unverändert herausbringen wolle, lagen andere Unternehmen. Natürlich sagten wir zu und stießen uns nicht an seiner Mitteilung, dass das mit einem gewichtigen Honorar nicht verbunden sein werde. Dann folgte eines Tages aus Turin, wo *Bollati Boringhieri Editore* etabliert ist, überraschend die telefonische Anfrage, ob ich bereit sei, das Buch in mehreren Städten Italiens vorzustellen.

Dass ich das nicht in Italienisch tun könne, werde kein Hindernis sein. So kam es, dass ich an einem Septembermorgen nach Mailand flog. Dort hatte ich noch am gleichen Abend die erste von fünf Veranstaltungen zu bestreiten. Erika befand sich inzwischen wie viele meiner jüngeren Kollegen in einem der mit schändlichen Konditionen versehenen »prekären« Beschäftigungsverhältnisse, welche die Arbeitslosigkeit in Ostdeutschland kaschierten und die Neubürger ruhig stellen sollten. Gegenstand ihrer Forschungen war die Geschichte der Außen- und Nebenlager des KZ Ravensbrück. Sie hatte sich nicht entschließen können, die Reise mitzumachen. Das war doppelt schade. Zum einen wegen ihres großen Anteils an unserem Buch, zum anderen lockte die Route, selbst wenn sie, wie mir avisiert, in einer Art Parforceritt zurückzulegen war.

Nach dem Auftakt in Milano, meiner ersten Begegnung mit einem italienischen Lesepublikum, ging es an den folgenden vier Tagen jeweils in eine andere Stadt. Ich erhielt einen Routenfahrplan mit den Orten, an denen ich mich einzufinden hatte und erwartet werden würde. Überall hatte der Verlag Partner für das Unternehmen gefunden und das in der noch jungen Organisation Figli della Shoah. Mitunter beteiligten sich weitere Gruppen und Institute an den ergangenen Einladungen, mehrmals waren das die örtlichen Jüdischen Gemeinden. Überall stellte sich ein interessierter Kreis von Besuchern ein.

In Venedig fand die Vorstellung in einem Saal mit beeindruckendem historischem Flair statt, nahe dem *Teatro La Fenice*, mit dessen Wiederaufbau nach einem Brand begonnen worden war. Dort versammelten sich mehr als 100 Personen. Merkwürdigerweise hatte der Verleger nirgendwo eine Buchhandlung animiert, Gelegenheit zum Kauf seines Buches zu bieten. Das wurde bedauert.

Der Stil, in dem die Buchvorstellungen abliefen, ließ mir Zeit für Beobachtungen, denn der Autor spielt dabei nicht die Hauptrolle. Statt seiner stellen zunächst andere, die seinen Text gelesen haben, dar, was ihnen an ihm gefiel und einleuchtete und woran sie sich stießen und worauf sie kritisch oder ablehnend blickten. Ich erlebte allerorten eine diskussionsfreudige Atmosphäre. Nirgendwo kamen Leiter der Aussprachen in die Verlegenheit, hilfesuchend in ein schweigendes Publikum zu schauen.

In Turin hatte den einführenden Part Brunello Mantelli übernommen, der an der dortigen Universität Geschichte lehrte und den ich von seinem Forschungsaufenthalt in der DDR her kannte. Zuletzt war ich ihm bei der Konferenz in Rom begegnet, die dem Gedenken an Martin Broszat und dessen Verdiensten galt. Wer solche Introduktion übernommen hatte, nutzte je nach Wissen und Neigung die Gelegenheit, seine Auffassung zum Thema und dessen aktuellen Bezügen darzustellen. Das geschah und es waren nicht eben erfreuliche Tatsachen, auf die sich mehrere Redner bezogen.

Italien hat seine Skinheads und zu Zeiten meiner Reise hatten sich einige von ihnen gewalttätig bemerkbar gemacht. Ihr Treiben war nicht von dem Ausmaß, das in der Bundesrepublik inzwischen von staatswegen mehr erfasst denn bekämpft wird und deren Gesellschaft dabei ist, sich in ihrer Mehrheit an das Leben mit Nazis zu gewöhnen, wozu Verwaltungen und Gerichte beitragen, die den »Nachfolgern« wieder und wieder die Freiheit ihres öffentlichen Hervortretens ausdrücklich zubilligen. Doch nahm das dreiste Hervortreten der äußersten Rechten auch in Italien gerade zu.

In Venedig hatte soeben ein ihr zuzurechnender Lehrer Aufsehen und Empörung auch deshalb erregt, weil keine juristische Handhabe gefunden worden war, ihm den Einfluss auf Schüler zu nehmen. So wurde auch hier eine Diskussion darüber geführt, ob die Gesetze des Staates ausreichten, derart demagogische Propaganda zu unterbinden. Dieser Lehrer hatte sich an jenem Abend in der Stadt an der Adria zur Veranstaltung eingestellt. Sobald das Publikum dazu aufgefordert wurde, verlangte er das Wort und erhielt es. Er habe das hier eben vorgestellte und ein weiteres Buch gelesen, ohne dass sie ihn überzeugt hätten. Im üblichen Stil dieser Agitatoren suchte er nun »Tatsachen« auszubreiten, die von ihm als Autoritäten vorgestellte Forscher ermittelt hätten. Je länger er sprach, umso unruhiger wurde es im Saal. Doch konnte er zu Ende kommen und sich nicht beschweren, worauf es dieser Typ stets auch anzulegen trachtete, dass ihm das Wort entzogen worden wäre.

Darauf folgte die kürzeste Entgegnung, die ich in vergleichbarer Situation je gehört habe. Sie kam von Roberto Bassi, einem Professor der Dermatologie, des Vorsitzenden der jüdischen Gemeinde, der die Veranstaltung leitete. Er sagte, ohne die Stimme zu erheben, diese sieben Worte: »Aber die sechs Millionen sind doch tot.«

Sie standen für eine Minute des Gedenkens. Die Versammelten hielten sich dann bei dem Beitrag dieses Neonazis nicht weiter auf.

Natürlich war es ein Handicap, dass ich, was die Kommentatoren des Buches sagten, nur im Konzentrat der Übersetzer aufnehmen konnte. Doch verlief unsere Kooperation, als ich selbst zu Wort kam, überall reibungslos. Je nach eigener Kenntnis wurde von den Vortragenden das Gelesene mit eigenen Gedanken angereichert.

Engagiert tat das Susanna Böhme-Kuby, die an der Universität von Udine im Friaul Germanistik lehrt. Sie lebte mit ihrem Ehemann, dem Publizisten Erich Kuby, in Venedig. Ich las seine allwöchentlichen Kolumnen, die er für die Zeitschrift *freitag* schrieb.

Auch der in Bologna übersetzende Steffen Prauser, der an der Europa-Universität in Florenz unterrichtete, flocht gelegentlich Erläuterungen ein, zumal dann, wenn er meinte, dem Publikum würde die eine oder andere erläuternde Information willkommen sein. Ungewohnt blieb mir einzig, dass vom Podium ungleich länger geredet wurde, als das in Deutschland bei solchen Gelegenheiten als schicklich gilt.

Doch die Anwesenden warten geduldererprobt und besaßen offenkundig ihre Erfahrung mit der Dauer solcher Zusammenkünfte. Sie hielten aus oder gingen, wenn Wissensdurst oder Neugier befriedigt waren. Die Redner lässt Kommen und Gehen ganz ungerührt. Sie tragen, was sie sagen wollen, mit dem an den Rändern des Mittelmeeres anzutreffenden Temperament vor: in hohem Sprechtempo, gestenreich und – wie gesagt – ohne einen Blick auf die Uhr.

Für meinen Beitrag vereinbarte ich mit den Übersetzern vorab, dass wir gemeinsam nach etwa 20, allenfalls 25 Minuten fertig sein würden. Das verlangte Konzentration auf Weniges. Ich sprach darüber, was uns bewegt hatte, das Thema zu wählen und nannte dafür drei Gründe: zum einen die Tatsache, dass dazu eine spezielle Arbeit nicht vorlag, zum anderen den Vorsatz, den Platz der Tagung in der Geschichte des Massenmords an den europäischen Juden zu bestimmen und – drittens – dadurch der Legende zu entgehen, die sich um das Ereignis rankt (und der wir freilich nicht den Garaus gemacht haben).

Abschließend sprach ich in wenigen Thesen über die am meisten umstrittene Frage der »Holocaustforschung«. Sie lautet: Warum?, und richtet sich auf die Strategie, die mit dem Verbrechen verfolgt wurde, mithin auf dessen Einordnung in die Geschichte des deutschen Faschismus und des Zweiten Weltkrieges und der in ihm von den deutschen Machthabern verfolgten Zwecke und Ziele. Anders als in ähnlichen Debatten in Deutschland widersprach niemand meiner Polemik gegen eine rein ideengeschichtliche, sich einzig auf den wahnhaften Antisemitismus der Hitler und Himmler, Streicher und Goebbels beziehende Interpretation. Mein in angreifbarer Verknappung vorgetragener Ansatz, der die Geschichte des barbarischen Antisemitismus und der auf Welteroberung ausgehenden imperialistischen Politik nicht separiert, sondern zusammendenkt und in Beziehung setzt, wurde akzeptiert.

Zeit, mich in den Städten, die ich passierte, umzusehen, blieb wenig. In Mailand reichte der Vormittag, um zum Domplatz zu fahren und mir das nahe gelegene burgähnliche Schloss und darin eine Ausstellung anzusehen. In Turin ging ich auf dem Wege von dem von schwer bewaffneter Polizei bewachten Jüdischen Altersheim, in dem ich die Nacht verbrachte, eine Magistrale entlang bis zum Gebäude des Verlages und gelangte nicht einmal bis an das Ufer des Po. Venedig, wo ich am Markusplatz ausstieg, empfing mich überschwemmt. Ich balancierte mein geringes Gepäck gegen einen Touristenstrom, der sich trockenen Fußes über die Stege bewegte.

Am Morgen vor der Weiterreise blieben eben noch ein paar Stunden, die ich nutzte, auf den Campanile zu fahren, wenigstens das Äußere von Dom und Dogenpalast eingehender zu betrachten und durch Gassen und Gässchen der Stadt zu spazieren. Ein Kurzbesuch galt dem einstigen Ghettobezirk, wo ich mich mit einer Empfehlung Professor Bassis im Jüdischen Museum einstellte und durch drei Synagogen geführt wurde. In Bologna schlenderte ich am Abend und dann noch einmal morgens durch die unvergleichliche Innenstadt und warf einen Blick in eine der ältesten Kirchen. Im Stadtzentrum stieß ich auch auf demonstrierende Radfahrer, von denen es, wie ich befriedigt feststellte, in Italien nicht so wenige gibt, von denen sich viele freilich auf Vehikeln bewegten, die eine Entrostung gut vertrügen. Die Ansammlung der Velojünger war dem in mehreren europäischen Städten ergangenen Aufruf gefolgt, wieder einmal – und so vergeblich wie eh und je – dafür Reklame zu machen, Autos dann und dort nicht zu benutzen, wann und wo es nicht nötig ist.

Die letzte Station meiner Reise war Pisa. Dort hatten sich, nachdem das Programm der Veranstaltungen bereits fertig und gedruckt war, beim Turiner Verlag noch weitere Interessenten gemeldet und so endete meine Reise nicht, wie ursprünglich gedacht, nahe der Adria, sondern an jenen Küsten des Mittelmeeres, von denen mir Kenner gesagt hatten, die Toscana und ihre Badeorte wären schöner noch als die im Osten des Landes.

Die Eisenbahnfahrt von Bologna südwestwärts führte durch eine Kette von Tunneln. Hier ließ sich eine Vorstellung davon gewinnen, wie sehr sich die zerklüfteten Mittelgebirge als Aktionsraum für italienische Partisanen geeignet haben mochten. Sie hatten auch hier nach dem Bruch der »Achse Berlin-Rom« gegen die deutsche Besetzung und für das Ende des Regimes der Republik von Salo, jenes Marionettenstaates des Duce, gekämpft.

Davon hatte unlängst eine Foto-Ausstellung berichtet, die von Jungsozialisten, die der Organisation »Die Falken« angehörten, nach Berlin und Potsdam geholt und in Räumen der Humboldt-Universität und danach in denen einer Fachhochschule im Zentrum Potsdams gezeigt worden war. Auf den Eröffnungsveranstaltungen hatte ich ein paar Worte über das deutsch-italienische Bündnis, sein Zustandekommen und sein Ende und zu der merkwürdigen Tatsache gesagt, dass zwar der italienische Führer Mussolini in Deutschland hochpopulär war, nicht aber seine Landsleute, die als kriegsuntüchtig galten. Der unter Hitlers Volksgenossen aufgestaute Hass gegen den unverlässlichen, nach teutonischen Maßstäben schwächlichen und nun gar Verrat übenden Verbündeten entlud sich 1943, als der Duce gestürzt war, seine Soldaten nicht weiterkämpfen wollten und viele von ihnen als Gefangene nach Deutschland zur Zwangsarbeit verschleppt wurden.

Im sonnenüberfluteten Pisa empfing mich am Bahnhof wieder ein Mitglied der jüdischen Gemeinde. Vorbei an einem der unvermeidlichen Denkmäler für Vittorio Emanuele ging es zum Hotel »Victoria« am Arno, einem schönen, sichtlich betagten Etablissement, dessen Einrichtung sich aus dem 19. Jahrhundert erhalten hatte. Es war Freitag und der Vorabend des Sabbat nahte, weshalb die Buchvorstellung zu früherer Stunde begann. Die Einladenden waren besorgt, der Tag und das Wochenende, dazu das Wetter, das zu einer Fahrt an das nahe Meer einlud, werde ihnen vom sonst zu erwartenden Publikum viel nehmen. Indessen fanden sich wieder etwa ein halbes Hundert Zuhörer ein, diesmal ein vorwiegend junges Publikum. Die Veranstalter hatten sich mit Erfolg an Lehrer und Schüler gewandt.

Die Einleitung gab in einem Hörsaal der am Rande der Stadt gelegenen Universität Professor Michele Luzzati, ein Spezialist der mittelalterlichen Geschichte. So wurde, was so häufig nicht vorkommt, das Buch zweier Zeithistoriker von einem Mediävisten vorgestellt. Wie schon in anderen Städten wandte sich auch in Pisa die Diskussion rasch der Gegenwart zu. Es müsse vor allem in den Schulen und durch die Lehrer etwas gegen das Wiederaufkommen von Antisemitismus getan werden. Der Preis des Buches sei aber dessen Verbreitung nicht dienlich. (Tatsächlich war es in unsere Währung umgerechnet nahezu 20 Mark teurer als die deutsche Ausgabe und für umgerechnet 48 DM zu kaufen.)

Der Vorsitzende der Jüdischen Gemeinde bemerkte, dass die Minderheit, welche die Juden darstellten, aufgrund geschichtlicher Erfahrungen und ihrer besonderen Lebenssituation Veränderungen in der Gesellschaft wohl sensibler und früher wahrnähme, als die Mehrheit es tue. Dieses Vermögen lasse ihn sagen, dass sich im öffentlichen Leben Italiens etwas verschiebe und das nicht hin zum Besseren.

Abends saßen wir, meine »Betreuerin« und das Ehepaar Luzzati, in einem kleinen Restaurant. Nach der Sabbatfeier stieß auch der Vorsitzende der Gemeinde zu uns. Er war eine zeitlang im diplomatischen Dienst tätig und in einem in der Schweiz befindlichen Konsulat für die soziale Betreuung italienischer Arbeiter zuständig gewesen. Von jenem Aufenthalt in der deutschsprachigen Schweiz hatte er ein vergnüglich und wohl klingendes Deutsch mitgebracht.

Die erste Stunde des neuen Tages hatte schon begonnen, als wir aufbrachen und er mir vorschlug, mich in Pisa nicht ins Bett zu verkriechen, ohne vorher wenigstens den unvergleichlichen architektonischen Komplex gesehen zu haben, den der Dom, der Campanile, weltberühmt als der »schiefe Turm von Pisa«, und das Baptisterium bilden. Als wir dort eintrafen, war das Terrain menschenleer. Der Besuch wurde mir ein außergewöhnliches Erlebnis: In einer lauen Spätsommernacht zeigte und erklärte ein italienischer Jude einem deutschen Atheisten mit unverkennbarem Stolz jene Bauten, die aus der Geschichte des Christentums herstammen.

Die Steine gaben die Wärme des Tages ab. Das kräftige Grün lebte selbst noch im Lichte weniger Scheinwerfer, die ein Bühnenbildner angeordnet zu haben schien. Sie blendeten nicht, sondern ließen die Silhouetten der Gebäude hervortreten und die Schönheit der Details ahnen. Der nächtliche Ausflug, der mit einem Blick auf den nicht weniger berühmten nahen Platz mit einer der ältesten hohen Schulen Europas endete, gehörte zu den großen Geschenken dieser Tour, die eine »Dienstreise« schon nicht mehr war. Wie wohl es eine Gewalttour war, habe ich sie besonders genossen. Ich vertrat da niemanden mehr, ausgenommen meine Mitautorin, und Berichte hatte ich nicht zu schreiben.

Nach getaner Arbeit blieben mir in Pisa noch zwei Tage. Ich traf mich für ein paar Stunden mit Wolfgang Huschner, einem früheren Studenten unserer Geschichtssektion, der auf die mittelalterliche Geschichte spezialisiert war und sich zu Studien in Pisa aufhielt. Wir gingen durch die Stadt und er versah mich mit Ratschlägen, wie sich die restlichen Stunden als Tourist verbringen ließen. Ich wechselte das Hotel und hatte es von meinem neuen Quartier nicht mehr als drei Minuten Fußweg zum Domplatz.

Dann unternahm ich einen Ausflug in das nahe Lucca und einen weiteren an das Meer.

Welche Frage war mir während der zurückliegenden italienischen Tage von Zuhörern am häufigsten gestellt worden? Sie lautete: Was denken Sie über Haider? Und die wurde jeweils mit der Zusatzfrage verknüpft: Ist er ein Nazi?

Es schien mir, als ob dabei auch der Gedanke oder die Befürchtung mitschwangen, es könne sich nicht allein um ein politisches Phänomen des Nachbarstaates handeln, mit dem Italien die längste Landgrenze besitzt, sondern um einen Vorboten im sich neu organisierenden Europa. Wenn ich an österreichische Nazis denke, fallen mir zuerst die hingerichteten Ernst Kaltenbrunner und Adolf Eichmann ein, der eine endete am Galgen in Nürnberg, der andere in Jerusalem. Und das sind nur die bekanntesten. Haider mit ihnen in eine Reihe zu stellen, hieß ihm die willkommene Chance bieten, sich als eine ganz andere Figur darzustellen.

Dass er aber mit den Wünschen, den Besorgnissen und Ängsten von Menschen spielte und sie benutzte, dass er einen dumpfen Nationalismus verbreitete, dass dies und weiteres ihn in die Nähe von Praktiken rückte, deren sich die österreichischen Faschisten der zwanziger und dreißiger Jahre bedienten, war augenfällig. Doch versorgen sich aus dem Riesenarsenal bewährter Praktiken der Demagogie und Massenmanipulation wieder und wieder auch Politiker, die als Demokraten gelten.

Was dachte ich also über Haider? Mit dem Etikett »Nazi« war er so wenig treffend gekennzeichnet wie mit der Aufschrift »Populist«. Aber mit seinen Erfolgen kündete sich ein möglicher Weg an, auf den die europäische Entwicklung einmünden kann. Denn niemand vermag die politischen Wirkungen sicher vorauszusagen, die jene nach dem Scheitern des sozialistischen Staatenverbundes um sich greifende neoliberale Politik, dauert sie fort, zeitigen wird. Für das europäische Haus gibt es weder einen sozialen noch einen geistigen Entwurf. In ihm wachsen soziale Spannungen. Wie lange sie mittels den Massen verabreichten Unzufriedenheit dämpfenden Pharmaka beherrscht werden können, ist ebenso ungewiss.

Wer *die Haider* als Mitbewohner oder gar als Hausmeister nicht haben will, darf die Zukunft des Kontinents nicht den Reichen und deren Politikern und Ideologen überlassen. Wie verhängnisvoll dies werden könnte, hatte sich während meiner Italienreise an der Jahrhundertwende noch wenig herumgesprochen.

Inzwischen sind zehn Jahre vergangen: Das Unbehagen ist gewachsen. Doch hat es die Fähigkeit und den Entschluss noch nicht geboren – um noch einmal das vielberufene Bild zu bemühen –, dem Rad der Geschichte in die Speichen zu greifen. Es ist übrigens irreführend, denn im Bild fehlen Menschen, die ihre Geschichte machen. Sie konstruieren dieses Rad schon seit ungezählten Generationen und sie bewegen es, so oder anders.

Schluss.
Reisen bildet. Wirklich?

Das geflügelte Wort, wonach Reisen bildet, findet sich in Dutzenden Formulierungen und Abwandlungen in der Weltliteratur. Dieser Lebensform haben Seneca und Voltaire, Oscar Wilde und Mark Twain, Goethe und Wilhelm Busch ihr Lob gespendet. Seit das Reisen auch Mode wurde und dafür Reklame gemacht wird, werben zahllose Sprüche dafür, bei einem einschlägigen Büro zu »buchen«, die sieben Sachen zu packen und sich aufzumachen in diese oder jene Ferne.

Inzwischen treffen Verkäufer solcher Angebote feine Unterschiede. Sie bieten zu vulgären Urlaubs- auch Bildungs- und, das scheint eine noch höheren Ansprüchen genügende Steigerungsform zu sein, auch Studienreisen an. Dazu werden Mischformen offeriert, die sich Bildungsurlaub, Kultur-, Aktiv-, Informations- und auch Studien-und-Musikreisen nennen. Interessenten werden vor deren Antritt zu Vorlesungen, Lichtbildervorträgen und gar Seminaren eingeladen.

Von all diesen Unternehmen haben sich die Reisen, die ich mit meinen Historikerkollegen oder auch als Single unternahm, grundlegend unterschieden. Sie waren Bestandteil unserer Arbeit und nicht selten mit Mehrarbeit verbunden. Sie stellten auch eine zusätzliche Belastung dar, weil »zu Hause« unsere Pflichten gegenüber den Studenten nicht vernachlässigt werden durften. Doch einmal angetreten wurden sie in der Mehrheit aller Fälle zum Gewinn und entbehrten des Schönen und Vergnüglichen nicht. Auch davon wurde auf den Seiten dieses Buches geschrieben.

Bei allem, was ich während dieser Reisen an Informationen, Wissen und Erkenntnissen einheimste, als größter Gewinn gilt mir, und dieses Urteil ist nicht erst aus dem Rückblick gewonnen, die Begegnung mit Menschen, die mir zu Freunden und Vertrauten wurden. Um wie viel ärmer wäre das eigene Leben ohne Luitwin Bies aus Völklingen, Miroslav Kárny aus Prag, Willy Hundertmark aus Bremen und viele andere, die namentlich nicht genannt wurden. Als solchen Gewinn in anderer Weise zähle ich auch die so entstandenen Beziehungen zu Wissenschaftlern in Österreich, der Bundesrepublik und anderen Ländern.

Näher gekommen als im häufig zu hastigen Alltag der DDR bin ich auf Reisen auch manchem meiner DDR-Kollegen. Lange Flüge und Eisenbahnfahrten, Pausen während Konferenzen und Archivarbeiten gaben Gelegenheiten zu Gesprächen, die anders nie geführt worden wären. Nie wäre ich Kiebitz der Kämpfe geworden, die von zwei leidenschaftlichen Schachspielern, dem Potsdamer Wolfgang Ruge und dem Marburger Reinhard Kühnl, ausgetragen wurden, hätte sich dazu nicht Zeit an Abenden nach Konferenztagen in Jugoslawien geboten.

Eine kuriose Unterhaltung über die Geschichte der K.u.K.-Monarchie fand im warmen Wasser des Gellert-Bades zu Budapest in einer Runde mit Kurt Gossweiler, Gustav Seeber, Manfred Weißbecker und Joachim Petzold auf der Rückreise von einer Konferenz im ostungarischen Debrecen statt.

Der Gewinn solcher Unternehmung entstand schon während der Reisevorbereitungen. Arbeitsergebnisse vor Fachkollegen anderer Länder vorzutragen, zwang, wollte man in Debatten unverzüglich auf den Kern eines Gegenstandes oder Themas kommen, sie zu ordnen und zu verdichten. Bei dieser Arbeit ließ sich vom Alltag der Lehre an der Universität profitieren.

Von Goethe stammt die Bemerkung: Die beste Bildung findet ein gescheiter Mensch auf Reisen. Hatte man sich also vor deren Antritt noch ein wenig gescheiter gemacht, bestand vermehrte Aussicht, bereichert zurückzukommen.

Während Konferenzen, Tagungen und Symposien erwies sich sodann immer wieder, dass sich in Rede und Gegenrede an Wissenszuwachs mehr gewinnen ließ, als beim bloßen Lesen noch so gelehrter Bücher. In zwanzig oder vierzig Minuten eigene Positionen oft nur thesenhaft zu markieren, lässt Übereinstimmungen klar hervortreten und unvereinbare Standpunkte auch. Es werden Fragen schärfer formuliert, Lücken im eigenen Wissensgebäude wahrgenommen, Zweifel an erzielten Ergebnissen ausgesprochen. Wer von solcher Reise zurückkehrte, ohne Anregungen für seine weiteren Forschungen zu besitzen, hätte lieber zu Hause bleiben sollen. Und wer sie nicht antreten konnte, und das traf auf die

Mehrheit meiner jüngeren Kollegen zu, dem entging etwas. Von diesem Nachteil der Ausbildung im ostdeutschen Staat war schon die Rede.

Die Delegation genannten Gruppen, in denen ich mehrere Auslandsreisen antrat, bestanden anfänglich noch aus Anfängern. Unsere Gastgeber oder Partner, vor allem die, auf die wir in Westeuropa und den USA trafen, waren mit wenigen Ausnahmen bürgerliche Wissenschaftler. Sie gehörten unterschiedlichen Strömungen und Schulen an. Für nahezu alle aber traf zu, dass sie ihre qualifizierte Ausbildung früher und unter günstigeren Umständen begonnen hatten als wir die unsrige. Sie standen in einer langen Gelehrtentradition, besaßen Vorläufer, die an hohen Schulen und Akademien gewirkt hatten. Sie konnten sich in direkter Linie als deren Fortsetzer verstehen.

Das traf für uns so nicht zu, wie viel wir auch von und über Friedrich Christoph Schlosser, Heinrich Luden, Leopold Ranke, Johann Gustav Droysen, Julius Ficker, Heinrich von Sybel und andere Historiker dieser Traditionslinien gelesen hatten. Der von Karl Marx herkommende Strang historischen Denkens und Forschens war anders verlaufen. Selbst aus ihm weit herausragende Denker, Eduard Bernstein, Karl Kautsky und Franz Mehring, besaßen nie auch nur die Spur einer Chance, auf einen Arbeitsplatz an einer deutschen Universität oder staatlichen Forschungseinrichtung zu gelangen. Das Personal dieser Denkrichtung nahm sich gegenüber dem aller anderen an Zahl ärmlich aus. Das änderte sich in Deutschland erst mit meiner Generation. Damit ist wenigstens angedeutet, was gemeint ist, wenn von *Anfängern* geschrieben wird. Praktisch bedeutete dies: auf internationalem Parkett habe ich mich an manchem Rednerpult nicht anders gefühlt wie heute einer meiner Enkelsöhne, der als Schauspieler auf die Theaterbühne mit jenem Gefühl tritt, das Lampenfieber genannt wird, in richtiger Dosierung der gewollten Sache aber nicht schlecht bekommt.

Wir Anfänger sind vor allem in der Bundesrepublik zunächst nicht für voll genommen, mehr als Exoten denn als ernstzunehmende Leute angesehen worden. Das las wir in vielen Rezensionen unserer Bücher, mehr noch in der nachweisbaren Ignoranz oder dem mäkelnden Soll, mit dem unbezweifelbare Leistungen kommentiert wurden. Mit den Jahren änderte sich das gründlich, denke ich etwa an eine Besprechung, die Andreas Hillgruber, der Kölner Ordinarius, 1982 zur Geschichte der NSDAP veröffentlichte, die Manfred Weißbecker und ich geschrieben hatten.

1990 dann die Rolle rückwärts. Das absichtliche Übersehen von Leistungen erlebte eine Renaissance. Blicke ich zurück auf Diskussionen mit Martin Broszat, Hans Mommsen, Eberhard Jäckel und anderen Historikern der Bundesrepublik, so müssen die uns aus Desinteresse, langer Weile oder wissenschaftsferner Neugier eingeladen haben oder – umgekehrt – unseren Einladungen gefolgt sein. Eine andere Deutung lässt ein Satz nicht zu, der sich in den Bänden über die Geschichte der Humboldt-Universität, erschienen zu deren 200. Geburtstag im Jahre 2010 lesen lässt, und den Wolfgang Hardtwig, ein 1991 an diese Anstalt berufener Historiker, ersonnen hat: »Es gab an der Universität keine zu vertreibende profilierte marxistische Geschichtswissenschaft, […] die eine echte Herausforderung für die Geschichtswissenschaft der Bundesrepublik dargestellt hätte.«

Da ist sie wieder, die Legende von der Wissenschaftswüste, akademisch aufgeblasen und verbrämt.

Es war und ist diese intellektuelle Missachtung indessen jenen, denen sie zugedacht war, zu einem zusätzlichen Antrieb geworden, eigene Überzeugungen auch überzeugend zu vertreten. Zu dem trat ein anderes. So gewiss Marxisten das Bedürfnis nach Erfolg und Geltung nicht fehlt, Eitelkeit ihnen nicht fremd ist – ich nehme mich nicht aus –, so sicher suchte die Mehrheit der Unsrigen, erzogen wie wir waren, diesem Staat DDR, der lange als »Pankow«, »Mitteldeutschland« und »Sowjetzone«, dann als »Ostzone« herabgesetzt und verächtlich gemacht wurde, mit unseren Mitteln Ansehen und Gewicht zu verschaffen.

Wir verstanden uns anders als Diplomaten und doch auch als eine Spezies von Botschaftern und Vertretern. Wir waren nicht nur die Darsteller unserer selbst.

Reisen hat uns zusätzlich gebildet und herausgefordert, mitunter bestätigt und ermutigt. Mir begegneten Gesinnungsgenossen, die die bürgerliche Gesellschaft nicht für das letzte Wort der Menschheitsgeschichte halten, in nahezu allen Ländern, in die ich gelangte. Dass wir heute verstreut und minimiert sind, die deutschen Hochschulen von marxistischen Geschichtsforschern in den neuen und alten Bundesländern nahezu gänzlich »gesäubert« wurden und der Einfluss der Weitermachenden gering, dass in vielen Staaten ähnliche Zustände durchgesetzt werden konnten, hat auch unter Historikern der Marxschen Schule teils tiefe Resignation gestiftet. Billiger Trost ist immer zu haben, besitzt aber den Nachteil, flüchtig zu sein.

Für einige Zeit lässt sich Kraft nicht anders gewinnen als aus der schonungslos kritischen Durcharbeitung vor allem der europäischen Geschichte des 20. Jahrhunderts, die momentan als ein Aufstieg zur Freiheit verklärt und verfälscht wird. Sie ist mit Sicherheit die Geschichte des Scheiterns einer großen Bewegung, die mit einem Aufbruch aus der Klassengesellschaft begann und in einer Sackgasse endete. Wen dessen Folgen noch betreffen werden, ist vollends noch nicht ausgemacht. Und ebenso wenig, dass dieser geschichtliche Aufbruch in der Bilanz »vergeblich« sich erschöpft.

Also und noch einmal: Bildet Reisen? Wirklich?

Oder ist das Verklärung und Selbstbetrug?

Wer seine Tage in einer Kuhle an den Ufern eines Flusses oder eines Sees verbringt oder in einer Sandburg an den Gestaden eines Meeres oder Ozeans, mag erholt an Körper und Geist und mit neuen Bekanntschaften heimkehren. Doch er ist bei seiner Rückkehr so dumm oder so klug wie am Tage seiner Abfahrt.

In Goethes Diktum kommt es auf das Wörtchen *gescheit* an. Und selbst wer so auf Reisen geht, sollte seinen Gewinn nicht überschätzen. Gewiss hat Mark Twain mit der Bemerkung Recht, dass das Reisen für Vorurteile tödlich sei. Doch es kann, wie immer wieder bezeugt, auch zu rasch getroffenen verallgemeinernden »Nachurteilen« über Leute und Land verleiten, die doch gleichsam nur durch ein Guckloch wahrgenommen worden sind.

Wie viele Deutsche kommen Jahr für Jahr von ihren Auslandsreisen nicht nur frohgemut, sondern auch mit frisch gestärktem nationalem Hochmut zurück? Mir haben Reisen keine Minderwertigkeitsgefühle erzeugt. Doch was ich dazu zu lernen hätte, wusste ich beim Auspacken besser als beim Einpacken meiner Utensilien.

Auswahlbibliografie im Text erwähnter Publikationen

(Die vorangestellte Zahl verweist auf das jeweilige Kapitel)

(2)
• Erich Paterna / Werner Fischer / Kurt Gossweiler / Gertrud Markus /Kurt Pätzold, Deutschland von 1933 bis 1939 (Von der Machtübertragung an den Faschismus bis zur Entfesselung des Zweiten Weltkrieges, Berlin 1969), (Lehrbuch der deutschen Geschichte. Beiträge, 11).

(3)
• Referate der Konferenz Faschismus und Neofaschismus. Geschichte und Gegenwart, Kiew 19. 21. September 1978.
In: Bulletin des Arbeitskreises »Zweiter Weltkrieg«, Nr. 3/4 1979. Hg. Akademie der Wissenschaften der DDR, Zentralinstitut für Geschichte.

(4)
• Kurt Pätzold, Faschismus – Rassenwahn – Judenverfolgung. Eine Studie zur politischern Strategie und Taktik des faschistischen deutschen Imperialismus (1933-1935), Berlin 1975.

(6)
• Les Relations Franco-Allemandes 1933-1939. Strasbourg 7-10 Octobre 1975. Colloques intenationaux du Centre National de la Recherche scientifique, No. 563, Paris 1976
• La politique nazie d'extermination Hg. Institut d'histoire du temps present. Sous la direction de Francois Bédarida, Paris 1989.

(7)
• Faschismus – Krieg – Widerstand. Historikersymposium der FIR: Die Aggressionen Hitlerdeutschlands in Europa – Geschichte und Geschichtsschreibung. Hg. Internationale Föderation der Widerstandskämpfer, Wien 1989.

• Kurt Pätzold / Erika Schwarz, Auschwitz war für mich nur ein Bahnhof. Franz Novak – der Transportoffizier Adolf Eichmanns, Berlin 1994 (Dokumente – Texte – Materialien. Hg. vom Zentrum für Antisemitismusforschung der Technischen Universität Berlin, 13).
• Der Hitler-Stalin-Pakt. Voraussetzungen, Hintergründe, Auswirkungen. Dokumentation eines Symposiums der Volkshochschule Wien-Brigittenau, Hg. Gerhard Bisovsky, Wien 1990.

(8)
• La Propagande pendant la deuxieme Guerre mondiale, Bucarest 11-12 Auot 1980, (1) Méthodes – objet – résultats (2) Méthodes, objet, résultats. Débats. Hg. Comité international d'histoire de la deuxieme Guerre mondiale / Commission roumaine d'organisation du collogue international.
(9)
• India-DDR. Monthly Journal of Allindia Friendship Association, Ausgabe vom März 1982.

(10)
• Der Mord an den Juden im Zweiten Weltkrieg: Entschlussbildung und Verwirklichung. Hg. Eberhard Jäckel und Jürgen Rohwer, Stuttgart 1985.

(12)
• L'Anschluss- une affaire européenne. Etudes reunies par Felix Kreissler (Publications de l'université de rouen, no 165, centre d'études et de recherches autrichiennes) Rouen 1991.
• Deutschsprachige Ausgabe: Felix Kreissler (Hg.), Fünfzig Jahre danach – Der »Anschluss« von innen und außen gesehen, Wien 1989.

(14)
• Grands Themes – Methodologie – Sections chronologiques 1. Rapports et abregés. (I) Sections chronologiques 2 – Organismes affiliés – Commission internes – Tables Rondes. Rappots et abregés. (II) Hg. Comité International des Sciences Historiques, Madrid 1990.

(15)
• Theresienstadt in der Endlösung der Judenfrage. Hg. Miroslav Kárny, Vojtech Blodig und Margita Kárná, Prag 1992.

(16)
• Stato e Società durante il terzo Reich, Il contrubuto il recerca die Martin Broszat e dell'Institut für Zeitgeschichte, a cura di Claudio Natoli, Milano 1993.
• Deutschsprachige Ausgabe: Mit dem Pathos der Nüchternheit. Martin Broszat, das Institut für Zeitgeschichte und die Erforschung des Nationalsozialismus. Hg. Klaus-Dieter Henke und Claudio Natoli, Frankfurt a. M. 1991.

(17)
• Kurt Pätzold / Erika Schwarz, Ordine del giorno: sterminio degli ebrei. La conferenza des Wannsee del 20 gennaio 1942 e altri documenti sulla »solizione finale«, (Nuova cultura 75), Turino 2000.
• Deutschsprachige Ausgabe: Tagesordnung: Judenmord. Die Wannsee-Konferenz am 20. Januar 1942. Eine Dokumentation zur Organisation der »Endlösung«, Berlin 1992 (Dokumente – Texte – Materialien. Hg. vom Zentrum für Antisemitismusforschung der Technischen Universität Berlin, 3).

(Schluss)
• Kurt Pätzold / Manfred Weißbecker, Hakenkreuz und Totenkopf. Die Partei des Verbrechens, Berlin 1982. Überarbeitete Neufassung: Geschichte der NSDAP 1920-1945, Köln 1998. (3. Aufl. 2009).

Personenregister

Abendroth, Wolfgang 142
Adam, Uwe Dietrich 147
Adolf Kardinal Bertram 20f.
Allan, W. S. 179
Aly, Götz 28, 226
Aycoberry, Pierre 152

Barck, Simone 86
Barthel, Horst 159
Bassi, Roberto 229
Bauer, Fritz 37
Bauer, Yehuda 146, 151
Becher, Johannes R. 32
Beck, Friedrich 69
Bedarida, Francois 151, 240
Benedikt XV., Papst 166
Benz, Wolfgang 226
Bereshkow, Valentin M. 102
Bernstein, Eduard 237
Bethge, Carla 130
Bethge, Hans-Horst 130
Bies, Luitwin 72, 79, 87, 235
Bies, Patric 11
Bies, Traudl 12
Birch, Heinz 131
Blahut, Karol 17, 24
Bloch, Charles 82
Boberach, Heinz 147
Böhme-Kuby, Susanne 229
Bonifatius Wynfreth 20
Borejsza, Jerzy W. 151
Bossi-Fedrigotti, Anton Graf 91
Botz, Gerhard 169
Bramke, Werner 180f., 186f., 191, 193
Brandt, Willy 31, 36, 52
Brecht, Bertolt 99
Bridenthal, Renate 11, 186
Brion, Friederike 81
Broszat, Martin 147, 155f., 217-223, 228, 238, 242
Browning, Christopher A. 147, 151, 186

Brzosko-Medryk, Danuta 48
Büttner, Thea 154, 205
Busch, Wilhelm 235

Ceausescu, Nicolae 111
Chamberlain, Neville 104, 167
Childers, Thomas 186
Chruschtschow, N. S. 40
Claudius, Eduard 195
Cremer, Fritz 99
Cyrankiewicz, Józef 48

Daim, Maria 59
Daladier, Edouard 84, 167
Deák, István 109
Deschner, Karl Heinz 14
Detalle, Mele 86
Drechsler, Karl 11, 121f., 138f.
Dreßen, Willi 47
Drewes, Hartmut 214
Drobisch, Klaus 54
Droysen, Johann Gustav 237

Eichholtz, Dietrich 54, 56, 172
Eichmann, Adolf 90, 93f., 101, 144, 147, 225, 234
El Greco (d. i. Dominicus Theoto Kópoulos) 202
Elisabeth II., Königin 221
Engel, Evamaria 205f.
Engel, Gerhard 182
Engelberg, Ernst 52, 159, 205
Engels, Friedrich 99, 156
Epstein, Friedrich 89
Erdmann, Karl Dietrich 115
Eugen von Savoyen, Prinz 96, 105

Ficker, Julius 237
Fink, Heinrich 60, 213, 216, 224
Fischer, Werner 240
Franco, Francisco 14
Fricke, Dieter 114f.
Friedlander, Henry 107, 186
Friedländer, Saul 146, 151, 219f., 223

Friedrich Wilhelm III.,
  preußischer König 16
Fuchs-Frötscher, Daniela 46

Gambiez, Fernand 82
Gandhi, Indira 123
Garscha, Winfried R. 196, 110, 168
Gellately, Robert 186f.
Genscher, Hans-Dietrich 203
Goebbels, Joseph 30, 91, 230
Goerdeler, Carl 180, 187
Goethe, Johann Wolfgang v. 81, 165,
  221, 235f.
Gogh, Vincent van 202
Goldstein, Kurt 90, 194
Gorbatschow, M. S. 31, 199
Göring, Hermann 30
Goshen, Seev 147
Gossweiler, Kurt 56, 102, 179, 236,
  240
Goya, Francisco Jóse 201f.
Grabitz, Helge 107f.
Greiser, Arthur 27
Griewank, Karl 195
Groehler, Olaf 118, 122, 124f., 133,
  135f. 139
Grothe, Heinz 164

Habermas, Jürgen 104
Haider, Jörg 225, 233f.
Hallgarten, George W. 55
Hanke, Karl 22
Hardtwig, Wolfgang 12, 238
Heine, Heinrich 69
Hemmingway, Ernest 195
Herlt, Günther 164
Hermann, Joachim 203f.
Herzstein, Robert 187
Heydrich, Reinhard 90, 144, 209,
  216, 225
Hillberg, Raul 146
Hillgruber, Andreas 142, 146, 238
Himmler, Heinrich 57, 135, 145, 230
Hindenburg, Paul von 57

Hochhuth, Rolf 14
Hofer, Andreas 99
Höhne, Roland A. 82
Hörnig, Johannes 50
Hrdlicka, Alfred 172
Hundertmark, Willy 214, 216
Huschner, Wolfgang 233

Ibarruri, Dolores 195
Irmscher, Johannes 205

Jäckel, Eberhard 53, 142, 146, 148,
  151f., 197, 238, 241
Janiuk, Edward 33, 35f.
Jarausch, Konrad 177ff., 184f., 187f.
Jaruzelski, Wojciech 39
Jeanne d'Arc (Johanna von Orleans) 166

Kaltenbrunner, Ernst 90, 92, 234
Kaltenegger, Ernest 97
Karl von Österreich-Teschen 96
Kárná, Margita 242
Kárny, Miroslav 207ff., 211f., 216,
  235, 242
Kautsky, Karl 156237
Keppler, Wilhelm 57
Klein, Fritz 56
Kloyber, Christian 170
Knoop, Guido 165
Kohl, Helmut 42, 203
Kolb, Eberhard 147
Koonz, Claudia 186
Kossok, Manfred 205
Krausnick, Helmut 146
Krausova, Margita 208
Kreißler, Felix 169, 174, 241
Kremer, Ilja 102
Krüger, Horst 122, 124, 131, 135,
  137, 139
Kuby, Erich 229
Kühnl, Reinhard 185, 198, 236
Kühnrich, Heinz 118
Küttler, Wolfgang 11, 122, 124, 127,
  139

Kulka, Otto Dov 147
Kuretsidis-Haider, Claudia 106, 110

Laqueur ,Walter 147
Lanner, Joseph 102
Lassalle, Ferdinand 23
Lemnitz, Alfred 50
Less, Avner W. 147
Liebknecht, Karl 61
Litwinow, M. M. 78, 200
Löser, Diana 183
Loth, Heinrich 205
Luden, Heinrich 237
Luzzati, Michele 232

Madajczyk, Czeslaw 147
Mantelli, Brunello 228
Maria Theresia, Kaiserin 96
Marx, Karl 55, 156, 222, 237
Marzahn, Christian 185
May, Karl 11
Mehring, Franz 156, 237
Meier, Christian 221, 223f.
Meinecke, Wolfgang 180, 187f., 193
Messerschmidt, Manfred 147
Meyers, Reinhard 82
Michel, Henri 117
Michelangelo Buonarroti 181
Miller, Susanne 41
Milton, Sybil 107, 109f., 185, 187
Mittenzwei, Werner 86
Molotow, W. M. 104, 198, 200
Mommsen, Hans 147f., 151, 221, 238
Mommsen, Wolfgang J. 203f.
Mozart, Wolfgang Amadeus 99
Muchitdinow, N. A.51
Müller, Armin 38
Mussolini, Benito 14, 231

Napoleon I. 16
Nehru, Jawaharlah 132
Nkrumah, Kwame 113
Nolte, Ernst 104
Novack, Franz 93, 101, 241

Oberkofler, Gerhard 97
Ossietzky, Carl von 105

Paslawska 18
Pätzold, Armin 210
Pätzold, Barbara 122, 210
Pavelic, Ante 14
Petzold, Joachim 179, 236
Peukert, Detlev 218
Pilichowski, Czeslaw 37
Piscator, Erwin 14
Poznanski, Israel 44
Prauser, Steffen 229
Primo de Rivera, José Antonio 202
Princip, Gavrilo 210

Ranke, Leopold 237
Ránki, György 172
Reschetnikow, Fjodor 58
Ribbentrop, Joachim von 198, 200
Richter, Rolf 180, 186, 189
Rinckart, Martin 94
Rohwer, Jürgen 141f., 241
Rose, Günter 26, 59
Rosenfeld, Günter 58, 198
Rosh, Lea 150ff.
Rückerl, Adalbert 147
Rüter, Christiaan Frederik 107, 109
Ruge, Wolfgang 52, 236

Salazar, Antonio de Oliveira 195
Sanders, Hans-Günther 214
Schacht, Hjalmar 57
Schausberger, Norbert 97
Scheel, Heinrich 159
Scheffler, Wolfgang 107, 146
Schiller, Dieter 86
Schiller, Friedrich 166, 195
Schindler, Heinz 90
Schlenstedt, Sylvia 86
Schleunes, Karl A. 146
Schlosser, Christoph 237
Schmidt, Walter 11, 205
Schnoor, Herbert 47, 49

Schönberner, Gerhard 147
Schubert, Kurt 89
Schultz, Helga 205
Schumann, Wolfgang 56, 113, 118, 120, 140, 155
Schuschnigg, Kurt 171
Schwarz, Otto 171
Schwarz, Erika 11, 38, 100, 106, 186, 210, 225, 241, 242
Seeber, Gustav 236
Seneca 235
Sereny, Gitta 146
Solf, Ursula 47
Stadtler, Karl 97
Stalin, J. W. 40, 104, 111, 198f., 241
Stangl, Franz 146
Steiner, Herbert 95, 168
Strauß, Johann 102
Streim, Alfred 47, 107, 110
Streisand, Joachim 71, 87
Strohmaier, Gotthard 205
Stuhlpfarrer, Karl 168
Sybel, Heinrich v. 237

Thalmann, Rita 102f.
Trajan, röm. Kaiser 118
Trenker, Louis 91f.
Turner jr., Henry Ashby 179
Twain, Mark 235, 239

Uchytilová, Marie 215
Uhl, Ernst 214, 216
Ulbricht, Walter 114
Unger, Manfred 69

Valentin, Karl 123
Veitl, Friedrich 226
Viktor Emanuel II., ital. König 181
Vinci, Leonardo da 191
Vogler, Günter 204
Voltaire 235
Voß, Hermann 28

Waldheim, Kurt 187
Wallach, Yehuda 147
Warnke, Bruno 7
Weinberg, Gerhard L. 179
Weinzierl, Erika 95, 168
Weißbecker, Manfred 11, 180, 186, 193, 236, 238, 242
Wertheimer, Samson 89
Wieland, Günter 38, 46, 49, 106, 109
Wiesenthal, Simon 37
Wilde, Oscar 235
Wilhelm I., dt. Kaiser 64
Wilhelm II., dt. Kaiser 65
Wilhelm von Hohenzollern, Kronprinz 21
Wilhelm, Hans-Heinrich 147
Wojciechowski, Marian 85
Wolf, Konrad 159ff., 165, 201
Wutschetitsch, J. V. 190

Zimmermann, Friedrich 41

Geografisches Register

Adria 228, 231
Agra 132
Alpen 91, 214
Arabien 130
Ardeatinische Höhlen 224
Ardèche, Fluss 88
Arno, Fluss 232
Atlantik 97, 113, 176, 205
Auschwitz 34, 43, 48, 68, 90, 101, 145f., 207ff., 212, 220, 241

Baden 14, 66, 140
Baden b. Wien 101
Balaton 210
Balkan 113, 117
Banska Bystrica 215f.
Bautzen/Budysin 13
Bayern 14, 66, 95, 98, 167, 178, 212f., 218
Berchtesgaden 99
Bergisel 98
Berlin, Neu Venedig 159
Berlin-Adlershof 164
Berlin-Buch 121
Berlin-Schönefeld 112, 122, 133, 138
Berlin-Spandau 49, 160
Bernau 162, 164
Beskiden 24
Bialystok 34
Bielefeld 185
Biskaya 113, 195
Bochum 147, 203, 221, 223
Bologna 225, 229ff.
Bonn 40, 61, 82, 141, 203
Bregenz 89, 97
Bremen 11, 185, 213ff., 236
Bremen-Oslebshausen 214
Breslau/Wroclaw 1, 13, 15f., 21, 151, 194
Breslau-Bischofswalde 22
Brüssel 159, 163, 165

Buchenwald, KZ 14, 34, 48, 90, 169, 209
Bukarest 111ff., 116, 152f., 181, 195, 197
Burgenland 45
Burlington/Vermont 145

Cannes 88
Chapel Hill/North Carolina 177
Charkow 51
Chelmno s. Kulmhof 34, 43f.
Cloef 71
Colmar 87
Columbia, South Carolina 187

Dachau, KZ 34
Debrecen 236
Dora-Mittelbau, KZ 34
Dornbirn 97
Dresden 223
Düsseldorf 47, 146
Durham/North Carolina 186

Eger, Fluss 210
Eichsfeld 13
Eisenstadt 90
Elbe 10, 204
Elsass 65
Erzgebirge 139
Esch a. d. Alzette 73
Essen 214

Fichtelgebirge 192
Fiumicino 191
Florenz 229
Frankfurt a. M. 37, 72, 165, 242
Friaul 229

Gdansk 116
Ghana 113
Gobi 9
Gockhausen 147
Goldküste 113
Görlitz 19

Göteborg 111
Graz 96f., 169
Greensboro/North Carolina 146
Greifswald 51, 223

Hamburg 108, 218
Haute Normandie 169
Helsinki 84, 116
Hudson, Fluss 191

Ill, Fluss 87
Innsbruck 89, 96ff.
Isergebirge 92

Jaipur 133, 138
Jalta 113
Jena 1, 11, 13, 23, 51, 55, 115, 122,
    165, 195, 204, 209, 218, 220, 223
Johannesberg b. Jauernig 21

Kahlenberg 101
Kaiserslautern 73
Kalahari 10
Kalkutta/Kolkata 9, 39, 121, 133f., 137
Kapitz Krs. Trebnitz 92
Karpaten 113
Katyn 41, 118
Kaukasus 75
Kiel 115
Kiew 59, 240
Kladno 211, 215
Klagenfurt 89, 97, 168
Kleiner Müggelsee 159
Koblenz 63, 65, 69f., 101, 147
Koblenz-Kartause 4, 63
Köln 47, 147, 200, 242
Korsika 82
Kulmhof 44
Kursk 118
Kyffhäuser 65

Langenlonsheim 69
Leipzig 51, 69, 180, 186, 204
Leningrad 51, 59

Leuna-Merseburg 50
Leuthen/Lutynia 94
Lidice 34, 207, 211, 213, 215f.
Linz 96f., 99f., 167
Liverpool 183
Lodz 43
London (Kanada) 186
Loreley 69
Los Angeles 219
Lothringen 65, 77, 80, 166
Lublin 26, 32f., 35
Lublin, KZ s. Majdanek 32
Lucca 233
Ludwigsburg 47, 147
Lund 36, 111

Madrid 194, 196f., 199ff., 203ff., 241
Magdeburg 178
Mahliau/Milonowice 80
Mailand 227, 230
Majdanek, KZ 32ff., 47ff., 212
Malmö 111
Manhattan 188
Mantua 98
Marburg 11, 185, 215
Marmoutier/Maursmünster 87
Mauthausen, KZ 34, 48, 99
Meißen 119
Merzig 73
Mettlach 71
Metz 82
Milano s. Mailand 225, 227, 242
Mittelmeer 88, 195
Mosel 63, 65
Moskau 30, 40f., 50, 54, 59, 102,
    104, 122f., 138, 197ff., 201
Moskau, Lenin-Berge 58
Mühlheim/Ruhr 60
München 14, 55, 78, 147, 155, 167,
    217, 219, 223

Nahetal 69
Nancy 82
Neiße, Lausitzer 41, 65

Neu Delhi 121ff., 125f., 129, 132ff.
Newa 59
New York 11, 48, 109, 176, 181,
     184, 186, 188, 189, 191
Nordafrika 75, 128
Nordsee 113, 214
Normandie 75, 169, 175
Nürnberg 32, 46, 48, 90, 102, 144, 234

Obersalzberg 99
Oberschlesien 119
Oder 10, 15, 17f., 22, 41, 65, 204
Odessa 112
Ohre s. Eger 210
Oldenburg 105
Öls/Olesnica 21
Omsk 184
Ostpreußen 20, 74
Ostsee 63, 111, 192

Pforzheim 219
Philadelphia/Pensylvania 186
Piestany 210
Piräus 113, 130
Pisa 225, 231ff.
Pleiße 69
Potsdam 66, 101, 139, 165, 177, 231
Poznan 15, 26ff., 32, 84
Prag/Praha 15, 146, 207, 209, 212,
     214f., 235, 242
Princeton 9, 176, 182, 184, 188, 191
Prora 63

Ravensbrück, KZ 34, 48, 227
Rehfelde b. Berlin 11
Rhein 63, 65, 68, 81
Rheinpfalz 73, 153
Rom 21, 51, 91, 180, 191, 197, 217,
     219, 224, 228, 228, 231
Rostock 51, 113, 223
Rouen 166f., 169f., 172, 174f., 241
Rügen 63, 196

Saar, Fluss 71

Saarbrücken 71, 73f., 185
Saarland 71, 74, 78, 87
Sachsenhausen, KZ 14, 33f.
Sahara 9
Salo 231
Salzburg 96f., 99, 169
Sarajewo 210
Sassnitz 111
Scheremetjewo 59, 62
Schlesien 20, 63, 212
Schleswig-Holstein 95
Schwarzes Meer 118
Selb 119
Sesenheim/Sessenheim 81
Sibirien 41
Singapur 135
Skagerrak 113
Speyer 78
St. Avold/Saint-Avold 79
St. Wendel 71, 73f.
Stalingrad 118
Staßfurt 87
Steiermark 97
Stockholm 51, 111, 197
Straßburg/Strasbourg 80f., 85ff., 152,
     240
Stuttgart 140f., 143, 145f., 149ff.,
     197, 241
Südtirol 91

Tacoma/Washington 147, 186
Tel Aviv 146f., 219
Terezin 44
Theresienstadt, Ghetto-KZ
s. a. Terezin 34, 44, 207ff., 242
Tiber 118
Tomsk 184
Torino s. Turin 225
Toscana 231
Treblinka 145f., 212
Trebnitz/Trzebnica 80, 92
Trier 78
Turin 227f., 230

Udine 229

Venedig/Venezia 227ff.
Verdun 79
Völklingen 11, 71ff., 235

Wannsee 144, 210, 225f., 242
Warschau/Warszawa 15, 29f., 34ff.,
    38ff., 46ff.
Weichsel 32
Weimar 90, 99, 142, 194, 222
Westfalen 14, 47
Wickersdorf b. Saalfeld 332, 151
Wien 106f., 109, 135, 146, 167ff.,
172f., 197, 201, 240f.
Wien-Brigittenau 105, 241
Wien-Favoriten 89
Wien-Leopoldstadt 95
Wolga 75
Wroclaw s. a. Breslau 13ff, 22, 24f.,
    27, 38, 46, 247

Yad Vashem 146, 211
Yamuna, Fluss 132

250

Kurt Pätzold
**Die Geschichte
kennt kein Pardon**
Erinnerungen
eines deutschen
Historikers

edition ost
320 Seiten
geb., mit Schutzumschlag
12,5 x 21,0 cm
ISBN 978-3-360-01087-2
14,95 €

Franziska Augstein in der *Süddeutschen Zeitung:*

Pätzolds Memoiren werfen nicht nur ein Schlaglicht auf das Leben des Historikers, sondern auch auf die DDR selbst. Im Ton überwiegt der Trotz, die sachlich-gelassenen Passagen sind am besten.

Ronald Friedmann in *Disput:*

Es gibt nur wenige Bücher, von denen man wirklich sagen kann, dass sie fehlen würden, wenn es sie nicht gäbe. Die Erinnerungen des international renommierten Historikers und Faschismusforschers Kurt Pätzold, die weit mehr als eine gewöhnliche Autobiografie sind, gehören unbedingt dazu.

Michael Brettin, Peter Kroh, Frank Schumann (Hrsg.)
Der Fall Barbarossa
Der Krieg gegen die Sowjetunion in unbekannten Bildern.
Mit einem Nachwort von Kurt Pätzold

Verlag Das Neue Berlin
224 Seiten | geb., mit Schutzumschlag
21,3 x 28,5 cm | ISBN 978-3-360-02128-1 | 24,95 €

Solveig Grothe in *einestages.Zeitgeschichte* auf *spiegel-online:*

Die so beschaulich wirkenden Bilder vom Beginn des »Unternehmens
Barbarossa« spiegeln mit dem Wissen von heute auch seine Grausam-
keit wider.

SS im Einsatz
Eine Dokumentation über die Verbrechen der SS
Mit einem Nachwort von Kurt Pätzold

edition ost
592 Seiten | geb. | 14,3 x 22,0 cm
ISBN 978-3-360-01832-8 | 19,95 €

Die 600-Seiten-Dokumentation, welche in acht Auflagen erschien, nunmehr in einer Reprint-Ausgabe mit einem aktuellen Nachwort von Kurt Pätzold. Wie das »Braunbuch«, das ebenfalls als Reprint in der edition ost in mehreren Auflagen verlegt wurde, gilt auch dieses Buch als Standardwerk antifaschistischer Aufklärung.

Kurt Pätzold
»Das Volk versteht das meiste falsch ...«
Nachdenken über Kurt Tucholsky

spotless Nr. 239
96 Seiten | brosch. | 11,4 x 17,7 cm
ISBN 978-3-360-02040-6 | 5,95 €

bebe in *Das Blättchen:*

Der Autor referiert mit vielen, gut gewählten Zitaten die Haltung Tucholskys als »militanter Pazifist«, als politischem Autor (...), der nach wie vor gern verklärt wird.

Kurt Pätzold
Die Mär vom Antisemitismus
Nachdenken über Kurt Tucholsky

spotless Nr. 234
96 Seiten | brosch. | 11,4 x 17,7 cm
ISBN 978-3-360-02033-8 | 5,95 €

Dietz Bering in der *Frankfurter Allgemeinen Zeitung:*

Pätzold antwortet hier auf ein Begleitbuch zu einer Ausstellung (...). Er beklagt, dass die in jenem Band versammelten Beiträge es verabsäumten, sich in die vorhandene Forschungsliteratur zu knien.

ISBN 978-3-360-01827-4

© 2011 edition ost im Verlag Das Neue Berlin, Berlin
Umschlaggestaltung: Buchgut, Berlin
Druck und Bindung: CPI Moravia Books GmbH

Ein Verlagsverzeichnis schicken wir Ihnen gern:
Das Neue Berlin Verlagsgesellschaft mbH
Neue Grünstr. 18, 10179 Berlin
Fax 01805/35 35 42
Tel. 01805/30 99 99 (0,14 Euro/Min., Mobil max. 0,42 Euro/Min.)

Die Bücher der edition ost und des Verlages Das Neue Berlin
erscheinen in der Eulenspiegel Verlagsgruppe

www.edition-ost.de